진리의 패권은
사람에게 있는 것이 아니다

박동환
철학선집 V

진리의 패권은
사람에게 있는 것이 아니다

사월의책

진리의 패권은 사람에게 있는 것이 아니다

1판 1쇄 발행 2019년 8월 10일

지은이 박동환
펴낸이 안희곤
펴낸곳 사월의책

편집 박동수
디자인 김현진

등록번호 2009년 8월 20일 제396-2009-126호
주소 경기도 고양시 일산동구 무궁화로 7-45 451호
전화 031)912-9491 | 팩스 031)913-9491
이메일 aprilbooks@aprilbooks.net
홈페이지 www.aprilbooks.net
블로그 blog.naver.com/aprilbooks

ISBN 978-89-97186-87-7 94100
ISBN 978-89-97186-64-8 (세트)

* 책값은 뒤표지에 있습니다.
* 이 도서의 국립중앙도서관 출판예정도서목록(CIP)은 서지정보유통지원시스템 홈페이지(http://seoji.nl.go.kr)와 국가자료종합목록 구축시스템(http://kolis-net.nl.go.kr)에서 이용하실 수 있습니다.
(CIP제어번호: CIP2019024953)

차례

차례 설명

차례의 맨 앞에 실은 "사사로운 대화록에서"는 개인적 만남으로 이루어진 대화의 과정에서 떠오른 이 책의 핵심 주제를 요약 정리하고 있습니다.

차례에 사용된 기호에 대한 설명은 다음과 같습니다.
그리스문자에서 따온 수학의 쓰임말인
Σ로 시작하는 Σ1, Σ2, Σ3, Σ4는
그것이 어디에 놓이든 총론 또는 합론의 성격을 지닙니다.

Ⅰ, Ⅱ, Ⅲ, Ⅳ와
ⅰ, ⅱ, ⅲ, ⅳ는 각론에 해당합니다.
Ⅰ, Ⅱ, Ⅲ, Ⅳ는 각각 해당 분야에 관한 기본 정리이며
다시 해당 분야 전문가들의 견해에 대해 재점검 가능한
문제점들을 ⅰ, ⅱ, ⅲ, ⅳ로 가리킵니다.

Σ1, Σ2, Σ3은
각론 Ⅰ, Ⅱ, Ⅲ, Ⅳ에 앞서는
서론 격의 합론이고
Σ4는 각론 Ⅰ, Ⅱ, Ⅲ, Ⅳ에 따르는
결론 격의 합론에 해당합니다.

여기에 덧붙이는 마지막 알림은 모든 장(章)의
'줄기글'들이 그 아래에 놓인 '풀이말'들을 전제로 해서
이루어졌다는 것입니다.
주마간산(走馬看山)하듯 줄기글만 읽지 않으시기를….
그리 바쁘지 않으시다면.

사사로운 대화록에서

1.

50대 후반에 접어든 어느 날 내가 '은둔자' 아니면 '기인'이라는 뜻밖의 소문을 처음 전해 들었을 때 나는 이에 저항하거나 거부감을 가질 수 없었다. 거기에다 '오직 사색의 힘으로써만 혼자서 자기의 철학을 만들어낼 수 있을 거'라는 청년 시절의 포부가 있었음에도, 돌이켜 보면 지금까지 나의 철학은 주변의 아주 특별한 인물들과 맺은 관계 가운데서 이루어지거나 다져졌던 것 같다.

젊은 교수 시절 나는 초급논리학 시간에 들어온 철학과 신입생들에게 뜬금없는 때로는 주책없는 질문을 던지기 일쑤였다. 한 예로 "미안한데 고등학교에서 성적 어땠어요?"라고 묻는다. 한 친구가 "반에서 1, 2등 했어요."라고 약간 당당하게 대답을 하면, 나는 "철학하기가 어렵겠네. 그렇게까지 하느라고 머리가 얼마나 혹사당했겠냐구요! 혹사당하면 모범답안이 없는 데서는 머리가 움직이지 않게 되죠."라고 쏜다. 물론, 이는 철학은 어떻게 하는 것인가를 보이기 위한 한 절차였다.

널리 퍼져 있는 또 다른 소문에 따르면 학생 시절의 최세만 교수는 내가 하는 강의에 들어올 때 느끼는 압박감이 심해서 신경안정제를 준비해 (아니면 먹고?) 들어왔다고 한다. 그런데 그때 나는 연구실에서, 때로는 학교식당에서 그이와 이야기 아니면 토론하기를 즐겼는데 이후 교수가 된 최 교수는 나의 연구실을 찾아와서 자기가 앉았던 의자를 가리키며 '여기가 고문(당하는?) 의자였다'고 회고한 적이 있다. ('에이… 반은 농담이겠지!' 이렇게 속으로 생각하고 있다.)

최 교수는 대학원에 들어온 초년 시절에 다음과 같이 시작하는 나와의 대화를 정리해 발표한 적이 있다.

"최세만: 사주(四柱) 보신 적 있습니까?

박동환: 있습니다.

최: 잘 맞는 것 같았습니까?

박: [그래요!] 맞는 것도 있습니다."[1)]

이는 나에게 14, 5세의 소년시절 6·25 전쟁으로 인해 피난 간 시골에서 겪었던 불확실한 운명의 현장들을 떠올리게 하는 물음이며 대화이다. 피난지에서는 시대와 개인의 운명에 대해 말하는 숨은 예언자들이 많았다. 그때 보고들은 파란만장한 인생의 사례들이 나에게 다음과 같은 의문들로 남아 있다.

풀이말

1) 최세만, 박동환, "한계 보유적 해탈론," **현상과 인식**, vol. 2, no. 1, 1978.

'개개인의 각기 다른 운명이 전쟁과 같은 큰 역사적 사변에 의해 다시 배분되는 데는 어떤 법칙이 작용하는 것일까?' '개개인이 행사하는 각양각색의 선택과 그의 행동 분야는 어떤 바탕 위에서 결정되는 것인가?'

아래에 정리하는 운명관 또는 언제나 대세의 흐름에 밀리며 진로를 모색하는 자의 처세관으로서 역사철학, 위기에 놓인 개체 실존의 행동선택에 관여하는 존재론과 신학, 그리고 개체성을 달리하는 존재들이 서로 치열하게 불일치하며 동거하는 관계양식에 대한 사회학의 이야기들은 이른바 상아탑의 고고한 청담으로 하는 것이 아니고, 모든 것의 폐허를 통과한—이게 무슨 체험인지를 밖에서는 모른다—인생의 바닥에서 일어나는 저 의문들을 반추하고 있는 것이라고 볼 수 있다. (190112)

오늘의 세계에서도 전쟁이나 자연재해 또는 추방을 당해서 피난의 폐허 속에 아니면 인생의 바닥에 놓이는 경우는 누구에게나 닥칠 수 있는 삶의 한 보편적 사례이다. 따라서 폐허의 바닥에서 일어나는 저 의문과 탐구를 다만 전란에 부닥쳐 살았던 사람들의 사상이라고 제한하기 어려운 것이다. 이는 노자의 사상을 은주(殷周) 성대(盛代)가 막을 내린 전국시대를 반영할 뿐인 철학이라거나 「전도서」의 사상을 고대 이스라엘이 거듭해서 붕괴하던 한 시대를 회한(悔恨)하는 신앙일 뿐이라고 한정할 수 없는 것과 같다. (190628)

2.

여하튼, 나는 젊은 교수 시절에 학생들과 대개 막상막하의 관계로 만났고 그래서 오다가다 그럴만한 친구를 만나면 질문과 응답을 무제한으로 물고 늘어지는 토론 아니면 이야기를 즐기고 있었다.

그런데 지금 거의 마지막 판에 들어선 나의 철학은 뜻밖에도 옛날에 그렇게 질문을 던져서 괴롭히던 관계가 역전된 새로운 조건 아래에서 그들이 던지는 질문으로 내가 시험을 치르며 심사받고 있는 것으로 보인다. 이제는 박사가 되고 교수가 된 그 친구들이 일일이 체크할 수 없는 논평과 강의를 통해서 각기 다른 모양으로 나의 철학에 대한 평가와 질문을 던지며 예전의 선생이었던 나의 관점을 심사대 아니면 도마 위에 올려놓고 분해하며 때로는 답변하도록 압박하고 있다. 그렇게 역전된 관계에서 들어오는 질문 아니면 도전 또한 나는 옛날에 그랬던 것처럼 즐기며 감사하게 생각하고 있는 듯하다. (190112)

3.

그렇게 내 앞에 새로 등장한 심사관들 가운데 젊은 쪽인 김동규 박사는 지난 연말 오랜만의 소식을 건네며 다음과 같은 질문을 나에게 던져놓았다. 김 박사의 질문은 언제나 그렇듯이 내가 모험하는 사상에 대해 회의적이거나 비판적인 분들이 지니고 있을 법한 의문들을 예상하며 대변하는 것이어서 나는 그에 늘 감사하는 수혜자임이 틀림없다. 사적인 소식은 빼고 질문만을 그대로 여기에 옮기고 그에 대한 답변을 그 아래에 요약하려고 한다. (190112)

김동규의 질문:

선생님께 보내는 글월에서는 질문을 던지지 않고는 글을 맺을 수 없군

요. ^^

선생님, '사랑'에 대해서는 어떻게 생각하시나요?
x의 존재론으로 어떻게 풀어낼 수 있을까요?
예컨대 예수의 사랑 같은 것을 말입니다.

『x의 존재론』에서 뜻밖에도 신학적 해석 가능성을 밝히셨습니다. 그리고 박동수씨와의 대담에서 '개체성의 자연 보호와 독선 금지'를 제1의 도덕률에 근접한 것으로 제안하셨습니다.

존재와 가치, 사실과 당위가 (구분해야 하지만) 분리될 수 없는 것이라면, 공자의 인(仁)이나 예수의 사랑에 대한 존재론적 해명이 있어야 할 것입니다. 그래야만 'x의 윤리학'이 가능하지 않을까 생각됩니다.

외람되지만, 제가 보기에 '사랑'을 둘러싼 윤리 가치적 주제가 선생님 글에 부족할뿐더러 가장 설득력이 떨어지는 지점입니다. '개체성의 자연 보호와 독선 금지', 좀 가혹하게 말한다면, 재기발랄하지도 심오하지도 매력적이지도 않은 문구입니다.

이 모든 것은 '사랑'에 대한 '진지한' x[의] 존재론적 해석에 달려있다고 보입니다.[2)] (181230)

---

2) 이에 대한 아래의 답변(줄기글 3.에 포함됨)을 완료한 지 얼마 후에 『미생물이 플라톤을 만났을 때』(파주, 경기: 문학동네, 2019)라는 한 저서를 출판사로부터 받았는데 거기서, 과연, 미생물학을 전공하는 김응빈 교수와 예술론, 유럽 현대철학을 강의하는

박동환의 답변:

그동안 두 차례에 걸친 김 박사의 질문에 대해 마련한 아래와 같은 생각을 가지고 자기 점검을 하느라고 시간이 좀 지났습니다.

이제 '개체성의 자연 보호와 독선 금지'에 관한 이야기입니다. 특히 이 안에 대해서 김 박사는 이전에(2017. 3. 24.) '자연이 보호의 대상인가?' 라고 물었습니다.

나는 평생 아이들에게 도덕이나 권선징악 같은 규범 분야에서 하는 '이래야 한다.'는 당위를 말하기 어려워했습니다. 그런 교육 방법, 말하자면 일방적 권고와 지시로 이루어지는 '인성 교육' 같은 프로그램을 믿지 않는 쪽에 속하기 때문인 것 같습니다.

이는 사람이란 한낱 '대상'으로 취급할 수 없는 존재로 태어난다고 하는 생각에 근거를 두고 있습니다.

그런 생각의 예로서 나는 "왜 ㅂㄷ인가?"라는 제목으로 다음과 같이 말한 적이 있습니다. 『안티호모에렉투스』를 처음(제1판, 2001; 제2판, 2017) 냈을 때 저자명을 'ㅂㄷ'으로 했었는데 김상봉 교수가 펴낸 논평[3] 가운데서 그 이유를 물은 데 대한 답변으로 썼던 겁니다.

김동규 교수가 함께 '사랑으로 이어지는' 생명의 [굴곡진?] 역사를 하나의 협주곡처럼 연주하고 있었다.(다시 정리한 추가 답변으로서 줄기글 3-1. 보기)

3) 김상봉, "비(非)주체성의 역설," **교수신문**, 제213호 (2001년 11월 14일).

"왜 ㅂㄷ인가? ㅂㄷ은, 나의 선대(先代)에 의해 그리고 다시 세상 사람들에 의해 일방적으로 나에게 매겨진 나의 이름 '박동환'에 대한 거부행위이다.[4] 나는 세상 사람들이 내가 어떤 이름을 가진 누구인지 심지어 내가 무엇이어야 하는지 판정하는 관행을 거부한다. 그것은 나의 나로부터 우러나오는 나의 속생각, 나의 자유와 상상에 전혀 어울리지 않기 때문이다.

세상의 사람들은 끊임없이 나를 내가 동의할 수 없는 어떤 모양으로 규정하려고 시도한다. 도대체 세상의 어른들은 제각각 그들의 우연한 예절과 우연한 규칙과 우연한 척도와 우연한 철학을 가지고 아이들을 조형하며 통제하려고 한다. 나는 이 모든 관행을 내가 선택하는 생물학과 철학에 의해 거부한다."(269쪽)

"나는 누구인가? 오늘의 우주와 생명의 단계에 이르기까지 수십억 년 아니 영원의 시간을 통과해 이루어진 현재의 나는 영원의 한 조각 기억체계 x이다. 그래서 나는 ㅂㄷ이기 전에 실은 x이다."(270쪽)[5]

그러므로 사람은 다른 누구의 (우연한 규칙과 우연한 척도에 따르는 독선에 지나지 않을) 판단과 정의(定義)와 명령과 지시의 '대상'이 될 수 없다고 생각하고 있습니다. 그런 생각을, 독선 금지를 어기며 접근해서 도달한 '대상'과 독선 금지를 따르며 접근해서 도달한 'x' 사이의 대칭 관계

4) 나는 어린 시절 어느 날 나에게 언제나 개방적이고 자비로웠던 나의 조부와 나란히 누워서 이런저런 한담을 나누고 있었다. 그때의 이런 대화의 한 토막이 기억난다. "저는 제 이름이 어색하고 안 좋아요." "그렇구나! 나는 내 이름이 거북한데. ○○○이란 내 이름이 마음에 안 든[단?]다."

5) 『안티호모에렉투스』, 제2판. 고양, 경기: 사월의책, 2017.

로서 요약할 수 있습니다.

'대상' v. 'x'

세상에 몸을 드러낸 한 개체 실존은—심지어 한 물체이더라도—그것이 비롯하는 때와 데 곧 그 뿌리를 추적해 따라가면 인간적인 경계 너머 미지의 x로 회귀해 들어갑니다.[6] 그래서 한 개체 실존 x는 영원에

---

6) 왜 한 개체 존재로서 인간은 그의 뿌리로 거슬러 올라가면 결국에 x로 회귀해 들어갈 수밖에 없는가? 그에 대한 생물학적인 답변을, 현생 인류와 함께 오랜 계통발생(phylogeny)을 공유하며 출현했으나 수만 년 전에 멸종된 네안데르탈인의 유전체 분석 논리에 의해 모든 생명의 공통 기원을 추적하는 이론가들에게서 들을 수 있다.(1) 그들을 따라 모든 생명의 공통 기원을 추적 소급해 가면 한 개체 실존은 그의 개체성 또는 자아 정체성을 확인할 수 없게끔 경계 너머의 x로 회귀해 들어가는 것이다. 근본적으로 우리들은 그렇게 모두 각기 x일 수밖에 없다. 따라서 우리 인류에게 가능한 삶 또는 행위의 분야로서 x의 존재론, x의 역사철학, x의 신학, x의 사회학이 주어지는 것이다.(Σ4. "왜 진리의 패권을 넘기려는가?"의 줄기글 3.과 풀이말 5) 보기)

(1) "인류의 완성된 유전체 지도는 우리들 자신에 대한 생각을 어떻게 달라지게 할까? … 그것은 대규모 비교 연구의 길을 열어준다. [그래서] 이 연구가 가져다줄 충격은 인류가 [그렇게 각기 독특하고 유일한 것 같음에도 불구하고] 얼마나 서로 그리고 다른 종들과 닮아있는지를 보여준다는 데 있다." Svante Pääbo, "The human genome and our view of ourselves," ***Science***, New Series, vol. 291, no. 5507 (Feb. 16, 2001).

"[이런 연구의 결과는] 호모 사피엔스로서의 인류가 다른 종들과 분리된 독자적인 존재라는 자부심과 자기 확신을 잃어버리게 할 것이다. 우리들은 그렇게 다른 종들과 분리되거나 유일하거나 한 존재가 아니다. [네안데르탈인의 유전체 분석과 함께 모든 생명의 공통 기원을 탐구하는] 스반테 파보는 우리들의 유전체라는 것은 하나의 모자이크라고 말한다. [이는 우리들의 개체성 또는] 자아의 자격에 대한 강력한 도전으로 다가온다."(p. 382) David Quammen, ***The tangled tree: a radical new history of***

소속하는 한 조각의 기억체계라고 이해하게 되었습니다. 우주론적으로, 고생물학적으로, 그리고 계통발생적으로. (190103)

그렇게 한 폐허의 경계를 통과하며 투쟁하는 그는 더 이상 경계가 뚜렷한 한 '개체 실존'도 '존재'도 '무'도 아니고 그렇다고 회의주의자일 수도 아나키스트일 수도 'ㅂㄷ'일 수도 없어서 이렇게 외치는 겁니다.

'나는 *x*다.'

(190629)

2014년 4월 16일 전남 진도군 앞의 해상에서 좌초해서 침몰하고 있는 배 세월호의 승객들에게 '현재의 자리를 지키라'라는 안내방송을 하고 자기들만 탈출해 나온 선장과 선원들을, 그들과는 정반대로 행동하는 패턴을 지닌 땅다람쥐와 비교한 생물학자 장이권 교수는 다음과 같이 말하고 있습니다.

> "땅다람쥐는 포식자가 나타났을 때 경고음을 발성하여 주위의 동료를 피신시킨다. 경고음을 발성할 때 노출된 곳에서 꼿꼿이 서서 경고음을 발성하므로 포식자의 눈에 쉽게 띈다. 또 주위의 동료들이 모두 피신할 때까지 오랫동안 경고음을 내기 때문에 자신은 종종 포식자에게 제일 먼저 잡아먹힌다."[7]

---

life. New York: Simon & Schuster, 2018.

7) 장이권, "세월호 선원들은 흡혈박쥐만도 못하다니…," **한겨레** (2014.5.2.)

그렇다면 사랑과 그에 따르는 희생은 인간만이 행하는 도덕적 당위의 선택인가? 아니면, 모든 생명 가진 존재의 개체성 x가 몸에 지니고 있는 발현 가능성으로서 자연의 함축 가치인가? 여기서 우리는 더 이상 한 인간의 반(反)도덕적 행태를 보고 '금수보다 못한 자'라고 말하기 어려워지게 되는 겁니다. 그래서 도덕적 행위의 가능 근거를 모든 생명 가진 존재의 영원한 기억체계 'x'에 잠재해 있는 선택 패턴에서 찾아야 하는 경우를 대면하고 있습니다.

이렇게 해서 우리는 여태까지 무수한 철학자들이 논의를 거듭해온 '존재와 당위' 또는 '자연과 가치'라는 인위적인 이분법으로써는 사랑과 희생 같은 (땅다람쥐를 포함하는 자연의 생명 일반이 그의 몸 x에 지니고 있을) 행위선택의 깊은 뿌리를 이해할 수 없는 사태를 목격하게 됩니다. (190115)

그러므로 사랑과 희생이라는 이른바 '도덕적' 행위의 뿌리가 인위적으로 가설한 당위와 가치판단에 있는 것이 아니고, 자연에, 말하자면 영원에 소속하는 기억체계로서 개체성 x에 (그 궁극의 뿌리를 내리고) 있는 것이라고 이해하게 됩니다. 그렇게 영원의 기억에 궁극의 뿌리를 내리고 있는 개체성 'x'는 결코 임의의 문화와 규범 체계에 뿌리를 둔 인간적 독선에 의한 일방적 명령이나 지시의 '대상'일 수 없다고 보고 있습니다.(Σ2. "일생의 의문과 그 진로: 몸에 지닌 선택이란?"의 줄기글 3. 4. 5. 보기.)

위와 같은 고려를 배경으로 해서 '개체성의 자연 보호와 독선 금지'라는 기준이 이루어지게 됐습니다. 이 기준은 x의 존재론과 그의 자연학에서 유도되어 나오는 부칙(附則) 또는 '따름정리'(corollary)이며 결코 윤리학이나 도덕론에 고유하게 소속하는 당위로서의 규범이나 규칙과 같은 것은 아닙니다. x의 존재론에는 당위로서의 규범이나 규칙을 만들어내는 윤리학이라는 별도의 공간이 없습니다.

그렇게 영원의 한 개체 존재 x는 결코 누구의 (우연한 규칙과 우연한 척도 곧 독선일 수밖에 없는) 도덕적 판단이나 도덕적 명령의 '대상'일 수가 없는 것입니다. 따라서 도덕적 명령 또는 도덕적 규범이 아닌, 단 x의 존재론과 그의 자연학에서 유도되어 나오는 부칙 또는 따름정리로서 '독선 금지'라는 기준이 등장하는 겁니다.

특히 'x'에 대한 '독선 금지'라는 마지막 기준이야말로 인류의 관습과 문화에 따라 이루어지는 서로 다른 모든 도덕적 명령들이나 도덕적 규범들이 충돌해서 상대화되고, 그렇게 당위성이 소멸하게 되는 때에도 끝까지 살아남을, 그래서 자[아]/타[자]를 가로지르는 보편적인 행위선택의 기준일 것이라고 보고 있습니다. 이렇게, 행위선택에 있어 자/타를 가로지르는 보편의 기준은 인간 중심의 또는 인위(人爲)의 규범에 따르는 판단자에 근거를 두고 있지 않습니다. (190127)

3-1.

'독선 금지'라는 기준은 그 근거를, 대상으로서 인식 불가능한 또는 정의 불가능한 '개체성' 또는 '개체성의 자연'에 두고 있다. 개체성 또는 개체성의 자연이 대상으로서 인식 불가능한 또는 정의 불가능한 이유는 그것이 영원에 소속하는 한 조각 기억체계 x이기 때문이다. 바로 이 영원의 기억 x로부터 자신도 예측할 수 없는 무진장한 상상 행위 $\neg x$가 분출한다. 이에 따라 이를테면 예술의 창작행위와 자연에 대한 탐구 행위는 $x \Rightarrow \neg x$라는 동일한 가능 근거와 진행 궤도 위에서 이루어지는 것이다.[8)]

그래서 한 수학자는 자연의 사물 사건에 숨겨진 수학적 공식 또는 그 형상에서 시와 미술과 음악에서 발견하는 것과 같은 우아함과 아름다움을 본다. 이 수학자는 그의 수학적 물리적 탐구 과정에서 각 분야의 예술가들이 하는 창작행위에서처럼 무한의 자유를 행사하며 우아함과 아름다움의 형식과 형상을 창조하는 동일한 발상에 따르고 있다며, 다음과 같이 설명한다.

> "수학은 시와 미술과 음악에 못지않게 그의 무한한 가능성 그리고 우아함과 아름다움을 간직하고 있다는 것을 나는 깨달았다. 나는 수학에 대한 사랑에 빠져 있었다."(p. 3) "수학은 관습적인 것의 장애들을 깨뜨리는 한 방법이다. 그것은 진리를 향한 무제한의 상상을 표현하는 것이다. 무한의 이론(the theory of infinity)을 창시한 수학자 게오르그 칸토르는 이렇게 말했다. "수학의 핵심은 그것이 품은 자유에 있다. 그것은 도그마와 편견으로부터 우리를 해방하며 새로운 개척의 능력을 배양한다.""

---

8) "영원의 기억 x에서 비롯하는 상상은 한 일생에서 실험하는 모든 발상과 모험, 계획과 탐구의 행위를 가리키며 이를 $\neg x$로서 대표한다. 그런데 어째서 상상은 누구에게나 예측할 수 없을 만큼 다양하고 파격적으로 일어나는가? 그것은 그 시작을 거슬러 올라가 특정할 수 없는 과거로부터 생명의 계통발생(phylogenesis)을 따라 예측할 수 없게 수없이 격파당해온 그리고 초월 당해온 오랜 기억의 재현 현상이기 때문이다."(Σ2. "일생의 의문과 그 진로: 몸에 지닌 선택이란?"의 줄기글 3.에서)

(p. 4)[9]

그러니까 시인과 수학자의 창조적 발상과 실험은 영원의 한 기억체계 x에서 '발현하는' 무제약적인, 말하자면 절제와 격파를 당해 보지 않은 아니면 망각한 상상 행위 $\neg x$, 곧 $x \Rightarrow \neg x$라는 동일한 진행 과정 위에서 이루어지는 것이다. 그렇게 그들의 발상과 표현은 x가 $\neg x$로서 발현하는 '피상적인 것'(the superficial)에 대한 실험에 지나지 않는 것이다. 따라서 시인과 수학자의 발상과 실험이 영원의 한 기억체계 x 자체 또는 그의 뿌리 X로 거슬러 올라가 자신의 한계를 격파 또는 초월하려는 자의 전략이거나 도전일 수는 없다.

x의 존재론에서 가리켜 말하는 x는, 수학자나 물리학자가 x로써 대표하는, 아니면 시인이나 소설가 또는 작곡가가 사용하는 언어 또는 기호로써 표현하는 그런 인간 중심의 접근 또는 인문주의적 해석의 '대상'을 가리켜 말하는 것이 아니다. x의 존재론에서 x, 특히 그 뿌리인 X로써 대표하며 가리키는 그것은 어떤 인간적인 접근 아니면 해석에 의해서도 결코 그 정체성을 인식하거나 접근할 수 없는, 그래서 영원히 닿을 수 없는, 그럼에도 일상의 모든 것의 현재에 침입해서 그의 운명을 결정하는, 그러므로 언제나 초월하는, 그런 힘을 발휘하는 것이다.

예술 창작과 자연의 탐구 이를테면 시와 수학이라는 것은 모두 $x \Rightarrow \neg x$라는 동일한 진행 과정을 따라 이루어지는 피상(皮相)에 대한 실험

9) Edward Frenkel, ***Love & Math: the heart of hidden reality***. New York: Basic Books, 2013.

의 산물이다. 그것이 피상에 대한 실험의 산물일 수밖에 없는 것은, 그것이 영원의 한 기억체계 x가 발현하는 무제한 상상 $\neg x$에 의한 창조적 행위에 해당하기 때문이다.[10] 그리고 무제한 상상의 창조적 행위는 인간 중심의 해법 또는 인문주의 해석을 넘을 수 없으므로 독선 금지의 기준을 위반하는 모험 또는 착각에 빠질 수 있다. 그래서 모든 시와 수학, 예술 창작과 자연 탐구는 독선 금지를 위반하는 무제한 상상의 일방적인 모험이며 착각일 수 있는 것이다.[11]

---

10) 어째서 자연의 탐구와 그 결과로서 주어지는 과학을 '피상에 대한 실험의 산물'이라고 말할 수 있는가? 20세기에 과학의 탐구 방법에 대한 논리적 분석의 주류를 이끌었던 한 철학자 칼 포퍼에 따르면 객관적 검증 절차로서 이루어지는 실험이라는 것조차 우리 인간이 자연을 향해 던지는 질문에 따라 집행된다.(1)

그런데 그 질문은 인간 자신이 계획하는 이론적 프로젝트 곧 창조적 발상이 개입하지 않고는 성립할 수 없는 것이다. 그렇게 자연의 탐구가 인간 자신이 계획하는 이론적 프로젝트에 의해 선도되고 있다는 사실을 21세기 첨단 물리학에 종사하는 한 젊은 연구자가 확인해 주고 있다.(2)

(1) "실험이라는 것은 이론에 의해 그 절차가 인도되고 있는 계획된 행위이다. …… 그 행위를 취하는 자는 우리들이다. … 자연을 향해 던지는 질문들을(questions & experiments to be put to nature) 언제나 우리들이 만들어낸다."(p. 280) Karl Popper, ***The logic of scientific discovery***, rev. ed., NY: Harper & Row, 1965.

(2) "모든 가능한 가설을 빠짐없이 검증해보는 것은 할 수 있는 일이 아니다. … 따라서 오늘날 대부분의 과학적 탐구는 그럴듯한 가설들을 확인하는 일에 집중된다." (p. 34) "[관찰] 자료를 얻을 수 없을 때 필요한 자료를 찾기 위해 이론[가설]을 개발해야 하는데, 이론[가설] 개발이 제대로 안 되면 그 연구는 더 이상 진행할 수 없다." (p. 41) Sabine Hossenfelder. ***Lost in Math: How Beauty Leads Physics Astray***, Kindle edition. New York: Basic Books. 2018.

11) "고대 문명과 함께 등장한 철학자들은 어디서나 신화의 시대를 마감하며 이른바 인문주의 세계관을 개척하였는데, 이는 위태롭기 짝이 없는 미완의 혁명이었다. 그들은 자연과 사람 곧 영원에 말미암은 실재를 우연한 문화의 시공간 틀에 묶인 범주들

x의 존재론으로써 대표하는 철학은 시와 수학, 예술 창작과 자연 탐구의 무모한 인문주의 또는 인간 중심의 도전 아니면 착각을 점검하며 절제하는 것이다. 그의 철학은 영원히 닿을 수 없는 x, 나아가 그 경계 너머의 뿌리인 X를 향해 자신도 통제할 수 없는 물음 $\neg x$를 던지며 자기 초월의 길 때로는 자기 부정의 길 $X(\ )$를 통과해 간다. 이렇게 $x \Rightarrow \neg x \Rightarrow X(\ )$의 순서를 따라 새로운 길에 들어선 철학자는 더 이상 진리의 패권을 놓고 시인이나 수학자, 예술가나 과학자와 경쟁하는 위치에 있지 않다. 그는 진리의 패권에 대해 전혀 다른 기준, 전혀 다른 목표를 가지고 있기 때문이다.[12] (190406)

4.

나로 하여금 언제나 자신을 점검하게 하며 내가 가려는 진로를 밝혀주는 김상환 교수는 최근에 펴낸 저서 『근대적 세계관의 형성: 데카르트와 헤겔』(서울: 에피파니, 2018)의 맺음말에서 다음과 같은 한 마디의 요약을 하고 있다.

> "[x의 존재론은] 동서의 지배 사상에 대한 주변부 지식인의 항거인 동시에 한국에 고유한 역사적 체험을 보편적 논리로 승화시키는 독특한

과 추론체계 곧 인간 본위의 척도를 가지고 이해하고 통제하려는 생각으로 일관해왔기 때문이다."(435쪽) 『x의 존재론』, 고양, 경기: 사월의책, 2017.

12) "진리의 패권은 철두철미 사람이라는 개체 존재 x를 한 매체로 삼는데, 그 매체를 움직이는 패권의 행사자 X는 인간의 경계를 초월한다. 그렇다면 매체로서 인간이 지닌 자격은 무엇인가? 인간은 그러한 매체로서보다 더 깊이 있는 '관점', 그러한 매체로서보다 더 오래 살아남은 '전략'을 가질 수 없다는 한계점에서 그의 자격을 얻는다."(아래의 줄기글 6.에서)

사례라 할 수 있다."(210쪽)

데카르트와 헤겔 같은 서구의 큰 철학자들 아니면 공자나 주자(朱子) 같은 중국의 큰 철학자들이 장악하고 있는 패권 국가들의 사상 전통에 다만 편승해서 기생하는 주변국의 철학자들은 무엇을 공부하며 무엇을 생각할 수 있는가?

편승해서 기생하는 자도 철학자가 될 수 있을까? 패권 국가들의 사상 전통에 소속해서 각기 자기 언어와 삶의 토양을 대변하는 저 큰 철학자들은, 진리의 판단과 운명의 전략에서 그들의 것과 다른 언어와 다른 삶을 토양으로 하는 주변국 사람들, 주변국 철학자들의 처지를 대신하여 대변해 줄 수 있을까?

세계를 지배하는 패권의 영토에서 조상 대대로 밀려나 살아온 주변 지대의 사람들과 철학자들은 그들이 놓인 결여한 처지에서 그들의 고유한 개체성 x를 가지고 그들이 걸어갈 운명의 진로를 향해 의문을 던지고 탐색하는 데 어떤 패턴의 역사관, 어떤 패턴의 전략을 동원할 수 있는가? (190113)

그들은 그들이 겪은 역사와 현실에 근거하지 않은 외래의 철학을 가지고, 아니 모두 그런 것들을 학습해서 공상에 사로잡힌 전통 가운데서, 서로 극단으로 대립하는 이념 또는 이해(利害)의 싸움에 매몰되어[13] 밖으로부터 다가오는 위기 이를테면 임진란, 병자란 같은 피해와 굴욕, 아니면 6·25 전쟁 같은 재난을 반복해서 당할 수밖에 없었다. 이제는 이념이라는 공상에 잡힌 그들이 벌이는 치열한 투쟁이, 역사와 현실을 이탈하여 우연한 곳에 박혀있는 허수아비들의 이른바 '대리전쟁'에 지나지 않는다는 것조차 잊은 지 오래다. (190610)

5.

그렇다면 주변 지대의 한 철학자가 실험하는 역사관과 운명의 전략은 다만 주변 존재로서 지니는 편파성이나 편협함을 표현하는 것일까? 주변 존재가 자신을 영원에 소속하는 한 조각 기억체계 x로서 인식함으로 뜻하는 바는 자아의 일상적 편협함이나 국지적 편파성을 해탈한 보편적 세계관과 그로부터 특화 가능한 운명의 전략을 지향하는 데 있다. 그렇게 x에 의지해서, 사람들이 고집하는 자신의 일상적 국지성을 해탈함으로 칸트 이후 하이데거와 사르트르에 이르기까지, 맹자에서 왕양명에 이르기까지 그리고 그 밖의 역대의 철학자들이 추구했으나 미달했던[14] '자아 인식'의 코페르니쿠스적 혁명을 완성하려고 하는 것이다.

---

13) 한국 바둑계의 최고수 조훈현 선생은 그의 짧은 한국 정당정치의 체험을 다음과 같이 정리했다. "바둑에서는 상대가 좋은 수를 두면 그걸 받아들인다." 그러나 [항상 그리고 지금 이 순간에도 밖으로는 주변 열강들의 위협에 시달리면서도] 한국 정치판의 여야(與野)는 서로 상대방을 인정하지 않는 [대내적] 문화 때문에 그들의 정치 발전은 어려울 것이라고 진단했다. "바둑과 정치는 너무 다르다." "여든 야든 언제나 100% 맞는 이야기만 하는 건 아니다. 그런데 [정당에] 들어와 보니 당에서 '이거다' 하면 무조건 따라야 했다. 바둑에선 잘못했으면 잘못했다고 하고 상대의 수를 받아들일 수 있었는데…." "바둑에서는 상대가 좋은 수를 두면 그걸 받아들인다." " '마약도 이런 마약 없다' 조훈현, 제윤경, 이상돈 여의도서 짐 싸는 이유," **중앙일보** (2019.06.17.)

14) 이를테면 칸트는 '물자체와 선험적 순수이성'으로써, 하이데거는 '존재를 드러내는 현존재(Dasein)'로써, 사르트르는 '존재를 일으키는(projeter) 의식'으로써, 맹자는 '盡心, 知性, 知天'으로써 그리고 왕양명은 '心外無物'로써 추구했으나 미달했던….

그 코페르니쿠스적 혁명의 완성 단계에서 이렇게 말하게 될 것이다.

'진리의 패권은 사람에게 있는 것이 아니다.'

(190217)

6.

저자와 출판사 편집자 사이에는 거의 언제나 책의 제목을 놓고 가능한 대안들이 오고 간다. 처음에 나는 이 책의 주요 핵심을 대표한다고 생각한 '진리의 패권은 사람에게 있는 것이 아니다.'를 제목으로 내놓았다. 이에 대해 안희곤 대표는 편집자로서 다음과 같은 대안을 제시했다.

"현재의 제목이 책 내용 전체를 대표하는 것은 충분히 알겠습니다만, 흔히 제목 짓는 방식은 아니어서요. 이런 선언적 제목이 사람들에게 어필할지 모르겠습니다. 조심스럽지만 저 같으면 "인간, 그 밖의 진리"라든지 "인간이 아닌 진리" 같은 좀 더 호기심을 유발하는 제목이 어떨까 싶습니다."(190313)

다음에 풀이하는 이야기는 언제나 폭넓은 이해를 가지고 더 나은 해명을 촉구하는 편집자 안 대표에게 드리는 나의 답변이다.

이 책의 첫 번째 독자로서 편집자가 제시한 대안 제목에 보이는 전혀 다른 접근 순서는 뜻밖의 것이었다. 왜냐하면 이 책은 특히 현실의 각기 다른 분야에서 투쟁에 가까운 삶을 사는 '인간'에 관한 이야기이기 때문이다. 여기서 나는 '인간이 아닌 진리'나 '인간 그 밖의 진리'를 말하고 있는 것이 아니고, 사람이 그의 일생을 ‘어떤 관점을 가지고, 어떤 전략으로 사는가?’에 대하여 가능한 한 객관적 설명을 찾고 있는 것이며, 그럴만한 관점과 전략으로서 ‘진리의 패권은 사람에게 있는 것이 아니다.’를 제안하고 있다. 이는 곧 역대의 철학자들이 끊임없이 추구해 왔으나 아직도 이르지 못한 인류의 근본적 ‘자기 인식’을 목표로 하는 것이다.

이러한 근본적 자기 인식의 관점에서 보면, 진리의 패권은 철두철미 사람이라는 개체 존재 x를 한 매체로 삼는데, 그 매체를 움직이는 패권의 행사자 X는 인간의 경계를 초월한다. 그렇다면 한낱 매체로서 인간이 지닌 자격은 무엇인가? 인간은 그러한 매체로서보다 더 깊이 있는 ‘관점’, 그러한 매체로서보다 더 오래 살아남은 ‘전략’을 가질 수 없다는 한계점에서 그의 자격을 얻는다.

그런 관점과 전략을 가지고 한 사람이 그의 일생을 살면서 연마하는 (1) 처세관이나 운명관, (2) 뿌리 깊은 죽음의 공포를 삭이며 그 너머로 불멸의 가능성을 찾는 존재론적 신학적 탐구, (3) 생명의 한 종으로서 개체성을 달리하는 존재들이 서로 불일치하며 동거하는 관계양식 같은 것을 여기서 연습하고 있다.

이렇게 위의 해명을 덧붙이며 다시 생각하고 생각한 끝에, 처음에 제안한 그 제목이 결국에 이 책을 대표하게 되었다. (190325)

Σ1

x를 가지고 25세기의 허구를

1.

2002년 초 어느 날 당시 미국의 국방장관 도널드 럼스펠드는 중동지역의 전황과 거기서 활동하는 테러집단에 관련한 뉴스 브리핑을 하고 있었다. 그때 한 기자는 '이라크가 대량파괴 무기들(Weapons of Mass Destruction)을 테러집단에 공급하려고 시도한다는 어떤 증거도 없다.'라는 주장을 가지고 질문을 했는데 국방장관 럼스펠드가 내놓은 다음과 같은 답변은 그 후 갑론을박을 거듭하는 끝없는 논쟁의 주제가 되었다.

> "[예상했던] 어떤 사태가 일어나지 않았다는 보고는 언제나 나의 주요 관심사다. 이유는 이렇다. 세상에는 알고 있는 아는 것들(known knowns)이 있다. 우리가 알고 있다는 것을 알고 있는 것들이 있다는 것이다. 그리고 우리가 알고 있는 모르는 것들(known unknowns)이 있다. 말하자면 우리가 모른다는 것을 우리가 알고 있는 것들이 있다는 것이다. 그런데 모르고 있는 모르는 것들(unknown unknowns)도 있다. 말하자면 우리가 모른다는 것을 모르는 것들이다……"[1]

이는 처음 듣는 이에게 혼란을 일으키는 궤변인 것 같지만, 전쟁에 임하는 한 전략가가 부딪힌 예측의 인식론적 한계에 대한 일장의 토로일 수 있다. 다시 정리해 보면 이렇게 말할 수 있게 하는 근거는 우리가 알고 있는 것들 아래에서 언제나 우리가 모르는 것들이 고개를 들고 나타난다는 데 있다.

이는 또한 얼마 전 이른바 9/11 테러라는 역사상 초유의 참극을 겪은 당시 미국의 전략가들이, 그런 테러집단을 지원하고 있다고 지목한 가상의 적국 이라크 정권에 대해 가지고 있는 혐의를 반영하고 있다. 말하자면 그 가상의 적국을 향해 전쟁을 막 수행하려고 하는 국가의 정책결정에 작용하는 인간의 인식론적 한계에 대한 한 변론이다.

풀이말

1) 이 답변은 'Department of Defense news briefing, 12 February 2002'에서 이루어진 질문과 답변을 그대로 옮겨 놓은 기록물에 포함되어 있다. 그리고 위의 답변과 거의 같은 내용을 그의 회고록 ***Known and Unknown: A Memoir*** (2011)에서 다음과 같이 다시 정리하고 있다.

"알고 있는 아는 것들(known knowns)은 우리가 확실하게 알고 있는 사실들, 규칙들, 법칙들이다. …… 알고 있는 모르는 것들(known unknowns)은 우리의 지식에 주어지지 않은 것들, 그러나 그것들이 우리의 지식에 주어지지 않은 것을 알고 있는 것이다. 모르고 있는 모르는 것들(unknown unknowns)의 범주는 가장 파악하기 어려운 것이다. 그것들은 우리의 지식에 주어지지 않은 것이다. 그러나 그 지식의 결핍조차 인지하지 못하고 있다. 진정한 돌발사태들이 이 범주 가운데서 일어난다. 19명의 납치범들이 여객기들을 3천 명의 남자들, 여자들, 그리고 어린이들을 태워버리기 위한 유도탄으로 사용한 사건은 아마도 미국이 경험한 가장 끔찍한 '모르고 있었던 모르는 것'에 해당한다."(p. xiv) Donald Rumsfeld, ***Known and Unknown: A Memoir***, NY: Sentinel, 2011.

물론 이 변론은 당시 불완전한 증거를 포장하려는 국방장관 럼스펠드의 책임 회피성 변명이라는 반전론자들의 일리(一理) 있는 비판[2]을 혹독하게 받았는데 실로 그는 이라크 침공의 후속 결과에 따라 퇴임할 수밖에 없었다. 그럼에도 불구하고 철학적 궤변에 지나지 않는다고 비판받은 그의 인간 인식의 한계론은 그 밖의 여러 방면의 실무 정책에 관여하는 이론가들로부터 뜻밖의 적극적 평가를 받은 측면의 진릿값(truth value)도 가지고 있다. (180909)

2.

럼스펠드의 얼핏 궤변처럼 들리는 예측의 한계론에 대해 긍정적인 평가가 특히 인간의 생명을 다루는 의학 방면에서 이루어지고 있다는 사

---

2) 럼스펠드의 답변을 책임 회피성 변명에 지나지 않는다고 집중적으로 비판하는 에롤 모리스는 4회에 걸친 '럼스펠드 비평'을 뉴욕타임스에 기고한 바 있다. 그의 비평의 일부는 다음과 같다.

"[토마스] 쉘링은 하와이 [진주만]에 대한 일본의 공격을 미리 알아차려서 막아내지 못한 미국의 무능에 대한 주요한 설명은 '예상의 빈곤'(a poverty of expectations)이라고 진단했다. … 우리들은 그때 우리들이 상상하지 못할 방법으로 예상 밖의 적으로부터 공격을 받을 수 있다는 가능성에 대비할 필요가 있었다. 정보는 언제나 불완전하다. 우리는 우리가 원하고 필요로 하는 모든 증거를 가진 적이 있는가? 물론 아니다. 그러나 1941년 [하와이 진주만을 기습 공격한] 일본의 또는 [9/11 테러를 감행한] 2001년 알카에다의 위협은 모르는 것을 알지 못하고 있었던 것인가 아니면 모르는 것을 알고 있었던 것인가? 1941년에 또는 2001년에 증거는 간과되었거나 제대로 평가되지 못하였다. 그것은 '모르는 것'이었기 때문이 아니라 예상된 아젠다(agenda)에 들어있지 않았기 때문이다." Errol Morris, "The certainty of Donald Rumsfeld (Part 2: The known and the unknown)," ***The New York Times*** (The Opinion Pages), March 26, 2014.

실은 주목할 만한 것이다. 영국 마취학계를 대표하는 저널에 실린 "알고 있는 아는 것들, 알고 있는 모르는 것들, 그리고 모르고 있는 모르는 것들"이라는 제목의 한 논문에는 다음과 같은 사례들이 논의되고 있다.

> "질병에 대한 인간의 반응에는 복수의 과정들, 측정할 수 없는 변수들, 유전적 요인들, 그리고 무작위로 일어나는 효과들 같은 많은 측면들이 포함되어 있는데, 이는 예측할 수 없는 결과들, 치료의 다른 효과들, 그리고 다른 이후 결과들을 개개인 환자들에게 일으키고 있다."

> "유전, 나이, 질병, 성별 같은 개별적인 요인들 가운데 어떤 것이 어떻게 가장 중요한 것일까? 개개인에게 있어 어떤 치료적 처치가 최선일까? 왜 개개인 환자들은 마취, 무통 처치, 그리고 수술 이전과 이후(peri-operative) 조치들에 대해 다른 반응들을 일으키는가?"[3)]

이는 모두 어떤 확실한 근거에서 예측할 수 있는 사태들이 아니라는 데에 질문자들의 말하는 뜻이 있다. 이미 일상화된 절차 또는 처치임에도 예측할 수 없는 효과 또는 결과가 때 없이 나타나기 때문이다. 역시 한 정책 실행자로서 럼스펠드가 말하는 '알고 있는 모르는 것들' 또는 '모르고 있는 모르는 것들' 때로는 '모르고 있는 아는 것들'(unknown knowns)에서 일어나는 뜻밖의 사례에 해당하는 사태들인 것이다.

---

3) J. P. Thompson, T. J. Coats, M. R. Sims, "Known knowns, known unknowns, and unknown unknowns: can systems medicine provide a new approach to sepsis?" ***British Journal of Anaesthesia***, vol. 114, no. 6, 1 June 2015, pp. 874-877.

"어린이가 탄 차량 안에서 흡연을 해도 되는가?" 이 질문에 대한 확실한 의학적 증거를 얻은 '다음에' 흡연을 금지하는 법률을 만드는 것은 거의 불가능하다고 실무가들이 말한다. 차량 안에서의 흡연이 어린이의 건강에 해를 끼친다는 데 대한 100% 확실한, 그래서 반론의 여지가 없는 증거를 제시하는 것은 불가능하기 때문이다. 말하자면 '증거에 토대한'(evidence-based) 정책 결정을 한다는 것은 이렇게 개개인의 건강과 질병에 관한 사안에서도 거의 불가능하다고 실무 이론가들이 말하고 있다.[4)]

그래서 그들은 국방장관 럼스펠드가 주장하는 예측 또는 예측근거의 한계론을 받쳐주는 듯한 철학자 칼 포퍼의 논리를 소개한다.

> "객관적인 과학의 경험적 근거에는 어떤 절대적인 것도 없다. 과학은 바위 같은 굳건한 토대 위에 세워지는 것이 아니다. …… 우리는 [가설 또는 이론의] 구조를 떠받칠 만큼 건실하게 되면 그때 만족하고 [증거 수집을] 멈춘다. 적어도 당분간은."(pp. 93-94)[5)]

---

4) 그들은 다음과 같이 말한다. "증거는 유한한 수집절차 끝에 어떤 정책 결정의 안전성 또는 확실성을 제공하는 모양으로 주어지지 않는다. …… 이 논문은 저 럼스펠드의 신조에 찬성한다. 그것은 증거에 토대하는 정책이 부딪치는 난관을 집약하는 심오한 정수(精粹)이다." Ray Pawson, Geoff Wong, Lesley Owen, "Known Knowns, Known Unknowns, Unknown Unknowns: The Predicament of Evidence-Based Policy," ***American Journal of Evaluation***, 32(4) 518-546. April 6, 2011.

5) Karl Popper, ***The logic of scientific discovery***. London: Routledge, 1959, 2002.

하나의 가설 또는 이론을 떠받칠 만한 절대적인 경험적 근거는 없다고 말하는 과학철학자 포퍼는 결코 회의주의자가 아니다. 현실 세계에서는 언제나 앞으로 일어날 일들에 대한 완벽하고 확실한 예측 또는 대비를 하는 것이 불가능하다는 국방장관 그러므로 수집 가능한 모든 증거를 바탕으로 해서 실행할 조치를 결정한다는 것은 일상의 수준에서 표현하곤 하는 막연한 희망에 지나지 않는 것이다. 수집 가능한 모든 증거 아니면 100% 확실한 근거가 있기 전에 어떤 일도 할 수 없다면 모든 생명의 실존 자체가 불가능하게 된다.

그렇게 모든 개체 실존은 각기 그 귀추가 불확실한 미지의 x를 몸 안에 품고 산다. (180911)

3.

확실한 것 아래에서 불확실한 것이, 아니면 아는 것 아래에서 모르는 것이 고개를 들고 나타날 때 누가 이를 거절할 수 있겠는가? 그러므로 어느 날 어떤 모양으로 다가올지 모르는 일생의 최후에 대하여 수많은 사례들을 관찰하고 깊이 사색한 한 젊은 장례지도사 양수진의 권고는 음미해 볼 만한 것이다.

> "오늘은 언제든 멈출 수 있고 우리의 시간은 제각기 흐르고 있다는 사실을 한 번쯤은 되새겨 보길 바란다. 시간이 제각기 흐르듯 멈춤도 제

럼스펠드의 견해(1)에 과학철학자 포퍼가 동의하고 있는 것이다.

(1) "에롤 모리스는 럼스펠드에게 물었다. "당신은 국방장관 같은 자리에 있을 때 당신이 역사를 통제하고 있다고 생각하는가 아니면 역사가 당신을 통제하고 있다고 생각하는가?" 럼스펠드는 이렇게 대답한다. "아니, 이것도 저것도 아니다. 역사를 통제할 수 없다는 것은 분명하다. 그러나 역사가 당신을 통제할 때 당신은 실패할 수밖에 없다. …… 어떤 전쟁에서든지 미리 계획하지도 않고 전혀 예상하지도 않았던 일들이 벌어진다."" Mark Danner, "Donald Rumsfeld Revealed," ***The New York Review of Books***, Jan. 9, 2014.

각각이라는 사실을."(271쪽)[6]

매일 만나는 주검을 처리하며 장례를 인도하는 그녀는 또 다른 맥락에서 '불확실한 확실성'으로서의 죽음에 대한 자신의 관찰과 사색을 다음과 같이 정리하고 있다.

> "빈소는 이루 말할 수 없이 침통했다. 창창한 나이도 그렇거니와 둘이 떠난 신혼여행에서 한쪽만 살아 돌아왔으니. …… 며칠 전 결혼식에 참석했던 친구들은 옷만 바꿔 입고 장례식에 조문을 와야 했다. 다들 믿을 수 없다는 표정이었다. 활짝 웃으며 찍었던 웨딩 사진이 흑백의 영정 사진으로 둔갑했다. …… 떠난 사람도, 남아 있는 사람도 모두 슬프다. 죽음이라는 불확실한 확실성은 인간을 겸손하게도 만들지만, 때로는 비참함에 몸부림치게 한다. 삶과 죽음의 길은 왜 이렇게 논리와 상식의 저편에 있는 것인가?"(041-042쪽)[7]

(180912)

4.

지금까지 인류는 그가 과학자였든 일국의 통치자였든 아니면 철학자였든 간에 모두 모르는 것들을 아는 것들로 바꿔놓으려고 쉼 없는 노력

6) 양수진, 『이 별에서의 이별: 장례지도사가 본 삶의 마지막 순간들』. 파주, 경기: 문학동네, 2018.
7) 양수진, 『이 별에서의 이별: 장례지도사가 본 삶의 마지막 순간들』. 파주, 경기: 문학동네, 2018.

을 기울여왔다. 미지의 세계를 기지의 세계 안으로 끌어들이려고.

그러나 그들은 기지의 세계가 아무리 증대하더라도 그것은 여전히 미지의 바다 가운데로 빠져있는 아주 미미한 섬과 같은 부분일 뿐이라는 불가피한 진리를 외면하고 있다.[8] 그래서 '진리의 패권은 (인식과 행위의 임시 주체인) 사람에게 있는 것이 아니다.'라고 말하게 되는 것이다. 기지의 것 아래에서 미지의 것이, 확실한 것 아래에서 불확실한 것이 언제나 다음 순간의 결정권 곧 진리의 패권을 행사하는데, 이는 우리에게 세계인식의 패러다임 전환(paradigm shift)을 요구하고 있다. (180922)

5.

2,500년 전 즈음에 지구 위의 여러 지역에 퍼져 있던 인류의 문명과 함께 등장한 다양한 철학의 유파들은 모두 그때까지의 미신에 가까운 자연관을 배격하며 인간 자신을 행위와 인식의 주체로 선언하는 데 동참하고 있었다.[9] 그러나 오늘에 이르기까지 세계인식의 혁명과정을 돌

---

8) "생명은 언제나 불확실한 [미지의 표적인] [ ]를 향하여 모색하며 결단한다. 감각과 판단, 사유와 행위는 모두 끝내 그 피상의 확실성을 잃고 … 미지의 [바다]로 빠져들어 간다. …… [ ]는 규정하거나 관통할 수 있는 대상이 아니라 그것은 오히려 불가해의 주체로서 생명을 향해 암호로서만 다가온다."(168-169쪽) 『안티호모에렉투스』, 제2판. 고양, 경기: 사월의책, 2017.

9) "서로 다른 유(類)들 사이에 수평적으로 얽히는 모순대립 국면을 어떤 쟁의(爭議)의 논리로 또는 어떤 부쟁(不爭)의 논리로 해결할 것인지를 모색한 수많은 대안들의 계열로서 선진(先秦) 및 그리스 철학사가 이루어졌다. 격렬하게 대결하는 유들이 도시 또는 국가체제 안에서 구축하는 논리 형태는 그것이 쟁의의 것이든 부쟁의 것이든 간에 생명이 부딪치고 적응해야 하는 미지의 환경 [ ]에 대해 공격적이거나 대외(對

이켜 보면 과연 인간이 자연과 우주의 흐름 가운데서 그 자신의 역량을 발휘하는 '주체'로서 움직이고 있는가 하는 의문을 내려놓을 수 없다.

그래서 지금은 지난 25세기 동안 인류의 문명을 지배한 인간 주체 시대의 철학서를 읽으면서 철학을 논할 수 있는 시대가 아니다. 이는 전쟁의 포성이 일고 있는 현재 진행의 상황을 떠난 데서 전략가의 발상이 나올 수 없는 것과 같다.[10] 21세기 인류는 언제 닥쳐올지 모르는 위

外) 폐쇄적이다. 여기에 선진 및 그리스 전통의 논리와 세계관은, 통제할 수 없는 삶의 환경 [ ]으로부터 방어 불능의 … 압력을 받으며 사는 지금 인류[가] … 그대로 유지하기 어려워진 이유가 있다."(166쪽) 『안티호모에렉투스』, 제2판. 고양, 경기: 사월의책, 2017.

10) 국방장관 럼스펠드가 전쟁 수행과정에서 터득한 인식론은 서구의 진리이론에서 어떤 자리를 얻을 수 있을까? 서구 철학자들의 전통 가운데서 논의되어온 진리이론에는 진리의 대응설, 일관설, 선험설, 합의설 같은 것들이 있다. 대체로 대응설은 플라톤과 실증주의자들이, 일관설은 버클리와 헤겔이, 선험설은 칸트와 후설이, 합의설은 토머스 쿤과 폴 파이어벤트가 대변하는 부분이 있다. 그리고 이들은 대략 모두 인간 주체 시대인 지난 25세기 문명사를 이루는 오랜 전통에 소속한다.

그러나 "역사를 통제할 수 없다는 것은 분명하다. … 어떤 전쟁에서든지 미리 계획하지도 않고 전혀 예상하지도 않았던 일들이 벌어진다."(앞의 풀이말 5)와 따온글 (1) 보기)라고 말하는 도널드 럼스펠드는 진리의 패권 또는 결정권을 인간 주체의 범위를 초월하는 영역으로 넘기는 자세를 취하고 있다. 이처럼 인간 주체 시대의 전통에 합류하기를 거부했던 오래된 드문 사례의 생각(1)은 『바가바드기타』(2)와 「전도서」(3)에서도 확인할 수 있다.

그런데 조선 500년의 역사를 돌이켜 보면 이미 지나간 시대의 철학과 이념에 볼모가 된 조정 사대부들이 정치와 군사에 종사함으로 인하여 치욕스러운 국난을 반복해 겪은 바 있다.(4) 그 국난의 치욕이 극치에 다다랐던 한 사례는 1636년 즈음에—심지어 남한산성 안에 포위된 피난의 궁지에서도—척화파와 주화파가 명분 대(對) 실리 논쟁에 매몰되어 다투는 사이 온 나라가 참혹하게 겪은 병자호란이었다. 지나간 시대의 그리고 외래(外來)의 철학과 이념은 당면한 위기의 현장 현실을 인식하고 대

응하는 데에 오히려 치명적인 걸림돌이 되었다.

(1) "어떤 것도 거부되지 않은 것은 없기 때문에 어떤 것도 진리로 남아 있지 않은 그래서 다만 거부하는 행위로서 이어지는 철학의 역사. 20세기의 위대한 철학자들은 서로를 향하여 그대의 철학은 철학이 아니라고 외치다가 사라져 갔다. 그리고 서양 철학자들은 동양 철학자들에 대하여, 동양 철학자들은 서양 철학자들에 대하여 서로를 거부하는 몸짓으로 이해한다. 이만하면 참으로 진리 될 만한 것은 모든 철학자들이 세우는 주장 '이다'에 대하여 언제나 '아니다'라고 하는 뿌리 깊은 거부행위 뒤에 숨어 있는 '어떤 알 수 없는 다른 것' [ ]임을 받아들이지 않을 수 없다."(0104) 『서양의 논리 동양의 마음』(제1판, 1987) 고양, 경기: 사월의책, 2017.

(2) "당신의 권리는 오직 행위에 있고 결코 그에 따르는 결실에 있지 않다. 행위의 결실이 당신의 동기가 되지 않게 하라. 그렇다고 해서 당신 안에 무위(無爲)의 유혹이 없도록 하라."(Chapter II section 47) "이 유명한 구절은 무사(無私) 원칙의 핵심을 포함하고 있다. …… [여기에] 신의 뜻을 수행한다는 선한 의지밖에는 어떤 것도 개입할 수 없다. 성공과 실패는 개인에게만 아니라 다른 요인들에도 달려 있다."(Editor's note on the section) ***The Bhagavadgita***, ed. S. Radhakrishnan. London: George Allen & Unwin, 1948, 1979.

(3) "하느님은 하늘에 계시고 너는 땅에 있다."(5:1) "그러나 아무리 제대로 하여도 화를 입는 경우가 많다. …… 하느님께서 하늘 아래서 하시는 일은 아무도 알 수 없음을 깨달았다. 아무리 찾아도 그것을 알 사람은 없다."(8:6-17) "그렇다. 사람이란 산 자들과 어울려 지내는 동안 희망이 있다."(9:4) "그러나 하느님께서 네가 하는 모든 일을 재판에 붙이시리라는 것만은 명심하여라."(11:9) 「전도서」『공동번역 성서』 서울: 대한성서공회, 1977.

(4) "그러나 임진왜란(1592-1598) 이후에도 조선 문인들은 '인'(仁)에 대한 신념을 버리지 않았다. 오히려 조선이 일본에 '인'을 확대함으로써 '이류'(異類)를 '동류'(同類)로 바꿔야 한다는 관념은 더욱 강해졌다. 일본으로 사행을 간다는 것은 '무'를 숭상하는 일본을 '문' '인' '예의' '충신'으로 교화하러 감을 의미했다."(336쪽) "이처럼 일본의 유교화를 꿈꾸는 사절들의 모습은 지나치게 낭만적이고 낙관적인 부분이 없지 않다."(342쪽) 박상휘, 『선비, 사무라이를 관찰하다』 파주, 경기: 창비, 2018.

"임진왜란 중에는 당파의 노골적인 대립은 자취를 감추었다. 그러나 다시 화평해지자 …… 유교의 가르침에서 복상(服喪)은 혈연의 원근에 따라 그 기간을 달리하지 않기에 놓인 '생명의 환경'과 끝없는 경쟁에 휘둘리는 '각자 생계'의 불확실한 미래에 직면해 있다. 그렇게 불확실한 미래로서 다가올 생명과 생계의 위기를 과제로 한 적 없는 지난 25세기 인간 주체의 역사를 마감하며 오늘에 긴급한 세계인식의 전환이 이루어지기를 기다리고 있다. (181002)

6.

확실한 것 아래에서 불확실한 것이, 또는 알고 있는 것 아래에서 모르는 것이 고개를 들고 나타난다는 럼스펠드 스타일의 인식론에 대하여 집요하게 공격하는 에롤 모리스는 방면을 바꾸어 다음과 같은 질문을 던진다.

> "국방장관 같은 자리에 앉았을 때 당신이 역사를 조종하고 있다고 생각하는가 아니면 역사가 당신을 조종하고 있다고 생각하는가?"[11]

으면 안 되는 것이었다. …… [효종의 계모인] 자의대비의 복상 기간(1659)에 대해서 유교의 고전에 명문이 있는 것은 아니며, 그렇기 때문에 격렬한 논쟁이 전개된 것이다. 그리고 예론 즉 예를 둘러싼 논쟁이 유교 이해 상의 논쟁에 머물지 않고 당파 싸움과 연결될 때, 그것은 극히 현실적인 정권 싸움이 된 것이다."(235-237쪽) 기시모토 미오, 미야지마 히로시, 『조선과 중국: 근세 오백 년을 가다』, 김현영, 문순실 옮김. 서울: 역사비평사, 2003.

11) 에롤 모리스는 어떤 인식론의 소유자이기에 인간 인식의 불확실성 또는 한계론을 말하는 럼스펠드를 집요하게 비판하고 있는가? 모리스의 대학원생 시절 한때 그의 지도교수 토머스 쿤은 패러다임을 달리하는 이론체계들 또는 진술들 사이에는 공통의 척도(the common measure)가 없어서 상호 비교 비판이 불가능하다고 주장하고 있었다.

그때 이미 모리스의 굳은 신념은 언어와 세계 또는 언어와 그 진술의 대상 사이에는 그 진리판단의 공통 척도로서 오직 일대일의 대응(correspondence) 관계만이 있을 뿐이라는 소박한 실증주의였다.(1) 소박한 실증주의를 고집하는 대학원 초년생 모리스와 그의 신념과는 거리가 먼 차원에서 서양 과학사를 관통하고 있었던 지도교수 쿤과의 충돌은 불가피한 것이었다. 그러던 어느 날 토론에서 참다못한 쿤은 그 고집스러운 소박한 실증주의자를 향해 재떨이(ashtray)를 날렸다. 그 사건이 있은 지 45년이 지나고 그의 지도교수도 세상을 떠난 지 22년이 지난 해(2018년)에 모리스는 토머스 쿤에 대한 자기 나름의 평전 ***The Ashtray***를 썼는데 그 부제목을 ***Or the man who denied reality***라고 하였다.

과연 토머스 쿤과 그의 견해를 인정하는 수많은 현대 과학자들과 철학자들은 실재(reality) 아니면 세계의 실재를 부정하는 단순한 관념론자들인가?(2) 모리스는 쿤과 그를 인정하는 무수한 과학자들과 철학자들의 세련된 실재관 또는 인식론을 이해하기에는 너무 초보적인 소박한 실증주의에 갇혀 있을 뿐이었다.

그는 쿤과의 면담과 토론을 거친 지 45년이 지난 지금도 여전히 소박한 실증주의자로서의 오랜 신념을 굽히지 않고, 실재하는 대상 그리고 역사에 관한 진술 또는 진리에는 오직 일대일의 대응 관계만이 있을 뿐이며 그밖에 드러나지 않은 가능성에 관한 진술이나 이론은 있을 수 없다는 견해를 주장하고 있다. 물론 그는 쿤으로부터 쫓겨나 프린스턴 대학을 떠났고 옮겨간 U.C. 버클리 대학원 철학과 박사과정에서도 뜻을 이루지 못하여 그 후 저명인사들을 인터뷰하는 등 인기 있는 다큐멘터리 작가로서 변신하여 큰 명성을 얻었다.

(1) "나에게 있어서 진리란 언어와 세계 사이의 관계에 관한 것이다. 곧 진리의 **대응**(correspondence) 관계이다. 진리의 일관설(coherence theory of truth)에 대해 나는 어떤 관심도 없다. 이유는 이렇다. 그것은 진리에 관한 것이 아니라 일관성에 관한 것이다. 우리들이 말하고자 하는 것은 하나의 문장 또는 하나의 문단 또는 한 집합의 문단들을 세계에 대응시켜 놓을 때 부합하느냐 안 하느냐 하는 것이다."(p. 4) Errol Morris, ***The Ashtray (Or the man who denied reality)***. Chicago: The University of Chicago Press, 2018.

(2) "모리스의 설명에는 실로 큰 문제가 있다. [『실재를 부정한 사람』이라고 추가한] 제목 자체에 문제가 있다. 쿤은 실제로 '실재를 부정하지' 않았다. 그는 다만 우리들은 결코 실재에 관한 근본적인 진리를 알 수 없을 것이라는 주장을 했을 뿐이다. … [그리고] 이 [주장은] 충분히 명백하다. … 『과학혁명의 구조』라는 그의 저서 끝에서 그는 '과학의 발전으로 말미암아 점점 더 자연에 관한 상세하고 정밀한 이해에 이르고 있다'라고 말한다. 그러므로 그는 포스트모더니스트 악당처럼 실재를 부정하

"어느 쪽도 아니다."라고 럼스펠드는 답한다. 그의 질문에서 에롤 모리스는 어떤 답을 원했을까? 그의 이전 발언들을 종합해 보면 소박한 실증주의자 모리스는 국방장관 럼스펠드에게 이렇게 다그치고 있는 것이다. '당신이 역사를 조종 조작하지 않았는가?'[12)]

그러나 럼스펠드 스타일의 한 철학자는 이렇게 답할 수 있다. '인간이 세상의 역사와 자신의 운명을 조종한다고 말할 수 있는 경우는 있을 수가 없다.' 그렇다면 '인간 무책임'을 주장하는 것인가?

근본적으로 인간은 역사가 허용하는 한계 안에서 그리고 그의 운명이 감당할 수 있는 한계 안에서 책임을 질 수 있다.[13)] 세상에 몸을 드러낸 어떤 개체 실존도 그가 실현해가는 역사와 운명에 대하여 그렇게 (소박한 실증주의자가 요구하는) '무조건의 주체'는 아니기 때문이다. 한 젊은 장례지도사가 관찰하고 실감한 것처럼 모두 '불확실한 확실성'이라는 넘을 수 없는 한계 안에서 살고 있다.

모두 그 귀추가 불확실한 미지의 핵 x를 항상 그의 몸 안에 품고 산다.

고 있다고 볼 수는 없다. …." Steven Poole, "***The Ashtray*** by Errol Morris: a review—revenge against Thomas Kuhn,"(Philosophy Books) ***The Guardian; International edition***, 31 May 2018.

12) 위의 풀이말 2), 풀이말 5), 풀이말 11)의 따온글에 실려 있는 에롤 모리스의 발언들 보기.

13) 그러므로 역사가 허용하고 운명이 감당할 수 있는 한계 안에서 한 인간에게 돌아가는 도덕적 법적 책임의 소재를 찾을 수 있다. 이 지점에 이르면 인간은 무조건의 주체가 아니고 '조건부 주체'라는 것이 드러난다. 조건부 주체는 그러니까 언제나 불확실한 것들과 알 수 없는 것들에 대응하며 살아야 하는 운명적 과제를 안고 있다.

언제나 확실한 것 아래에서 불확실한 것이, 알고 있는 것 아래에서 모르는 것이 때 없이 고개를 들고 나타나기 때문이다. (181020)

7.

이제 이처럼 개체 실존이 부딪친 세계인식의 한계 곧 인간 주체 시대에 다가온 위기의식 안에 한 전환시대의 과제가 주어져 있다. 그것은 항상 그 귀추가 불확실한 미지의 핵 x를 가지고, 지난 25세기에 걸쳐 피상에 다름 아닌 허구의 확실성, 허구의 증거를 추구해온 인류의 역사를 반성하며 정리하는 일이다.[14] (181229)

---

14) "현상계에 몸을 드러낸 한 개체 실존 x는 그렇게 뿌리를 추적해 가면 형태 붕괴 또는 형태 부재한 미지의 경계 X로 빠져들어 간다. 그리고 이는 미래에 일어날 일이 아니고 현재에 일어나고 있는 일이다."(Σ3. "오직 철학자들에게 있을 만한 의문들"의 줄기글 4.에서)

Σ2

일생의 의문과 그 진로
—몸에 지닌 선택이란?

1.

마케도니아 출신 알렉산드로스의 동방원정과 이후에 세워진 프톨레마이오스제국의 점령 통치로 인하여 신앙의 주요 가치들이 모두 흔들리는 혼돈의 시대 한가운데서 유다의 한 설교자는 「전도서」에 다음과 같은 술회를 남기고 있다.

> "그러나 하느님께서 사람에게 역사[또는 영원/어둠 속에 가려져 있는 시간]의 수수께끼를 풀고 싶은 마음을 주셨지만, 하느님께서 어떻게 일을 시작하여 어떻게 일을 끝내실지 아는 사람은 하나도 없다는 것을 나는 알았다."(3:11)

> "하느님은 하늘에 계시고 너는 땅에 있다."(5:1) "나쁜 사람이 받아야 할 벌을 착한 사람이 받는가 하면 착한 사람이 받아야 할 보상을 나쁜 사람이 받는다. …… 하느님께서 하늘 아래서 하시는 일은 아무도 알 수 없음을 깨달았다."(8:14-17)[1)]

하나의 일생이 통과해가는 운명의 길이 어떻게 시작해서 어떻게 끝날지 도대체 알 수 있는 사람이 아무도 없더라는 것이다. 정말 그렇지 아니한가? 일생이 통과하는 알 수 없는 운명의 길에 대하여 무엇을 말할 수 있는가? 그 알 수 없는 길, 미지의 변수 x에 대한 어떤 철학적 담론이 가능한가? 아무것도 정해진 바 없는 불확실한 일생에 대하여 무슨 철학을 말할 수 있겠는가? (180512)

2.

대체 세상에 몸을 드러낸 자신을 포함한 모든 생명은 각자가 탐구자일 수밖에 없는 일생을 산다. 사람들은 각기 당면한 난관을 향해 탐색과 기투(企投)를 하고 최후의 기도를 하며 때로는 포기를 함으로써 일생의 가능한 진로를 찾는다. 그렇게 탐구와 기투의 영역으로서 주어지는 일생의 험로(險路)를 거쳐 온 한 사람은 이렇게 토로할 수 있다.

> "변함없는 목표를 향해 달리는 인생은 없다. 지향하던 목표가 도중에 꺾이고 다시 꺾이어 변형된 뜻밖의 결과가 나의 현재다."([19]671201)

이토록 아직 정해진 바 없는 미래의 진로를 찾음에서 각자는 그의 몸에 지닌 기억과 상상과 자기 초월의 가능성을 가지고[2] 수많은 의문과 탐

풀이말

1) 『공동번역 성서』 서울: 대한성서공회, 1977.

2) '몸에 지닌 선택이란' 무엇을 말함인가? 한 인간은 '그의 몸에 지닌 기억과 상상과 자기 초월의 가능성을 가지고' 자연과 세계를 향해 의문을 던지며 실험 또는 모험을 한

구, 선택과 포기의 단계들을 거쳐 간다. (180429)

3.

역사의 '단위 현상'으로서 주어지는 한 일생의 진로는 각기 그의 몸에 지닌 기억과 상상과 자기 초월의 가능성 가운데서 일어나는 주요 방면의 의문들을 가지고 해답을 탐색하는 행위에 영향을 받으며 전개된다.

여기서 기억이란 세상에 몸을 드러낸 존재가 제각기 그의 몸에 지닌 모든 실현 가능성 곧 그 시작하는 때를 확인할 수 없는 영원의 한 조각 기억체계를 가리키며 이를 x로 대표한다. 이러한 영원의 기억에서 비롯하는 상상은 한 일생에서 실험하는 모든 발상과 모험, 계획과 탐구의 행위를 가리키며 이를 $\neg x$로서 대표한다. 그런데 어째서 상상은 누구에게나 예측할 수 없을 만큼 다양하고 파격적으로 일어나는가? 그것은 그 시작을 거슬러 올라가 특정할 수 없는 과거로부터 생명의 계통발생

다. 이는 한 과학자의 탐구 과정에서도 일어나고 있는 일이다. 현대 물리학의 최전선에서 뛰어난 보고자로서 일하는 카를로 로벨리는, 거대하고 정교한 장비를 가지고 수백의 과학자들이 협력하는 실험과 관찰에서 얻어내는 결과조차 자연 자체의 그림이라기보다는 인간 자신이 선택하는 이해[방식]의 표현일 것이라고 다음과 같이 말한다.(1)

(1) "[실험의 결과들은] 어떤 것도 결정적으로 증명해 주지 않는다. 결정적 증명과는 거리가 멀다. …… 그 결과들은 집요한 기술적 시도와 수백 명에 달하는 과학자들의 광범위한 협동작업으로 얻은 것임에도 우주의 구조에 대하여 우리들이 이미 가지고 있는 인식을 재확인하는 것밖에 아무것도 전해주는 것이 없다. 실로 어떤 놀라움(새로움)도 주어지지 않은 것이다."(pp. 214-215) Carlo Rovelli, ***Reality is not what it seems***, trans. S. Carnell & E. Segre. New York: Riverhead Books, 2017.

(phylogenesis)을 따라 예측할 수 없게 수없이 격파당해 온 그리고 초월당해 온 오랜 기억의 재현 현상이기 때문이다.

각자의 일생은 영원에 소속하는 한 조각의 몸이 수행하는 의문과 탐구의 진로로서 이루어지는데, 그는 이제는 일일이 기억할 수 없는 과거로부터 격파의 수많은 단계를 거쳐왔고 다시 격파의 한 단계를 향해간다. 이 향해가는 격파의 한 단계를 사람들은 죽음이라고 이해하는데, 이는 그가 소속한 발생계통의 조상들이 이미 무수히 반복 경험해온 선례(先例)를 따르는 것이다. 이렇게 반복 경험해온 죽음을 포함하는 수많은 종류의 격파들 곧 자기 초월을[3] $\chi(\ )$로 대표한다. (180424)

4.

각자의 몸에 주어진 기억과 상상과 자기 초월의 가능성에 의한 탐구와 선택의 과정에서 항상 세상의 대세에 흔들리는 '위기의' 존재들, 그들이 수행하는 운명 개척의 양식에 따라 역사철학의 과제가 주어진다. 그러한 운명의 흐름을 통과하는 한 조각의 기억체계로서 개체 실존이 그만의 고유한 상상과 자기 초월의 조건을 따라 통과하는 불멸의 존재 양식들이 존재론의 가지들이 된다.

그러나 각기 그만의 고유한 기억과 상상으로 최대한의 실현 가능성과

3) 만약 한 개체 생명 안에 자신의 조상들이 이미 반복 경험한 격파의 험난하고 오랜 이력을 기억으로 지니고 있지 않다면, 첫째로 그에게는 죽음의 공포에 대한 인식이 없을 것이다. 둘째로 그는 면역체계를 비롯한 다양한 방어 및 반응 기제를 갖추고 있지 않아서 생명의 유지 자체가 불가능하게 될 것이다.

모험을 발휘함에도 결국에 그의 의도를 포기할 수밖에 없는, 아니면 그 자신이 격파당할 수밖에 없는 '한계에 갇힌' 존재들이, 그들을 초월해서 움직이는 운명의 결정권자에 승복해 들어가는 관계양식으로서 신학과 사회학의 모양이 결정된다.

그밖에 기억과 상상과 자기 초월의 실현 과정을 따라 아동발달에서 노화와 죽음에 이르기까지, 또는 예술창작의 행위와 전쟁의 예측 불가능한 폭발과 그로 말미암은 결과에 이르기까지 각각 다양한 분야의 담론들이 펼쳐진다. (180425)

5.

역사철학과 존재론, 신학과 사회학은 사람들이 일생을 살면서 누구든지 그의 몸에 지닌 기억과 상상과 자기 초월의 가능성이라는 탐구와 선택의 조건들에 따라 만들어가는 삶의 주요한 행동 패턴들을 묘사하는 것이다.

그렇다면 한 일생을 통과하고 있는 사람은 누구든지 의식하든 의식하지 않든, 무식하든 무식하지 않든, 각자 그의 고유한 운명관 아니면 역사철학, 개체 실존의 한계 이해와 해법으로서 존재론과 신학, 그리고 하나의 처세관으로서 사회학을 만들어가고 있다고 이해할 수 있다. 실로 그러한 뜻에서 역사철학과 존재론, 신학과 사회학은 이른바 역사학자나 철학자, 신학자나 사회학자의 전유물이 아니다.

그래서 기억과 상상과 자기 초월이라는 탐구와 선택의 바탕을 가지고 각자의 행동 분야에서 터득한 역사철학과 존재론, 신학과 사회학에 해당하는 (소박한 때로는 숙고된) 대강의 안(案)을 가지고 있지 않은 이는 없으리라고 보는 것이다. 그러므로 누구에게든지 '그대의 역사철학과 존재론, 신학과 사회학은 어떤 것인가?'라고 물어서 이미 그의 몸에 지닌 잠재의식에서 움직이는 답변 또는 어떤 대안을 끌어낼 수 있을 것이다. (180511)

6.

어떤 경우(境遇)들을 거쳐 어떤 모양으로 끝날지 정해진 바 없는 한 일생을 미지의 변수 x로 대표하는 존재론은, 역대의 철학자들이 그가 탐구하는 궁극의 진리를 이해 전달하려고 할 때 사용해 온 매체인 언어에 대한 반성이며 대안의 모색이다.[4)]

---

4) 역대의 동서양 철학자들은 그들이 소속한 문화권의 일상언어 또는 그에 따르는 범주체계를 사용해서 그들이 추구하는 궁극의 실재를 표현하고 전달하였다. 그러나 그들이 사용하는 일상언어와 범주체계를 가지고 그들이 추구하는 궁극의 실재 또는 그 대상에 도달할 수 있는가에 대해서는 그동안 많은 반성과 비판이 이루어져 왔다. 특히 현대철학자들 사이에서는 문헌학자로서 출발한 니체와 수리논리학자 러셀의 선구적 반성과 비판에 따라 언어철학이라는 한 독립된 영역이 개척되기에 이르렀다.

그러한 언어의 반성과 비판을 이어가는 서구전통의 한 정점을 이루는 철학자는 해체주의의 선두 주자 자크 데리다이다. 그는 도대체 형이상학 또는 존재론에서 궁극의 실재라고 이해하는 대상은 우리들의 언어구조 가운데에 포착되거나 드러날 수 없다고 주장하고 있다. 그의 주장에 따르면, 우리들의 언어는 언어 밖에 존재하는 실재 대상을 직접으로 만날 수 있는 것이 아니다. 실재 대상은 우리들이 구축하는 언어구조 가운데에 '현재'(presence)할 수 있는 것이 아니기 때문이다. 이는 칸트가 제시한 이성의 인식 한계에 대한 반성과 비판을 극단으로 밀고 나아감으로써 도달한 결론이라고 볼 수 있다.(1)

이를테면 "도를 도라고 말할 때 그것은 불변(항상)의 도가 아니다."라고 설파한 노자와 '물 자체 x는 그 본래의 모습을 현상세계에 드러내는 것이 아니다.'라는 선험주의 인식론의 저자 칸트가 의도했던 바에서 한 걸음 더 나아가 인간의 언어와 인식에 대한 또 하나의 뿌리 깊은 반성 그리고 해탈에 이를 수 있다. (180929)

7.

이제 세상에 그의 몸을 드러낸 한 개체 실존을 어떤 특정의 문화와 일

과연 궁극의 진리 또는 실재하는 대상은 그것의 있는 대로의 참 '현재'의 모습을 현상계에 드러내지 않는가? 데리다에 따르면 실재하는 대상은 우리들의 매체인 언어 가운데에 그의 모습을 어떤 모양으로도 '현재'하도록 하는 것이 아니다.(2)

x의 존재론에서는 모든 전통의 형이상학과 존재론이 추구하는 궁극적 실재 대상 자체의 '현재' 가능성을 부정하지만, 데리다처럼 '어떤 종류'의 '현재' 가능성도 부정하는 견해 또한 거부한다. 이렇게 극단으로 달려가는 주장들은 현실과 실제에서 거리가 먼 관념론이다. 그들은 진리의 매체로서 인간 언어에 대한 반성과 대안 모색에서 아직 그럴만한 역사적 단계에 이르지 않았던 것으로 보인다.

(1) "언어는 자신이 만들어낸 텍스트를 넘어서 그 밖의 다른 어떤 대상으로 다가갈 수 없다. 텍스트가 자신을 넘어서 자신이 가리키는 형이상학적, 역사적, 심리생물학적 등등의 실재 대상으로 접근할 수 없다는 것이다. …… 텍스트 너머 또는 텍스트 밖에는 아무것도 없다."(p. 158) Jacques Derrida, ***Of grammatology***, trans. G. C. Spivak. Baltimore. Maryland: Johns Hopkins University Press, 1974.

(2) "언어가 자신이 가리키는 현재(presence)하는 대상 앞에서 말하면서도 자신의 의미하는 바를 취소하며 증발해 버린다. 그렇게 언어의 고유한 [지시] 구조는, 그것이 지시하는 바 대상으로부터 단절된 채 전적으로 자체 안에 갇혀 기능함으로 말미암아, 스스로 소멸해 버린다."(p. 92) Jacques Derrida, ***Speech and phenomena and other essays on Husserl's theory of signs***, trans. D. B. Allison. Evanston: Northwestern University Press, 1973.

상언어에도 매이지 않은 제1 언어 x로 대표했을 때 그가 펼쳐갈 일생에 대하여 어떤 존재 양식들과 그에 따르는 행동 분야들이 이루어지는지를 다시 점검할 수 있다.

x로 대표하는 한 일생의 가능한 존재 양식과 행동 분야들은 고대 그리스 철학자 아리스토텔레스의 다음과 같은 선례를 따르면서 벗어나고 있다. 아리스토텔레스는 자신의 형이상학에서 가설한 질료와 형상의 관계에 따라 생물학과 물리학, 수학과 신학 같은 새로운 탐구영역들을 유도해 냈다.[5] 그러나 그는 모든 전통의 철학자들이 지금도 그렇게 하

---

5) 아리스토텔레스가 그의 『형이상학』에서 순수이론으로서의 수학과 물리학과 신학의 주제를 형상과 질료의 관계에 의해 규정하는 일관된 원칙에 대하여 한 고대 그리스 철학 연구자는 아래와 같이 그 원칙을 다시 정리하고 있다.(1) 나아가 아리스토텔레스의 경험과학으로서 생물학 분야 저술의 하나인 『동물의 운동에 대하여』를 논의하는 가운데 마사 누스바움은 어떻게 형상의 질료에 대한 관계가 생명 현상 이해에 적용되는지를 설명하고 있다.(2)

(1) "아리스토텔레스가 형상의 측면으로 본 존재 양식에 따라 이론의 학문들을 구분한 의도를 다시 생각해 보아야 한다. …… 물리학은 운동과 정지의 원리를 지닌 감각적 실체를 다루는데 이는 자연의 형상들을 연구하는 것이다. …… 수학은 감각적 실체에서 독립해 있는 것은 아니지만 변화를 동반하지 않는 양적인 형상들을 연구한다. …… 인간은 신학이라는 학문을 연구할 수 있는데 이는 인간 영혼의 일부 곧 그의 초감각적 형상이 신체의 감각적 질료로부터 분리될 수 있기 때문이다." John J. Cleary, "Emending Aristotle's division of theoretical sciences," ***The Review of Metaphysics***, vol. 48, no. 1(1994), pp. 33-70.

(2) "살아있는 존재들의 행위를 설명하기 위해서는 개체들이 그들과 같은 종(species)에 속하는 다른 구성원들과 공유하는 기능적인 조직에 대해 언급해야 한다. 그것이 형상이라는 것이다. 사자는 살이 찌거나 마르는 데 따라 모양이 바뀌지만 여전히 동일한 사자이다. 그[사자]의 형상은 그의 [바뀌는] 모양이 아니고 그의 영혼 곧

듯이 그 자신이 소속한 문화와 일상언어에서 빌려온 개념 또는 범주들 가운데로 그의 형이상학적 실재들과 그로부터 유도해낸 모든 탐구영역의 담론들을 환원시켜버렸다. 그렇게 아리스토텔레스의 철학도 역시 그가 소속한 특정한 문화와 언어에 상대적인(매여 있는) 제2의 환원주의에 빠진 것이다.[6)]

*x*의 존재론에서는 어떤 특정의 문화와 언어체계에도 매여 있지 않은 '영원에 소속하는 개체 분신'으로서 펼쳐가는 한 일생을 *x*로 대표한다. 그 *x*가 몸에 지닌 기억과 상상과 자기 초월의 가능성에 따라 일으키는 의문과 탐구로서 *x*의 운명관 또는 역사관, 개체 실존의 한계 인식과 해답으로서 *x*의 존재론과 *x*의 신학, 그리고 개체성들이 대립하며 동거하는 관계양식으로서 *x*의 사회학에 주어지는 과제들과 그에 반응하는 행동 패턴들이 결정된다. (180430)

8.

『안티호모에렉투스』(2001)와 『*x*의 존재론』(2017)을 일독한 분들로부

생명 기능들의 조합이다."(p. 71) Martha Nussbaum, ***Aristotle's De Motu Animalium***, Princeton: Princeton University Press, 1978.

6) "*x*의 존재론은 모든 과거의 환원주의와 다른 길을 가고 있습니다. 과거의 환원주의는 모든 미지의 것들을 가능한 한 기지의 것 또는 [일상언어에 의해] 특칭 가능한 어떤 것으로 환원시키려는 동기를 가지고 움직였습니다. 이를 제2의 환원주의로 일컬을 수 있습니다. *x*의 존재론은 모든 기지의 것들이 미지의 것으로 또는 어떤 특칭도 거부하는 *x* 아니면 *X*로 빠져들어 갈 수밖에 없는, 그래서 모든 기왕의 환원주의자들의 방향을 반대로 역행하는 흐름을 타고 있습니다. 이를 제1의 환원주의로 대표할 수 있습니다."(525-526쪽) 『x의 존재론』, 고양, 경기: 사월의책, 2017.

터 감당하기 어려운 긍정적 평가가 있기는 하였지만, 그와 함께 다른 극단으로 반응한 분들의 '이것도 읽으라고 낸 책이냐?'(2001) 아니면 '무슨 소린지 이해하기 어렵다.'(2017)라는 비평도 전해 듣고 있다. 당연히 근거 있는 비평임에도 불구하고 그럴 수밖에 없는 부분에 대해서는 해명의 여지가 없는 것은 아니다. 말하자면 시대체험과 학습경로를 전혀 달리하는 자가 세계인식의 한 새로운 패러다임을 개척하며 모험하는 데 말미암은 현상이 아닐까 그렇게 생각하고 있다.

그러나 그것은 또한 지난 25세기에 걸쳐 동아시아에서 통속화된 소박한 인문주의 전통으로 교육받은 분들이 습득한 문장관과 세계인식의 한계를 반영하는 현상일지도 모른다. 이를테면 현대에 이르기까지 동서의 철학자들이 모색해온 자아의 정체성을 '영원의 한 조각 기억체계 x'로 대체하거나 나아가 인류의 문명 25세기 동안에 정착되어온 인간주체의 전통에 대해 '진리의 패권은 사람에게 있는 것이 아니다.'라는 대안의 패러다임을 제안할 때 이를 누가 쉬이 이해하며 동의할 수 있겠는가? 오히려 만약 어느 날 누군가가 내 앞에 나타나 '나는 당신이 말하는 것을 다 파악하고 있다.'라고 주장하며 그 증거를 제시한다면 나는 아마도 너무 놀라 경련을 일으킬지도 모른다.

그래서 그렇게 쉬이 기대하지는 않더라도 지금 한국의 독서계를 이끌어가고 있는 일부 문사(文士)들의 서평 수준은 때때로 큰 장애물이다. 『죽음의 한 연구』라는 소설의 저자 박상륭이 구사하는 긴 복합문장을[7] 타박하거나 그 밖의 저자들의 길게 엮이는 난삽한 논리적 맥락을 견딜 수 없는 문사 서평자들과 그들에 의존적인 독자들은 적어도 사르트르나 비트겐슈타인이나 아리스토텔레스의 한 저서 아니면 노자의 『도덕경』이나 공자의 『논어』에서 한두 페이지라도 직접 비교 정독해 보시기를 바랄 뿐이다.

거기에 쉬이 읽히는 문장이 있는가? 거기서 떠먹여 주듯이 머리에 쏙 들어오는 문맥의 흐름을 쉬이 발견하는가? 20세기에 들어서 한국 수필 문학을 개척한 김진섭 교수는 1940년대에 『생활인의 철학』에서 다음과 같은 철학관을 갈파하여 공감을 일으킴으로써 오늘에 이르기까지 한국인들의 독서와 교양 수준을 저급하게 한 데에 크게 기여하였다.

"그러므로 생활 속에서 부단히 인생의 예지를 추구하는 현대 중국의 '양식(良識)의 철학자' 임어당(林語堂)이 일찍이 "내가 임마누엘 칸트를 읽지 않는 이유는 간단하다. 석 장 이상 더 읽을 수 있은 적이 없기 때문이다."라고 말했는데, 이 말은 논리적 사고가 과도(過度)의 발달을 성수(成遂)하고, 전문적 어법이 극도로 분화한 필연의 결과로서, 철학이 정치·경제보다도 훨씬 후면에 퇴거(退去)되어, 평상인은 조금도 양심의 가책을 느끼지 않고 철학의 측면을 통과하고 있는 현대 문명의 기

---

7) 이 장편 소설에서 시작하는 첫 문장은 다음과 같다.

"공문(空門)의 안뜰에 있는 것도 아니고 그렇다고 바깥뜰에 있는 것도 아니어서, 수도도 정도에 들어선 것도 아니고 그렇다고 세상살이의 정도에 들어선 것도 아니어서, 중도 아니고 그렇다고 속중(俗衆)도 아니어서, 그냥 걸사(乞士)라거나 돌팔이 중이라고 해야 할 것들 중의 어떤 것들은, 그 영봉을 구름에 머리 감기는 동녘 운산으로나, 사철 눈에 덮여 천년 동정스런 북녘 눈뫼로나, 미친 년 오줌 누듯 여덟 달간이나 비가 내리지만 겨울 또한 혹독한 법 없는 서녘 비골로도 찾아가지만, 별로 찌는 듯한 더위는 아니라도 갈증이 계속되며 그늘도 또한 없고 해가 떠 있어도 그렇게 눈부신 법 없는 데다, 우계는 안개비나 조금 오다 그친다는 남녘 유리(羑里)로도 모인다." 박상륭, 『죽음의 한 연구』, 상(上). 서울: 문학과지성사, 1986, 1999.

묘한 현상을 지적한 것으로서, 사실상 오늘에 있어서는 교육이 있는 사람들도, 대개는 철학이 있으나 없으나 별로 상관이 없는 대표적 과제가 되어 있는 것을 부정하기는 어렵다."[8]

이는 임마누엘 칸트의 『순수이성비판』이 20세기 초에 알베르트 아인슈타인이 발표한 상대성이론의 해석과 그에 따르는 현대인의 세계관 변화에[9] 어떻게 기여했는지에 대하여 읽어본 적이 없는 '양식의 철학자' 임어당과 일급의 수필가 김진섭 교수의 불평일 뿐이다. 김 교수는 또한 1940년대의 정치학과 경제학의 발전에 당시의 철학 사상과 방법론이 어떻게 관여하고 있는지에도[10] 무지한 처지에서 근거 없는 혹평을 하

---

8) 김진섭, "생활인의 철학,"(362-368쪽) 『생활인의 철학』 서울: 글로벌콘텐츠, 1948, 2015.

9) 알베르트 아인슈타인이 1905년에 '상대성이론'을 발표한 이후 거의 반세기가 넘도록 그의 이론은 칸트의 선험주의 철학에 의한 해석과 세례를 거치지 않을 수 없었다. 아인슈타인 자신도 1936년에 "외부[객관] 세계(external world)의 실재를 [어떤 조건 없이] 단정하는 것이 의미 없다는 것은 칸트의 위대한 깨달음 가운데 하나다."라고 인정하였다. Abert Einstein, "Physics and reality,"(1936) ***Essays in physics***. New York: Philosophical Library, 1950.

나아가 시간과 공간에 대한 칸트(1724-1804)의 선험적 직관론은 그 이전의 아이작 뉴턴(1643-1727)이 발표한 시간과 공간의 독립적 실재론을 아인슈타인에 앞서 수정 비판하였다는 선구적 의미가 있는 것으로 볼 수 있다. 칸트의 선험주의 인식론은 이후 물리학의 실증적 발견에 따라 반박당하는 사례들이 있었음에도 불구하고 후기 실증주의자들의 등장으로 다시금 그 건전한 비판적 해석의 근거를 과학자들과 현대인들의 세계인식에 제시하고 있다. 이처럼 서구의 지성사에서 철학자들은 새로운 과학적 발견에 대한 해석과 그에 따르는 세계관의 변화를 평가 모색하는 관계의 역할도 수행하고 있다.

10) 1930년대 세계 사상계에서 이루어지고 있었던 사회과학자들의 논쟁 이슈들에 대하여 조금만이라도 청취한 바 있었더라면 어떻게 "철학이 정치 경제보다 훨씬 후면에

고 있는 것이다. (181006)

9.

그러나 '생활인의 철학'이란 그 바탕을 끝까지 파고 들어가면 철학을 전공하는 철학자들의 각 분야 담론을 떠나서 이루어질 수 있는 것이 아니다. '생활인의 철학'을 하나의 고유한 영역인 것처럼 이해하며 추구하는 임어당과 김진섭을 비롯한 문사들과 교양인들은 저러한 근본적 관계를 인지하지 못하고 있는 것이다.

이를테면 x는 각기 다른 개체성을 지니고 현실을 살아가는 생활인이

퇴거되어" 있다는 주장을 할 수 있었겠는가? 당대의 정치경제학(political economics)의 이론가들 이를테면 케인스(John M. Keynes)와 하이에크(Friedrich A. Hayek)는 경제정책에서 정부의 통제와 시장의 자율이 대립하는 이슈를 놓고 철학적 논쟁을 하고 있었다.

말하자면 정부의 통제와 시장 또는 개인의 자율이 대립하게 되는 근거는 정책에 따라 변화하는 상황 예측에 불확실성이 있기 때문이다. 예측에 개입하는 불확실성에 대한 인식론적 차이에서 정부의 통제 아니면 개인 또는 시장의 자율이라는 정책 결정의 다른 선택지가 주어진다. 그러므로 정치경제학에서 대립하는 선택지를 정당화하는 철학적 근거를 인식론 또는 확률이론에서 찾아야 하는 문제가 발생한다. 한 시대의 경제정책을 놓고 케인스와 하이에크가 대립하던 근거는 결국에 당대의 철학이 제공하는 인식론적 선택지들 사이의 논쟁이라고 한 경제학사가(經濟學史家)가 다음과 같이 요약하고 있다.

"케인스와 하이에크는 안다는 것이 무엇을 의미하는가에 대하여, 그리고 알지 못하는 데서 나타날 결과에 대하여 아주 다른 견해를 가지고 있었다. 이 같은 인식론적 차이가 그들의 경제이론 그리고 시장경제에서의 적절한 정부의 역할에 대한 이해를 다르게 만들었다."(p. 48) Thomas Dalton, ***Keynes and Hayek: The meaning of knowing - the roots of the debate***, 2nd ed. (Kindle edition) 2013, 2017.

다. 생활인 x는 현실에서 각기 그 자신의 운명관 또는 그 확장 형태로서의 역사철학, 각기 다른 특징을 지닌 개체 생명의 실현 조건과 자체의 초월 가능성을 탐색하는 존재론과 신학, 서로 불일치하는 개체성을 지닌 존재들이 하나의 영역 안에서 이합집산하는 관계양식에 대한 사회학을 갖는다. 그렇게 생활인들은 각기 다른 개체성 x를 가지고 그 일생의 진로를 찾는 가운데 x의 존재론, x의 역사철학, x의 신학, x의 사회학을 구축해 가는 것이다. (190424)

그렇다면 무엇이 한 철학자에게 남겨진 과제인가? '그대의 몸에 지닌 선택은 어떤 것인가?' 이렇게 물음으로써 각자의 몸에 지닌 선택의 자유를 해방하는 일이다. 자신의 특정한 세계관과 도덕률 아니면 특정 형식의 신앙이나 이념을 누구에게 주입하는 것은 한 철학자의 자격을 가지고 할 일이 아니다.

누구든지 그의 '몸에 지닌' 영원의 기억과 상상과 자기 초월의 가능성 가운데서 진로를 모색하며 반추해서 도달한 자신의 운명관 아니면 역사관, 그의 일생에서 부딪히는 한계점에 다가온 신앙 나아가 신학, 그리고 그의 실존 상황에 호응하는 존재론과 사회학을 각자의 수준에서 만나게 되어 있다. (181131)

Σ3

오직 철학자들에게 있을 만한 의문들

1.

철학 전공을 선택한 다음 나는 뜻밖에 주어진 공부 과제에 대해 충격에 가까운 실망을 했다. 철학을 하려면 과거의 철학자들이 지은 책들을 읽어야 한다는 것이다. 그 많은 철학자들이 남긴 원서를 전쟁에서 방금 벗어난 그 시대에는 구하기도 어려웠지만, 구하더라도 그것들을 일일이 해석하며 공부할 시간과 마음의 여유가 없었다. 그때 분위기는 전쟁의 포성이 잠시 멈춘 상황이었다. 그리하여 철학과에 계속 머물러 있어야 할지 무척 의문스러웠다.

그 당시 내가 과거의 철학자들이 남긴 철학서를 읽지 않고 하겠다고 생각했던 철학은 어떤 모양의 것이었을까? 지금은 까마득한 과거의 일이라서 자세히 기억나지 않지만 단 한 가지 남아 있는 기억은 단순 명료하다. 오직 사색의 힘으로써만 자신이 생각하는 철학을 만들어 낼 수 있을 것이라는 포부가 있었다. 적어도 그때 나에게는 '과거에 사람들이 어떤 생각을 했었는가?' 이것이 문제가 아니라 당장 맞닥뜨린 전후(戰後) 또는 전쟁 상황에서 동원할 수 있는 처세관 또는 그런 것을 받쳐줄 세계관 같은 것이 필요했다.

철학사를 공부해서 철학자가 된다는 생각은 지금도 나에게는 유한계층의 청담 놀이로 다가온다. 물론 역사를 모르는 자는 과거의 실수를 반복한다는 교훈을 깊이 이해하면서도 그런 유한계층의 청담 놀이에 대한 회의를 떨쳐 버릴 수 없다. 철학사의 공부와 철학의 공부는 어떻게 다른 것일까? 과학사가 있고 과학의 각 분야가 있다. 그리고 과학사를 연구하면서 과학을 연구한다고 생각하는 사람은 없는 것 같다. 그런데 철학사 곧 옛날 철학자들이 남긴 저서를 읽으면서 철학을 한다고 생각하고 믿는 사람들, 아니 그런 철학자들은 많다. 이러한 분위기로 말미암아 내가 들어간 '철학과'라는 데는 학부이고 대학원이고 간에 마치 나의 자유로운 사색 행위에 감옥처럼 다가왔다.

내가 대학원 과정을 이수하고 있던 시절에 사학과의 한 선배에게서 다음과 같은 이야기를 들었다. 그의 말은 사학과에서 전공으로 공부할 만한 분야가 없다는 것이다. 공부하다 보면 결국에 모두 다른 전공 분야의 토대 위에서 제대로 깊이 있는 역사연구가 이루어지게 되어 있다는 것이다. 이를테면 정치사는 정치학, 경제사는 경제학, 과학사는 물리학 아니면 생물학 같은 과학의 각 분야 그리고 그 밖의 사상사는 철학을 비롯한 각 분야의 이론 및 사상 공부가 선행되어야 한다는 것이다.

철학이라는 학문도 마찬가지 상황에 놓여 있는 것으로 생각되었다. 그렇다면 철학은 무엇을 어떻게 하는 것인가? 철학은 결국에 어떤 최고의 정점 또는 그런 높은 관점에 이르기에 앞서 모든 분야의 기초 공부를 통과해야 한다는 생각이 머리를 떠나지 않았다. 나는 그렇게 해서 철학은 일상의 거의 모든 영역을 대상으로 하는 자연, 사회, 인문 과학을, 그리고 그 아래로는 세상 현실에 대한 넓은 상식을 토양으로 한다는 생각에 이르게 되었다. 그런 토양을 바탕으로 나의 철학이 그들의 철학사로부터 독립하는 길을 걸어갈 수 있을 것이라는 희망을 품게 된 것이다. (181116)

2.

전혀 다른 시대와 전통을 살았던 옛날 철학자들이 남겨놓은 저서들을 일일이 섭렵할 만한 시간이 없다면, 그래서 적어도 그런 과거 역사 공부를 생략할 수 있으려면, 그런 대안의 길로서 과거의 철학사를 요약 정리하거나 폐기하는 방법을 궁리할 수밖에 없다는 결론에 도달했다. 적어도 그렇게 해서 내가 서 있는 현시점에다가 새로운 사색의 출발점 또는 내가 구축하려는 새로운 철학의 초석을 마련할 수 있을 것이라는 생각을 했다.

전통과 관례를 지극히 중시하며 추종하는 조선시대로부터 내려오는 흐름 가운데에 태어난 자로서 그러한 역사의 하중(荷重)을 견디며 새로운 진로를 개척할 수 있게 떠받쳐주는 '아르키메디안 포인트'가 나에게는 절실히 필요했다.

그때 그렇게 과거를 깔끔하게 정리 폐기하는 방법을 나에게 암시하는 철학자가 17세기 프랑스의 수학자 철학자인 데카르트였다. 나는 데카르트의 방법론을 그의 해석기하학(analytic geometry)에서 배웠다. 운동하는 한 물체가 복종하는 법칙을 그 물체가 거쳐 가는 좌표 위의 점들이 모여 이루는 그림을 함수적으로 분석해서 얻을 수 있다. 말하자면 좌표 위의 최소한의 단위인 점들의 집합으로 운동의 전체 궤도를 구성할 수 있다는 것이다. 여기서 그의 철학적 분석 방법 곧 '최소 단위'의 사실을 명석 판명한 직관으로 확인하고 다시 똑같이 명석 판명한 추론의 하나하나 단계를 따라 전체를 구성하는 방법이 탄생했다는 것을 알았다.

"cogito, ergo sum." "[나는] 생각한다. 고로 나는 있다." 그는 '생각한다'라는 명석 판명한 직관으로부터 생각하는 주체로서 '나'가 있다는 사실을 추론했다. 데카르트에 따르면, 이렇게 '나'에 이르는 추론은 추론이기보다는 또 하나의 자명한 직관이다. 그러한 직관을 따라 '나' 곧 자아의 존재를 증명하고 다시 똑같이 직관에 다름없는 추론을 따라 불완전한 것의 자명한 근거로서 완전한 존재인 신과 그로부터 자연의 실재도 증명할 수 있다고 보는 것이다. 이처럼 명석 판명한 한 단위 직관으로부터 똑같이 자명한 추론 단계의 직관을 따라 나와 신과 자연을 포함하는 전체를 구축함으로써 그의 형이상학의 체계가 이루어진다.

이는 세계에 주어지는 현상계 전체에 대한 설명을 시도하는 철학자와 과학자들의 논리적 방법의 변함없는 한 모델이다. 이해하고자 하는 그러나 아직 불투명한 현상 세계를 명석 판명하게 확실한 기본단위들에 근거 지우는, 또는 그러한 근거로 환원하는 논리적 전략이다. 데카르트는 이러한 논리적 전략을 그의 기하학적 분석론에 의해 하나의 모델로 완성한 것이다.

플라톤과 아리스토텔레스에게서도 하나의 분석론이 그들의 주요한 철학적 방법으로 움직였다. 그들의 분석론은 형상(이데아 또는 에이도스)이라는 개념의 외연이 크고 작은 범위에 따라 포함 관계가 이루어지는데, 다시 이 포함 관계에 따라 비로소 논리적 추론 관계를 형식화할 수 있었다.[1] 아리스토텔레스의 삼단논법은 바로 개념의 외연이 크고 작은 데에 따르는 위계(位階)에 의해 형성된 연역적 추론 관계이다.

저러한 전통적 형식논리학을 비판한 헤겔의 변증법 또한 끝까지 밀고 올라가면 최상위에 순수 존재(reine Sein)의 개념이 있고 그것은 아무것도 없는 순수 무(reine Nichts)를 품고 있어서, 순수 존재는 순수 무와 [곧 있음과 없음이] 내재적으로 공존 교차하는 관계가 이루어지고, 여기에 만물의 생성(Werden)과 소멸이라는 변화의 계기가 있다고 하는 개념 분석론에 바탕을 두고 있다.

풀이말

1) 아리스토텔레스가 논리학에 기여한 뛰어난 업적은 삼단논법의 체계화이며 그것은 바로 그의 분석론의 부분으로서 이루어진 것이다. 그리고 그의 분석론은 그의 선생인 플라톤의 후기 저술에 등장하는 이른바 '나눔과 모음'이라는 분석론에서 비롯하는 것이다.(1)

(1) "The 'cause' which Socrates proposes to find in the Forms ... is one which is both necessary and sufficient for the occurrence of a given property in a given thing. Presence of the Form X in a thing is sufficient for that thing's being x. But at the same time, only presence of the Form X in a thing can make it an instance of X."(p. 9)

"If a set of features ABC is sufficient to mark off a certain Form X, and if A, B, and C separately are necessary parts of that Form, then it is the case both that X entails ABC and that ABC entails X."(p. 229) (위의 원문은 번역하기가 부적절하여 생략함) Kenneth M. Sayre, ***Plato's analytic method***. Chicago: University of Chicago Press, 1969.

이러한 분석론의 전략은 서양철학 전통에만 고유한 것인가? 노자와 공자 그리고 다시 맹자에서 왕양명에 이르기까지 중국 철학자들의 체계를 구축하는 바탕에서도 하나의 분석론이 움직이고 있음을 확인할 수 있다. 노자의 『도덕경』에는 미추(美醜), 선악(善惡), 고하(高下), 유무(有無) 같은 것들의 대대(對待) 또는 상반상성(相反相成)이라는 정합적 관계(『도덕경』 제2장 보기)가 그의 세계관의 한 패턴을 이루는데, 이 정합적 관계는 그렇게 상반 대대(對待)하는 성분(成分)개념들에 대한 분석이 선행함으로써 구축 가능했던 것이다. 만약 정합적 체계를 구축하는 성분개념들에 대한 분석적 이해가 없었다면 중국철학사를 관통하는 대대 또는 상반상성의 관계론은 뿌리내릴 수 없었을 것이다.

그런데 맹자에서 왕양명에 이르는 심학(心學)의 오랜 전통은 데카르트의 'cogito, ergo sum.'에서 보이듯이, 생각하는 '마음'[心]에서 그 주체인 나의 '본성'[性]을 찾고 다시 '신'[天]의 존재를 증명해 나아가는 분석 방법과 같은 단계를 따르고 있다. 그리고 역시 그 증명의 이행 단계는 자명한 직관에 의한 심증에 기반을 둔다. 그렇게 데카르트처럼 마음의 직관에 호소하는 분석 절차는 맹자의 다음과 같은 명제 가운데에 선명하게 집약되어 있다.

"盡其心者 , 知其性也. 知其性 , 則知天矣."[2] (『孟子』「盡心」)

2) "자기의 마음을 다하면 자기의 성(性)을 알고 자기의 성을 알면 천(天)을 안다."

이는 맹자의 선구인 공자의 『논어』에서도 확인되는 세계관의 추론 절차이기도 하다. 공자는 천하의 질서인 예(禮)가 그의 핵심 사상인 '인'(仁)에서, 그리고 '인'은 자기의 사심 없이 극기(克己)하는 마음에서 출발함으로써 이루어진다는 분석적 절차를 전제하고 있다.

"克己復禮爲仁. 一日克己復禮, 天下歸仁焉, 爲仁由己, 而由人乎哉?"[3] (『論語』「顔淵」)

저러한 분석론을 배경으로 해서 육구연(陸九淵)과 왕양명(王陽明)에서는 각각 다음과 같은 심학의 세계관이 완성된다.

"宇宙即是吾心, 吾心即是宇宙."[4] (『陸象山全集』 22卷 「雜著」)

"心外無物, 心外無理, 心外無事."[5] (王陽明 『傳習錄』)

그러니까 데카르트의 '생각함'(cogito)이 마음의 이론에서 멈추는 것이 아니라 나아가 신과 자연의 실재를 추론 증명하고 있는 것처럼, 왕양명의 심학(心學)은 나아가 현재하는 사물을 포함하는 천하의 질서를 구축하며 평정(平定)하는 것이다. 그렇다면 25세기를 거쳐 온 동서 철학자들의 이 같은 세계 질서 구축의 분석적 전략은 과연 천하를 하나의

---

3) "자기를 이기고 예(禮)로 돌아가는 것이 인(仁)이다. 하루 동안 자기를 이기고 예로 돌아가면 천하가 인으로 돌아간다. 인을 행하는 것이 자기로부터 하는 것이지 다른 사람으로부터 하는 것이겠는가?"

4) "우주는 곧 나의 마음이고 나의 마음은 곧 우주이다."

5) "마음밖에 사물이 없고, 마음밖에 이치가 없고, 마음밖에 사태(행위)가 없다."

완벽한 정합 체계로 평정하는 데 성공하였는가? (181117)

3.

그런데 동서양 철학사의 25세기 전통을 관통하고 있는 분석론의 한계는, 그런 방법에 따라 구축하는 세계 패턴이 언제나 빈틈없이 완벽한 정합 체계 곧 폐쇄 체계여서 그 밖에서 다가오는 예외의 또는 의외의 충격에 쉽게 붕괴할 위험에 놓인다는 것이다.

이처럼 하나의 폐쇄 체계 또는 그러한 사회체제 밖으로부터 다가오는 충격은 일상적으로 일어나는 것이어서 그런 폐쇄 체계의 대안으로 '외계로부터의' 충격 자체를 수학적으로 전제 함축하는 체계, 이른바 '카타스트로피 이론'을 프랑스의 수학자 르네 톰이 형태 발생(morphogenesis)이라는 개념으로 1972년에 발표한 바 있다. 카타스트로피 이론은 거의 모든 분석론에 의한 폐쇄 체계의 한계를 타파해서 외계로부터의 충격 또는 격파를 일상화했다는 데서 큰 진전을 이루었다.

플라톤과 아리스토텔레스에서 헤겔에 이르기까지, 그리고 노자와 맹자에서 육구연과 왕양명에 이르기까지 분석론에 의한 세계 패턴에서 드러나듯이 그들은 모두 현상계에서 '형태적 안정성'을 발견하는 데에 중점을 두고 있었다. 이러한 전통의 자연 또는 세계 패턴에 대하여 수학자 르네 톰은 다음과 같이 말한다.

> "형태적 안정성의 개념은 과학의 모든 분야 현상들을 해석하는 데에 주요한 해법으로 보[여 왔]다."(p. 14)[6)]

그러나 카타스트로피 이론을 대안으로 제시하고 있는 그에 따르면 우리가 일상의 경험에서 부딪치는 사건들의 현상은, 과학자들과 모든 전통의 철학자들이 하나의 완벽한 정합 체계에 의해 천하의 평정을 기대하며 찾으려고 하는 형태적 안정성에 복종하는 것이 아니다. 그는 다음과 같이 말한다.

> "일상의 경험에서 보는 다양한 현상들, 이를테면 오래된 벽에 생기는 균열, 구름의 형태, 컵에 부은 맥주에서 일어나는 거품 같은 것들에 일정한 형태를 매기는 것은 어렵다. 그러나 이런 일상의 [불규칙한] 현상에 대응하는 수학적 이론이 있다면 과학에 유용하지 않겠는가?"(p. 9)

'형태적 안정성'으로 환원할 수 없는 저러한 일상의 불규칙한 변화 현상들을 르네 톰은 '형태 발생'이라는 과정으로 묘사한다. 그리고 이러한 형태 발생의 원인 또는 과정은 소크라테스 이전 철학자 헤라클레이토스의 로고스 곧 '대립하는 것들의 조화'라는 법칙에 따르는 것이라고 다음과 같이 설명한다.

> "여기서 말하는 모델은 모든 형태 발생(morphogenesis)이 갈등 곧 두 개 또는 그 이상의 요인들 사이의 대립에 기인하는 것으로 본다. 이 관점은 2,500년 된 아이디어로서 소크라테스 이전 철학자 아낙시만드로스와 헤라클레이토스에서 유래한다."(p. 323)

---

6) Rene Thom, ***Structural stability and morphogenesis: an outline of a general theory of models***, trans. D. H. Fowler. Reading, MA: The Benjamin/Cummings Publishing Co., 1975, 1980. 이하의 따온글들도 모두 르네 톰의 같은 저서에 근거하고 있음.

"자연의 모든 외부 세력들을 모사(模寫)하는 구조가 우리 종의 유전적 소여(所與)의 핵심 가운데에, [말하자면] 헤라클레이토스가 말하는 로고스의 요새 같은 깊은 데에 자리 잡고 있다…."(pp. 324-325)

(181118)

4.

현상계에서 일어나는 사건 사물들의 진정한 시작과 종결을 르네 톰이 제안하는 카타스트로피 곧 형태 발생의 과정으로 수렴해서 설명할 수 있을까? 현상계에서 일어나는 사건 사물들을 헤라클레이토스의 로고스에 따라 대립하는 것들이 타협 또는 협력함으로써 일으키는 형태 발생의 과정으로 환원해서 설명할 수 있을까? 대립하는 것들로부터 새로운 형태의 질서가 발생한다는 헤라클레이토스 유의 과정에는 아직 고려되지 않은 더 깊은 심층 곧 절대의 미지로부터 격파해 들어오는 형태 붕괴의 순서가 기다리고 있다.

현상계에서 출현과 소멸을 거듭하는 존재들의 진정한 시작과 종결 지점, 말하자면 출현과 소멸을 거듭하는 것들이 통과하는 시간의 끝이 없는 뿌리를 추적해 들어가서 확인하는 것이 불가능하다. 이를테면 자연의 역사에서 우발적으로 부딪히는 크고 작은 재해들, 생명의 개별적 사망과 멸종 아니면 빅 크런치(big crunch) 같은 사건들은 일상의 형태 발생 과정이 아닌 '형태 붕괴' 또는 '형태 부재(不在)'라는 알 수 없는 심층의 바탕으로 함몰해 들어간다.

"산에 올라가 풀과 나무들의 무성한 자람을 보거나

바다에 나가 우뢰 같은 파도의 부서지는 소리를 듣거나.

……

존재 아닌 자의 힘으로 나타나고 존재 아닌 자의 힘이 거두어간다." (0890)[7]

실로 현상계에서 발생하는 모든 사건 사물들의 시작과 종결이 궁극에 가서 닿는 뿌리 또는 근거는 어떤 명석 판명한 직관에 이르기까지 분석 추적해서 도달할 수 있는 것이 아니다. 그렇게 추적 불가능한 궁극의 가상(假想) 근거는 오직 x로밖에는 가리킬 방법이 없다. 출현과 소멸을 거듭하는 모든 것들이 뿌리를 내리는 경계 너머에 그 x가 있다. 그리고 현상계의 모든 '형태 발생' 과정 일체를 취소해 버리는 '형태 붕괴'의 힘으로서 X가 행사하는 최후의 결정권, 그 진리의 패권은 인간이 추적해 따라가서 잡을 수 있는 것이 전혀 아니다.

현상계에 몸을 드러낸 한 개체 실존 x는 그 뿌리를 추적해 가면, 형태 붕괴 또는 형태 부재한 미지의 경계 X로 빠져들어 간다. 그리고 이는 미래에 일어날 일이 아니고 현재에 일어나고 있는 일이다.

따라서 현상계 너머의 x 때로는 X를 추적하며 부딪치는 의문들이 끊임없이 일어나고 있다. 역사철학과 존재론에서, 신학과 사회학에서 개간하고 있는 저 미지의 영토에서. (181228)

---

7) 『서양의 논리, 동양의 마음』(초판, 1987) 고양, 경기: 사월의책, 2017.

I
예수와 맑스의 메시지를 다시 풀이함
—역사철학

1.

1960년대에 중국에서도 미국에서도 젊은 세대가 이끌었던 혼돈의 불길, 문화혁명이라는 초유의 세계사적 사건들이 있었다. 미국의 젊은 세대가 이끌었던 문화혁명을 프랑스의 사상 평론가 장 푸랑수아 르벨은 "맑스도 예수도 없는"[1] 혁명이라고 하였다. 그들은 어떤 대안의 이념

풀이말

1) 1960년대에 미국에서 일어난 문화혁명은 장 프랑수아 르벨에 따르면 어떤 혁명의 교조나 종파에 의해 진행된 것이 아니다. 그것은 그때 사회체제의 굳어진 틀 또는 기성세대의 가치관에 부속품처럼 끼어들어 가기를 거부하는 젊은 세대의 반항 운동이다. 그러나 그들은 반항하며 표현과 선택의 자유를 일상의 삶과 스타일에서 추구할 뿐이며 대안의 체제나 이념을 내걸거나 선언하지는 않았다.(1)

그럼에도, 그리고 그런 점에서, 그들의 행동은 예수와 맑스가 구상하는 혁명의 숨은 전략을 닮았다. 그들은 그들에게 주어진 사회의 지배체제에 적응하기를 거부하며 체제 밖으로 해방을 찾아 나아가는 자기 소외의 동력과 동기를 스스로 마련하고 있기 때문이다. 예수와 맑스는 현실적으로 저항이 불가능한 무력과 자본의 제국체제에서 소외되거나 버려진 주변 존재로 하여금 다시 부활하게 하는 동력과 동기를, 그들이 참여하기를 거부하는 체제 밖에서 찾았던 것이다.(풀이말 2. 보기)

이나 신조를 내세우지 않고, 다만 그들이 소속한 구세대 전통의 가치관과 사회체제에 대해 반항하며 충격을 주는 자유분방한 스타일의 삶을 실험 또는 모험하기를 일삼았기 때문이다. 그렇게 그들은—'hippie' 'yippie' 'weatherman'과 같은 반항적 슬로건 아래에서—구세대의 체제 주도권에 제동을 걸며 그들의 부모와 교사, 교수들의 구태의연한 삶과 가치관에 충격을 던져 어쩔 수 없는 변화의 동력을 불어넣고 있었다.

그렇다면 과연 그 젊은이들은 예수나 맑스의 전략이 움직이지 않은 혁명에 참여했던 것인가? 예수와 맑스가 세계사에 가져다준 혁명의 숨은 전략은 어떤 것인가? 역사의 깊은 흐름 아래에서 움직이는 그들의 전략은 어떤 특정한 시대의 위기와 그 해법에 대하여 말하고 있는 것이 아니다. 특정한 시대를 넘어 하나로 모아지는 그들의 메시지는 역사와 함께 흐르는 영원한 생명의 동력 또는 동기에 관여하고 있는 것이다.[2)]

---

(1) "젊은이들은 그들이 소속한 기존 체제의 부분이기를 거부한다. 그런 히피들은 [학교에서] 스스로 '자퇴한' 소년 소녀들이다. 그들은 어느 날 사회체제의 한 부속품이기를 거부한 것이다. …… 그 젊은이들의 역할은 그렇게 [대안이 없이] 다만 불만을 표시하는 것이다." Jean-Francois Revel, "Without Marx or Jesus," ***The Saturday Review***, July 24, 1971, pp. 14-31.

2) 예수와 맑스가 처해 있던 시대 상황의 특수성들을 제거하면 그들의 각기 다른 관점과 해법들은 하나의 메시지로 모아진다. 그들의 메시지는 저항이 불가능한 무력(1)(2)(3)(4)과 자본(5)의 제국체제에서 소외되어 눌려있는 자들에 대한 부활의 희망이 된다. 그렇게 예수와 맑스는 세계를 지배하는 거대한 역사의 흐름에서 밀려나 버려진 자들에게 희망을 열어주는 언제나 유효한 영원의 전략을 제시하고 있는 것이다.

예수는 로마제국 통치의 압제와 부정의에 대한 저항을 내면화하는 형식으로 전략을 선택했을 것이라고 이해하는 기록들이 있다.(1)(4) 그 내면화의 전략은 자신이 추구하는 왕국이 이 세상에 속한 것이 아니라고 선언하는 데서 선명해진다.(1)(2)(3) 말하자면 제국의 체제로부터 소외되어 짓밟힌 영토에서 차원이 다른 영적 부활의 동기와 동력을 찾고 있는 것이다.

그리고 바로 이렇게 밀려나 소외된 영토에서 부활의 동기와 동력을 찾는 예수의 전략에 맑스가 동참하고 있다. 맑스의 『자본론』에 따르면 자본이 모이고 축적되어 쌓이는 권력은 사회를 지배하며 통제하는 독자의 힘으로 굳어지고 그 아래서 지배, 억압받는 사람들 위에 군림하게 된다.(5) 이렇게 군림하는 자본의 지배체제로부터 밀려나 소외된 주변부 영토에서 맑스 또한 혁명과 해방의 동기와 동력을 찾고 있었던 것이다.

그런데 로마제국에 의한 압제와 소외에 맞선 예수의 저항이 내면화의 전략을 취하고 있었다고 이해하는 전통 기독교의 노선에 대하여, 이러한 해석을 전적으로 거부하는 일부의 비평가들도 있다. 이를테면 예수는 당시에 이른바 '열성운동가'(zealot)로서 로마제국의 압제에 적극적으로 저항하는 혁명가였다고 이해하는 이들이 있다. 이들에 따르면 예수는 유대 나라의 주권을 회복하고자 했던 혁명가였다.(6) 그럼에도 이러한 혁명가로서의 예수를 다만 영혼의 구원을 설파하는 평화주의자로 둔갑시켜서 당대의 로마 정권이 허용할 수 있도록 타협하는 데에 4대 복음서의 저자와 사도 바울이 굴복하고 말았다는 것이다.

그러나 로마제국 통치에 대항하던 혁명가였든 평화적인 영혼의 구세주였든, 예수는 로마제국의 무력에 의한 통치체제에서 밀려난 약자들에게, 그리고 제국의 통치자들과 타협해서 앞잡이 노릇을 하던 제사장들의 기득권 체제에서 멸시당하는 주변의 약자들에게 새로운 메시지를 전달하고 있는 것이다.

그런데 이렇게 밀려난 주변의 약자들에게 던지는 예수의 메시지는 어떤 학습과 예비단계를 거쳐 온 것일까? 이는 성전에서 율법 교사들과 토론하던 12세의 소년 예수가 이후 30세에 이르기까지 어떤 예비 단계를 거쳤는지에 대한 기록이 어디에도 없기 때문에 수많은 성서역사가들이 품고 있는 질문이다. 그렇게 제국의 통치와 압제를 당하는 시대의 단계에서 그러한 난세를 구원할 메시아를 기다리며 쿰란(사해문서의 발굴지)이라는 산악지대에서 무소유 청빈의 수도 생활을 하던 에세네파 사상의 어떤 부분을 (세례자 요한의 세례 양식과) 예수의 메시지가 공유하고 있었을 가능성이 있다고 보는 성서연구가들도 있다.(7)

(1) "빌라도가 [말]했다. "당신의 동족과 대제관들이 내게 당신을 넘겨주었는데 당신은 무슨 잘못을 저질렀소?" 예수께서 답하셨다. "내 왕국은 이 세상에 속하지 않습니다. 내 왕국이 이 세상에 속해 있다면 내 하인들이 싸워서 내가 유대인들에게 넘겨지지 않게 했을 것입니다.""(「요한」 18: 35-36) 『200주년 신약성서 주해』, 왜관: 분도출

판사, 2001.

(2) "그들은 그분에게 질문하여 말했다. "저희가 황제에게 세금을 바쳐도 좋습니까, 혹은 그러지 말아야 합니까?" 그러자 예수께서는 그들의 계교를 알아채시고 그들을 향하여 말씀하셨다. "내게 데나리온 한 닢을 보여 주시오. 누구의 초상과 글자가 새겨져 있습니까?" 그들이 "황제의 것입니다" 하자 그분은 그들을 향하여 말씀하셨다. "그러면 황제의 것은 황제에게 돌려주고 하느님의 것은 하느님께 돌려주시오.""(「루가」 20: 21-25) 『200주년 신약성서 주해』, 왜관: 분도출판사, 2001.

(3) "그러자 그분은 당신 제자들을 향하여 당신 눈을 들고 말씀하셨다. "복되어라, 가난한 사람들! 하느님 나라가 그대들의 것이니. 복되어라, 지금 굶주리는 사람들! 그대들은 배부르게 되리니. 복되어라, 지금 우는 사람들! 그대들은 웃게 되리니.""(「루가」 6: 20) 『200주년 신약성서 주해』, 왜관: 분도출판사, 2001.

(4) "공관 복음서들은 예수가 당대의 로마제국에 대해 비(非)저항의 예언자였음을 보여준다. 대적할 수 없는 비(非)정의 곧 로마군대의 폭압 앞에서 예수가 의도한 '정의로움'은 내면화하여 마음의 순수성, 동기의 정의로움으로 승화하였다."(pp. 148-149) John Herman Randall Jr., ***Hellenistic ways of deliverance and the making of the Christian synthesis***, New York: Columbia University Press, 1970.

(5) "증대하는 자본의 축적은 자본의 증대하는 집중을 가져온다. 그렇게 자본의 힘이 증대하면서, 사회적 생산 조건들이 실질적 생산자들로부터 자본가에게로 이동 소외되는 현상이 나타난다. …… 자본은 그렇게 소외되어 독립적인 사회 지배 세력으로 그래서 적대하는 대상으로 변화하고 그것은 자본가가 행사하는 힘의 원천이 된다."(pp. 489-490) Karl Marx, "32. ***Capital," Karl Marx: Selected writings***, ed. David McLellan. Oxford: Oxford University Press, 1977.

(6) "그렇게 예수는 유대 나라의 [독립을 추구하는] 혁명가에서 지상의 사태에 대해 관심을 접은 평화주의적인 영적 지도자로 변신하는 긴 과정을 거친다. 그것이 [바로] 로마 정권이 받아들일 수 있는 예수[상]이었다."(p. xxx) Reza Aslan, ***Zealot: the life and times of Jesus of Nazareth***, New York: Random House, 2013.

(7) "가장 믿을 만한 시나리오에 따르면 예수는 30세에 [에세네 수도원에서] 졸업한 다음 그를 따르는 한 무리를 거느리고 '도시의 에세네'가 되는 그 자신의 진로를 선택했다는 것이다. 그는 갈릴리의 바닷가 도시 가버나움에 정착하여 몇 명의 제자들

그들은 시대의 거대한 흐름에서 항상 발생할 수밖에 없는 가에로 밀려나 버려진 자들의 영원한 전략, 그렇게 밀려난 자들을 움직이게 하는 동기와 동력을 깨우치는 메신저가 된다. (170310)

2.

옛날로부터 오늘에 이르기까지 이른바 세상의 주류에서 밀려난 주변의 존재들은 그들이 밀려나 버려진 그 자리에서 고려해야 하는 다급한 전략적 목표 아래에 은밀한 문제의식을 응집해 가지고 있게 된다. 그래서 하이데거나 사르트르가 20세기의 1, 2차 세계대전을 유럽이라는 문명의 중심지대에서 겪으며 대처했던 실존의 과제보다는, 인류의 역사가 시작한 이후 언제나 열악한 지정학적 주변으로 밀려나 살았던 불운한 사람들의 과제가 더 은밀한 의식 아래로부터의 전략을 요구하는 것이다.

이를테면 자기의 고유한 영토에서 이주하거나 추방당하며[3] 세계를 떠

을 데리고 에세네파와 토라(Torah, 모세의 율법)의 기본 메시지를 그 자신이 받은 신의 계시에 따라 완성해서 가르쳤다." Robert Feather, "Were John the Baptist or Jesus Essenes?" ***Rosicrucian Digest***, Vol. 85, no. 2(2007), pp. 37-48.

3) 유대의 역사에서 그들이 추방당해서 방황했던 사실은 발생한 적이 없다고 주장하는 새로운 견해를 내놓는 이스라엘의 학자들이 있다. 그 가운데 슐로모 산드라는 역사학 교수에 따르면, '이스라엘 사람'은 있어도 '유대 사람'(Jewish people)은 존재하지 않는다. 세계에 퍼져 살았던 대부분의 자칭 유대 사람들은 수백 년 동안에 걸쳐 여러 지역의 토착민들이 합류하거나 개종해서 이루어진 혼혈 복합체이기 때문이다. 거기에다 본래의 고대 유대인들은, 알렉산드로스의 동방원정으로 인해서 서남아시아와 이집트와 그 밖의 지중해 연안 지역이 상업적, 문화적으로 통합되면서, 이주의 물결에 참여했고 그에 따라 이산된 것이었다.(1) 따라서 그가 주장하는 이스라엘 역사에

도는 삶을 이어온 유대민족 가운데 그렇게 밀려난 처지에서 대안의 삶과 세계관을 모색하는 숨은 전략을 추구해온 이들의 역사가 있다. 그들은 그들의 몸이 어느 국가, 어느 사회, 어떤 문화, 어떤 종교에 소속했든 언제나 이방인이었으며 주변으로 밀려난 존재였다.[4] 그 가운데서도 이

는 '순수 유대민족'도 '추방'도 존재하는 것이 아니다.

나아가 슐로모 산드가 마지막 결론으로 주장하는 것은, 그가 거주하고 있는 이스라엘 국가는 혼혈 복합체로서 여러 갈래의 개종자들과 이민자들과 그 밖의 동조자들이 함께 모여 사는 개방적, 민주적, 통합적인 문화와 사회체제라는 것이다.(2) 따라서 그는 수천 년의 혈통을 잇는 순수 유대 민족의 국가로서 이스라엘이 아니라 다양한 갈래의 사람들로 이루어지는 개방적, 민주적, 통합적인 현대 국가 이념에 따라 존재하는 이스라엘을 강조한다.

물론, 위의 주장에 대한 더 오래된 반대의 견해 곧 유대민족으로서 겪은 학살과 차별대우, 추방과 방황을 역사적 사실로 증명하는 기록 또는 자료들을 제시하는 역사가와 사상가들도 여전히 존재한다.(그 부분적 사례로서 풀이말 4)와 5) 그리고 따온글들 보기)

(1) "알렉산더 대왕에 의해 페르시아 제국이 붕괴했을 때 이집트와 지중해 동쪽 연안지대에는 [이주하거나 토착민들이 합류해서 이루어진] 유대의 공동체들이 폭발적으로 출현했고 헬레니즘의 광역권이 탄생했다. 그렇게 고대 제국의 견고한 경계들이 해체되고 그 일대에 상업과 사상의 물결이 확산함에 따라 새로운 개방적 문화권[헬레니즘]이 출현한 것이다."(p. 145) Shlomo Sand, ***The invention of Jewish people***, trans. Yael Lotan. London: Verso, 2009.

(2) "긍정적으로 보면 슐로모 산드의 학문적 작업 전체는 개방적, 민주적, 통합적인 이스라엘의 문화를 지지해 준다. 그 문화는 개종자들, 인접한 주민들, 동조자들로 이루어진 다양한 집단들의 복합체로서 그것은 진정한 유대의 역사적 유산이다. …… [그러나] 그의 작업은 해답을 기다리는 많은 질문들을 남겨놓고 있다.…."(p. 163) Ran Greenstein, "Shlomo Sand and the de-mystification of Jewish history," ***Socialism and Democracy***, vol. 29, no 1. (2015)

4) 예수도 맑스도 유대 전통에 소속했었다. 그들은 살았던 시대를 달리했지만 그들이 본디에 소속했던 민족의 나라와 종교의 경계를 넘어선 존재였다. 그들은 각각 어디서나 당대 주류의 경계 밖으로 소외된 주변 존재들의 필요가 무엇인지에 대해 주의

를 기울이며 그들에게 해방의 메시지를 전달했다.

특히 예수는 그때 로마제국의 통치체제에 의해서만 아니라 그 자신이 소속한 유대민족과 정통 사제들에 의해서도 감시 배척당함으로써 결국에 처형된 당대의 주변 존재일 수밖에 없었던 역사적 상황을 상세히 정리한 한 신학자의 연구가 있다.(1)

폴란드에서 태어나 중년 이후에 영국과 미국에서 강연과 저술 활동을 한 유대의 역사사상가 아이작 도이처는 1958년 "방랑하는 유대의 사상가와 혁명가들"이라는 주제를 가지고 발표함으로 그때의 서구 사상계에 깊은 인상을 남겼다. 그는 그 발표에서 자기들의 고향에서 추방되어 세계를 떠도는 유대민족 가운데서 그들이 소속한 현실의 국가와 종교 밖으로 나간 경계인으로 살며 생각한 사상가와 혁명가들의 사례와 성향을 철학자 스피노자, 시인 하이네, 혁명이론가 맑스, 심층심리학자 프로이드 같은 이들을 들어 설명했다.(2)

20세기 세계사를 격동 변화시키는 데 지대한 영향력을 행사했던 역작 『자본론』을 집필한 맑스의 뿌리 깊은 동기 역시 그가 유대인으로서 지닌 배경의 편협성을 극복하며 인류 역사의 보편적 발전을 지향하는 의식 곧 주변 존재가 지향하는 보편의 문제의식에 있었던 것으로 보인다.

맑스는 「유대인 문제에 대하여」라는 글에서 다음과 같이 말하였다. "유대인이 해방될 수 있는 길은 결국 인류가 유대교로부터 해방되는 데 있다." 당시 독일에 정착해 살면서 차별받지 않기를 바라는 유대인들이 그들의 편협한 동기를 포기하지 않는다면 무엇에 근거해서 그들이 한 보편적 사회적 존재 또는 시민으로서 받아들여지기를 기대할 수 있겠는가? 라고 하는 비판과 반성을 촉구하고 있다.

어느 나라 어느 지역에 정착해 살든지 유대인이기 때문에 그렇게 진정한 소속감이 없이, 그리고 편협한 소속을 벗어난 경계 지대에서 작품 활동을 했던 사상가들 가운데 프란츠 카프카는 가장 극단의 경우이다. 그에게는 정신적으로 어떤 소속도 없었을 뿐만 아니라 그렇게 소외된 내면의 생각과 감정을 표현할 만한 매체로서 적합한 어떤 현실의 언어도 없다고 토로할 정도였다.(풀이말 5) 보기)

(1) "가난한 평민 출신으로 자천(自薦) 예언자, 교사로 어떤 공인 자격도 없이 변방 갈릴리에 나타난 그가 예루살렘에서 죽음을 맞이한 것은 적어도 부분적으로는 도시의 재력 있는 귀족 출신 제사장들과 충돌했기 때문이었다. 이 제사장들의 신경을 건드리는 교리와 주장을 내뱉는 시골 변방 출신으로 가난한 평민 예수는 두 가지 면에서

를테면 카프카 같은 작가는 자신의 혈육인 유대인과도 공유하는 바가 없다고 털어놓은, 말하자면 극단의 이방인이었다.[5] 나아가 그의 작품

[당대의] 주변적인 존재였다. 그의 교리와 주장은 위험하게 반체제적이었고, 수도 예루살렘에 세력 기반을 갖고 있지 않았다. 그러니 그들은 예수를 쉽사리 죽음의 쓰레기통으로 던져 버릴 수 있었다."(p. 9) John P. Meier, ***A marginal Jew: rethinking the historical Jesus***, Vol. I. New York: Doubleday, 1991.

(2) "유대교 바깥으로 나가버린 유대의 이단아들은 [여전히] 유대 전통에 소속한다. …… 그들은 모두 유대교의 경계를 넘어가 버렸다. 스피노자, 하이네, 맑스, 로자 룩셈부르크, 트로츠키, 프로이드, 그들은 모두 유대교가 너무 편협하고, 너무 시대에 뒤떨어져 있고, 너무 제약이 심하다는 것을 발견했다. …… 그들은 서로 공통된 무엇을 갖고 있나? 그들은 선천적 예외적으로 다양한 문명들, 종교들, 국가 특유의 문화들 사이에 걸쳐 있는 경계 지대에 살고 있었다. 그들은 그들이 현실적으로 소속한 국가의 주변 지대, 구석진 곳, 틈바구니에 살았다. 그들은 각자가 놓인 사회 안에 있었지만 그 안에 있지 않았고, 사회의 부분이었지만 그것의 부분이 아니었다." Isaac Deutscher, "The wandering Jews as thinker and revolutionary," ***Universities and Left Review***, 4th issue(summer) 1958.

5) 카프카는 그 자신의 가장 가까운 혈육인 부모와도 공유하는 바가 없다고 할 만큼 소외 고립하여 있어서 그의 작품들이 묘사하고 있는 세계 또한 어떤 현실에도 소속하지 않는다고 믿었다.(1) 따라서 그렇게 현실에 소속할 수 없는 자기만의 내면세계를 묘사하는 데 쓰일 수 있는 매체로서 그가 현실적으로 사용하는 독일어를 포함한 어떤 일상의 언어도 적합하지 않다고 생각했다.(2)

(1) "내가 유대인들과 무엇을 공유하고 있느냐고? 나는 나 자신에 대해서조차 어떤 공통점을 갖고 있지 않다."(8 January, 1914) Franz Kafka, ***Diaries 1910-1923***, ed. Max Brod, New York: Schocken Books, 1975.

"… 어머니는 나를 이해하지 못한다고 말했다. 물론 이해하지 못하실 거라고 나는 대꾸했다. …… 다시 어머니는 말했다. '그럼 너를 이해하는 사람은 아무도 없구나. 나 역시 너에게는 이방인일 테고, 너의 아버지도 마찬가지고. ……' 나는 말했다. '그럼은요, 두 분은 모두 나에게 이방인들이죠. 우리들은 다만 핏줄로만 연결돼 있어요. …'"(15 August, 1913) Franz Kafka, ***Diaries 1910-1923***, ed. Max Brod, New York: Schocken Books, 1975.

들이 묘사하고 있는 세계는 어떤 현실에도 소속하지 않을 뿐만 아니라 어떤 현실에 대응하는 언어로도 표현할 수 없을 만큼 자기만의 내면 의식 안으로 완전히 밀폐 소외된 공간이었다. (170409)

3.

한국인들은 특히 근세 이후 역사에서 세계를 지배하는 문명과 패권의 주변 지대로 밀려나 있으면서, 그리고 어떤 시대에 일부는 유대인들의 경우처럼 객지로 피난하거나 이주할 수밖에 없는 체험을 겪으면서도, 주변 존재 또는 경계인으로서 파악한 그들 고유의 특이한 운명과 세계 인식을 반추하며 체계화한 사상의 보편성을 역사에 남기지 못하였다. 그들은 세계의 패권이 지배하는 문명과 세계관에 스스로 종속해 들어가서 편승하는 학습의 전통을 체질화하여 왔다.

열강들이 패권 경쟁으로 펼치는 세계 판도에서 밀려난 주변 존재로서 모색한 삶과 세계관에서 유대의 사상가들과 조선 또는 한국의 사상가들이 선택한 관점과 전략은 확연하게 차이가 난다. 왜 후자는 그렇게 할 수밖에 없었는가?

근대 과학발달사에서도 당대의 주류에서 밀려난 주변의 하찮은 듯 보이는 과제들에 매달리는 과학자들에게서 역사를 바꾸는 관점의 혁명

---

(2) "이 언어의 가면은 결코 그의 자아의 진정한 표현이 될 수 없다. 낱말들이, 그것들이 전달하려는 진실과는 영원히 다른 것을 자의적으로 덮어씌우고 있다."(p. 87) Walter H. Sokel, ***The myth of power and the self: essays on Franz Kafka***, Detroit: Wayne State University Press, 2002.

이 이루어지는 경우가 많았다. 16세기의 코페르니쿠스와 19세기의 다윈과 멘델, 그리고 20세기 초의 아인슈타인은 그렇게 사상의 주변 지대에서 자연관의 혁명을 이끌며 이루어냈다. "지구 자체가 회전하며 동시에 천체의 다른 중심을 공전하고 있다거나 생명의 종(species)은 변화하는 것이며 그런 생명의 특성이 세대에서 세대로 유전하는 일정한 규칙이 있다거나 우주 차원의 공간과 시간은 관찰자에 의해 상대적으로 결합하는 연속체라거나 하는 가설들을 처음으로 제시한 그들은 모두 당대의 주류가 차지했던 중심 무대 밖에서 고독한 사고의 실험을 펼쳐갔던 주변 존재들이었다."[6)]

그렇게 당대의 주류 밖에서 고독한 사고의 실험을 펼쳐간 주변 존재들이 만들어내는 현대의 세계관 혁명에 자본과 계급의 상관관계를 밝힌 맑스, 망각의 세계를 발굴한 심층심리학의 프로이드, 질량과 에너지의 등가관계를 수식화한 아인슈타인, 그 밖의 수많은 '유대인이면서 유대인이 아닌' 경계인들이 참여하고 있다.

x의 존재론과 그것이 함축하는 역사철학은 언제나 세상에 있을 수밖에 없는 '임시의' 주류에서 밀려난 모든 시대의 주변 존재들에게 남긴 예수와 맑스의 숨겨진 메시지를 이어가며 발전시키는 겸허와 부활의 숨은 전략에 관여하는 것이다. (171130)

6) 박동환, "주변존재의 역사철학," 『안티호모에렉투스』, 제2판, 고양, 경기: 사월의책, 2017.

4.

*x*의 존재론은 공자와 노자에서 맹자와 장자, 왕양명과 이탁오로 발전해온 자아관, 그리고 아리스토텔레스에서 데카르트, 칸트, 하이데거, 사르트르, 데리다[7]로 이어진 존재론에 대한 대안의 문제의식으로 떠오

---

7) 20세기 후반에 해체론을 펼쳤던 자크 데리다는 고대로부터 이루어져 온 존재론과 자아관을 포함하는 모든 형이상학적 시도를 비판하였다. 일상의 언어 또는 기호체계 바깥을 향해 그것이 표상하거나 가리키려고 하는 대상 곧 실체, 존재, 자아, 주체 같은 것은 허상에 지나지 않는다는 것이다. 이렇게 그의 해체론에 따르면 언어 또는 기호에 의해 구축한 체계 밖에 자체로서 독립하여 있는 실재는 없다.(1)

과연 언어 또는 기호체계 바깥으로 나아가 닿을 수 있는 경험상의 실재 아니면 그 체계 밖에서 다가오는 물자체 또는 실재의 어떤 간접적 증거도 없는 것인가? 그렇다면 칸트가 그 자체를 알 수 없는 대상 *x*라고 말하면서도 엄연한 실재로 인정할 수밖에 없었던 그것 물자체는, 인간이 구축하는 기호체계 밖에다 상정하는 허구의 관념에 지나지 않게 되는 것이다. 칸트가 가리켜 말하는 알 수 없는 대상 곧 물자체 *x*는 그렇게 폐쇄된 기호체계 밖에 아무것도 아닌 것으로 소멸해 버릴까? 그 자체로 있는 실재 *x*는 다만 허구의 관념으로 밀어내버려도 괜찮은 것일까? 인간이 구축하는 언어 또는 범주체계 바깥에서 역습해 다가오는 반격 또는 격파의 경험 *X*( )는 있을 수 없는가?

이러한 의문의 사실에 응답할 수 없는 데리다의 해체론은 모든 전통의 존재론 또는 자아론과 함께 인간의 언어 또는 범주체계에 의지해 세계를 상상하는 관념론에 지나지 않는 것이다.("古代漢語와 原始反求: 철학사 비판 1," "先秦 및 희랍철학 밖에서: 철학사 비판 2," 『안티호모에렉투스』, 제2판; 고양, 경기: 사월의책, 2017. 보기) 그러나 인간의 언어체계에 의해 구축하는 질서를 산산이 격파하며 폐기하는 진리의 마지막 결정권자 *X*의 간섭을 피할 수 있는 존재 *x*는 없다.

(1) "언어는 자신이 만들어낸 텍스트를 넘어서 그 밖에 있는 다른 어떤 대상으로 다가갈 수 없다. 텍스트가 자신을 넘어서 텍스트 밖에서 일어나는 이를테면 형이상학적, 역사적, 심리생물학적 등등의 실재 대상으로 접근할 수 없다. …… 텍스트 너

르는 것이다.

그들의 존재론 또는 자아관 가운데에 세상의 대세에서 밀려나 눌려있는 자들이 다시 일어나 설 수 있게 하는 어떤 동력 아니면 동기가 주어져 있는가? 밀려난 자리에서 그들로 하여금 대세에 저항해서 대안의 진로를 개척하도록 받쳐주는 어떤 부활의 발판이 주어져 있는가?

영원의 한 조각 기억체계 *x*가 품고 있는 내재성과 초월의 가능성은, 주류에서 밀려나 버려진 자들로 하여금 그들을 압박하는 체제와 시대사조 아래에서 은밀한 탈출구를 발상하거나 다시금 현재의 제약을 뛰어넘는 전환점을 마련하도록 유도하는 동력과 동기로서 관여하는 것이다. (170412)

한 조각 기억체계로서 *x*는 그것이 안에 품고 있는 내재성과 초월의 가능성이 다시금 무한한 미래의 현재들로 재현되기를 기다린다. 그것은 현재에 이르기까지 아직 실현하지 못한 미래의 가능한 현재들을 그의 내재성으로 품고 있기 때문이다. 따라서 한 조각의 기억체계 *x*는 영원의 시간을 통과하는 현재의 시점에서 그의 완전한 실현을 기다리는 '텔

며 그 밖에는 아무것도 없다."(p. 158) Jacques Derrida, ***Of grammatology***, trans. G. C. Spivak. Baltimore. Maryland: Johns Hopkins University Press, 1974.

"어떻게 텍스트 바깥에 있는 무엇을 상상할 수 있는가? 이를테면 어떻게 서구[철학자들이 저술한] 형이상학의 텍스트에 대응하는 바깥의 무엇을 생각해 낼 수 있는가?"(p. 158) Jacques Derrida, ***Speech and phenomena and other essays on Husserl's theory of signs***, trans. Evanston: Northwestern University Press, 1973.

로스'(telos)[8]로서 언제나 미루어져 있는 미완의 존재이다. 그러므로 한 조각 미완의 존재로서 x는 자신의 재현 또는 부활을 상상하는 영원한 주변 존재다. (180409)

8) 무한한 미래의 현재들로 재현되기를 기다리는 한 조각의 기억체계 또는 한 개체 존재 x는 무엇으로 이루어지는가? 어째서 그 x가 가지고 있는 내재성과 초월의 가능성이 그것이 놓이는 시점과 상황에 따라 다르게 표현될 수 있는가?

한 개체 존재가 가지고 있는 특성은 그것이 놓이는 시점과 상황 곧 그것에 연루되는 시공간적 조건들이 엮어내는 관계의 그물로 이루어지는 일시적 결정체(temporary crystallization) 또는 찰나적 집합체(ephemeral aggregation)라고 식물학자 데이비드 해스켈이 설명하고 있다.(1) 그러나 모든 개체성 또는 자아라는 것이 단지 저러한 관계들의 그물에 의해 이루어지는 일시적 결정체 또는 찰나적 집합체라는 그의 주장은 오늘의 생명이론 전체에 비추어 보면 지나친 현상론으로 편향되어 있다.

그가 비판하고 있는 아리스토텔레스가 모든 생명체에서 발견한 지향성 곧 '텔로스'(telos)는 여전히 유효하게 각각의 개체 생명 안에서 작동하고 있다. 한 개체 생명 x는 그가 소속하는 발생계통의 수억 년 기억을 간직하고 있으며, 그것이 다시 개체 생명으로 하여금 각각 자신의 유일 고유한 텔로스를 실현하기 위한 행위를 하도록 추동하기 때문에 현실에 존재한다.

(1) "해마다 성장선이 전 해의 성장선을 감싸며 대기의 정확한 분자적 흔적—나무에 담긴 기억—을 층층의 내장에 붙들어 둔다. 공기와의 관계에서 목재가 생겨난다. … 대기와 식물은 서로를 만든다. 이때 식물은 탄소의 일시적 결정체이고 공기는 숲이 4억 년간 숨 쉬며 빚어낸 산물이다. 나무와 공기에는 [자신의] 서사(narrative), 자신만의 텔로스(telos)가 없다. 둘 다 자기 자신이 아니기 때문이다. …… 자아는 생명을 지속시키는 성분인 연결과 대화로 이루어진 찰나적 집합이다.(322쪽) …… 미래는, 전개되는 텔로스는 어떤 자아에도, 나무의 씨앗이나 인간의 마음에도 담겨있지 않다. 그 근원과 자료는 살아있는 관계의 가닥들에 담겨있다.(323쪽)" 데이비드 해스컬, 『나무의 노래』, 노승영 옮김. 서울: 에이도스, 2018. David Haskell, ***The songs of trees***, Penguin Books, 2018.

5.

그러므로 영원한 생명의 한 단위로서 움직이는 한 조각 미완의 존재 x는 세상의 대세에서 밀려난 주변 존재로서 미래에 꾸김없이 부활하는 삶을 기다리며 항상 뒤바뀌는 순환의 고리 밖에서 이렇게 상상한다.

> "삼켜도 [그것이] 삼키는 자의 것이 되는 것은 아니다." (『x의 존재론』 제IV장)

이것이 x의 존재론으로 함축하는 역사철학과 도덕론의 출발점이다. 이것이 또한 시간과 함께 끊임이 없이 굴곡진 험로를 거쳐 가는 생명의 존재들로 하여금 자신들을 돌이켜 보며 성찰함으로 거듭나게 하는 영원한 재현 아니면 다시 살기의 메시지다. 그리고 이 영원한 재현 또는 다시 살기의 메시지는 가에로 밀려나 곤고한 날들을 보내는 오랜 시간, 각각의 생명이 짧음을 생각하며 떠올리는 의문에 대한 하나의 결론이다. 그 의문은 이렇게 시작한다.

> "갑의 생명을 을이 좌우하고 을의 생명을 병이 좌우한다. 그리고 아무의 생명도 좌우하지 않는 자는 없거니와 아무에게도 좌우되지 않는 자도 없다. 이 자연의 사슬을 거부한 자 누구인가? 이 [역사]의 고리에서 벗어난 자 누구인가?" (0090)[9]

9) 『서양의 논리, 동양의 마음』, 제2판, 고양, 경기: 사월의책, 2017.

그러니까 대체 이 세상의 대세에서 밀려나 겪는 위기 가운데서 숨을 죽이며 다시 살기를 기다리는 주변 존재가 되는 것이 단지 일회적으로 일어나는 사태가 아니다. 세상에 몸을 드러내 살아가는 존재들은 삼키기도 하며 삼켜지기도 하는 경우를 순환적으로 반복하기 때문이다. *x*의 존재론은 그렇게 순환하는 운명의 존재들이 생각하는 영원한 전략과 전략에 대한 겸허한 반성에 관여하는 것이다. (170531)

6.

인류에 소속하는 한 개체 존재는 어떤 특정 분야에 종사하는 시민이든 또는 한 나라의 통치자이든 모두 운명적으로 궁극에는 주변 존재일 수밖에 없음에도 지금까지 자연과 역사의 주인이나 주체인 것처럼 행세해 왔다. 자연과 역사의 큰 흐름 가운데서 헤엄치듯 움직이는 한낱 종속변수일 수밖에 없는데 마치 자유자재한 독립변수인 것처럼 그들에게 주어진 한계를 넘어 생각하며 행동하고 있는 것이다. 호모에렉투스로서 지구 위에 등장한 이후 인류는 특히 지난 25세기 동안 자연과 역사를 마치 그들의 자의(恣意) 또는 의지의 종속변수인 것처럼 조작 통제하는 데서 오히려 그 자연과 역사를 정상의 궤도를 벗어난, 그래서 감당할 수 없도록 '사납게' 변이한 생존 환경으로 바꾸어 놓았다.

지금 비로소 인류 가운데 일부 사람들은 그런 지난날의 횡포가 저지른 업보로서 다가오는 '여섯째의 멸종'(the sixth extinction)[10] 을 경고하기에

10) 지구에 생명체가 출현한 이후 수십 차례의 크고 작은 멸종 사건이 있었다고 지질학자와 그 밖의 전문가들이 추정하는데 그 가운데 다섯 차례의 큰 멸종 사태는 아마도

이르렀다. 그리고 다시 그들을 비롯한 많은 이들이 드디어 인류를 포함하는 광범위 공동멸종의 위기 앞에서 '지속 가능한'(sustainable)[11] 생존

소행성 충돌이나 대대적인 화산폭발과 같은 자연재해에 기인했을 것이라고 한다. 그러나 지금 진행되고 있는 여섯 번째의 대멸종 사태는 인류의 무분별한 자연 착취 행위에 기인한다는 데 그 특징이 있다고 대다수 전문가들이 동의하고 있다.(1)

(1) "현재 진행되고 있는 멸종은 그 고유한 새로운 원인에 기인한다. 그 원인은 소행성 충돌도 아니고 대대적인 화산폭발도 아니다. 그 원인은 '한 잡초 같은 종'(one weedy species; 인류)에 있다. 월터 알바레즈가 말한 대로 "우리는 지금 인류에 의해 대대적인 멸종이 진행되고 있는 것을 보고 있다." 인류학자 리처드 리키는 다음과 같이 경고했다. "호모 사피엔스는 여섯 번째 멸종의 원인 제공자일 뿐만 아니라 동시에 그 자신에 의해 희생될 위기에 놓여 있다." 생명다양성 박물관(Hall of Biodiversity) 간판에는 스탠퍼드 대학의 생태학자 폴 얼리히에게서 따온 한 마디가 새겨져 있다: **인류는 다른 종들을 멸종시킴으로써 그 자신이 걸터앉은 가지를 자르는 데 바쁘다.**"(p. 268) Elizabeth Kolbert, ***The sixth extinction: an unnatural history***. New York: Henry Holt & Co., 2014.

11) 인류가 포함될 수 있는 여섯 번째의 대멸종 사태는 인류 자신이 행하고 있는 무분별한 자연 착취행위에 기인하는데, 그렇기 때문에 이제 순수한 의미의 자연이라는 것은 더 이상 존재하지 않을 정도라는 것이다. 말하자면 오늘날 인간이 간섭해서 조작되지 않은 환경 곧 순수한 자연은 존재하지 않는다.(1) 그렇다고 해서 인간이 간섭해서 조작된 자연이, 생명이 지속적으로 의존할 만한 안정된 (이를테면 예측 가능한) 환경으로 작동하는 것도 아니어서 그것이 생태계 전반에 대혼란 아니면 대멸종을 가져올 수 있다는 것이다.(2)

그럼에도 불구하고 인류의 생존을 보장할 만한 생태계의 지속가능성은 발전하는 인류 자신의 과학과 기술에 의해 새로운 진로를 발견할 수 있을 것이라는 일부의 낙관론도 있다.(3)

(1) "우리는 대기를 변화시켰고 그로 인해 날씨도 변화시켰다. 날씨가 바뀜으로써 우리는 지구상의 모든 곳을 인공적이고 인위적인 곳으로 만들었다. 우리는 자연으로부터 [그의] 독립성을 빼앗았고 그로 인해 자연의 의미는 치명적인 손상을 입었다. 자연에 독립성이라는 의미가 없다면 이 세상에 인간 이외의 아무것도 없다."(101쪽) "자연이 인간의 흔적을 담고 있다고 해서 우리가 그를 제어할 수 있다는 뜻은 아니

양식을 개발하지 않으면 안 될 지경에 놓여 있음을 설파하고 있다. 그들은 이제 인류가 모두 자연과 역사 가운데의 겸허한 제자리로 돌아가 자신의 운명인 '타고난'—본래의—주변 존재로서 처신해야 하는 한 시대 전환점에 이르렀음을 인지하게 된 것이다. (181022)

다. 이 새로운 자연은 예측할 수 없을 만큼 난폭할 수도 있다. …… 새로운 자연의 두드러진 특징은 예측 불가능성이다."(151쪽) 빌 맥키벤, 『자연의 종말』, 진우기 옮김. 서울: 양문, 2005.

(2) "자원의 소비를 점검하지 않는다면 지구 위의 현대 문명은 그들의 자원을 과도하게 탕진함으로써 붕괴했던 고대 문명의 길[사례]을 따라가게 될 것이라는 우려가 지배적이다." "Sustainability," ***Environment and Ecology***. *http://environment-ecology.com/what-is-sustainability/247-sustainability.html*

(3) "지속가능성(sustainability)은 시간에 따라 바뀔 수 있다. …… 인간이 중심인(anthropocentric) 체제들은 현재로서는 지속 불가능하지만 새로운 과학과 기술이 동원되는 미래에는 지속 가능할 수도 있다. …… 높은 단계[광범위] 체제들의 지속가능성은 그 체제들이 얼마나 잘 변화에 대응하느냐에 달려 있다." Andrew Manderson, "A systems based framework to examine the multi-contextural application of the sustainability concept," ***Environment, Development and Sustainability***, Vol. 8, no. 1 (2006), 85-97.

II

불멸의 존재 x에 대하여†
—존재론

풀이말

† 칸트는 그의 『도덕의 형이상학적 기초』에서 '인간[성]을 목적으로 대우해야 하며 결코 수단으로 삼아서는 안 된다'고 말하였다. 인간이라는 존재를 다만 '수단'으로 접근해서 이용하려는 태도를 경계하는 것이다.

*x*의 존재론에서는 세상에 존재하는 어떤 것을 한낱 '대상'으로 이해하거나 접근할 수 있는가? 하는 물음을 던지고 있다. 이를테면 영원에 소속하는 한 조각의 기억체계로서 개체존재 *x*를 '대상'으로 이해 접근하거나 그에 '대하여' 판단하며 정의할 수 있는 능력이 우리 인간에게 있는지를 돌이켜 보고 있는 것이다.

이렇게 *x*를 '대상'으로서 접근하거나 그것에 '대하여' 판단하며 정의하기가 불가능한 관계의 조건을 '… *x*에 ~~대하여~~'로밖에 달리 표현할 방법이 없다.

1.

고대 그리스의 철학자 헤라클레이토스는 이렇게 말했다.

> "불사자(不死者)들은 가사자들이고 가사자(可死者)들은 불사자들이다."(DK22B62)[1)]

피상적으로 보면 이처럼 이해하기 어려운 말도 없다. 왜 같은 것일 수 없는 불사자와 가사자, 그래서 시간을 공유할 수 없는 삶과 죽음을 한 가지로 묶어놓으려고 하나? 고대 인도의 오랜 전통에서 온 영향으로 생명의 끝없는 윤회에 공명하는 것일까? 아니면 삶과 죽음이란 자연의 흐름을 관통하는 한 가지의 다른 양태(aspect)일 뿐이라는 인류 보편의 인식을 장자(莊子)와 함께 공유하는 것인가?

생명의 법칙을 세포의 수준에서 분석하는 이론가들에 따르면 삶과 죽음

---

1) 탈레스 외, 『소크라테스 이전 철학자들의 단편 선집』, 김인곤 외 옮김. 서울: 아카넷, 2005.

은 한 세포 안에서 서로 치열하게 대립하면서 공존 협력하고 있다. 이를테면 세포분열에 의한 증식과정과 함께 세포 자신의 자살(apoptosis) 행위가 일어나고 있다는 것이다.[2)] 생화학자 제라드 에반도 암 또는 염증 발생의 기제에 관한 한 논문에서 세포의 생성과 사멸은 짝을 이루어 일어나는 것이 정상적인 과정이라고 말한다.[3)] 만약 한 유기체 안에서 세

---

2) 한 개체 생명을 이루는 세포들이 손상되었거나 감염되었을 때 어째서 스스로 조용히 죽어 가는지, 그러한 '자살'(apoptosis)의 생물학적 기제를 우리들은 완전히 이해하지 못한다. 그러나 자살을 순순히 받아들이는 세포 단위의 생명체에게 프로이드가 설명하는 죽음의 무의식적 충동을 적용할 수는 없는 것이다. 여하튼 만약 세포 단위에서 자살 기제가 작동하지 않는다면 손상되었거나 감염된 세포가 계속 증식해서 심각한 염증이나 암이 일상적으로 발생하게 될 것이라고 생화학자 닉 레인이 설명하고 있다.(1)

그러니까 세포 수준에서도 삶과 죽음은 모순 관계에 있으면서 동시에 공존 협력하여 하나의 순조로운 생명의 흐름을 이루어 가는 것이다. 헤라클레이토스가 말하는 '불일치의 일치' '일치의 불일치'는 이렇게 세포 수준에서 실행되고 있는 질서임을 확인할 수 있다. 이 점에서 플라톤과 아리스토텔레스는 그들의 선배 현자 헤라클레이토스의 통찰을 이해할 만한 논리적 수준에 미달했던 것이다.

(1) "매일 인간의 몸 안에서는 100억 개쯤의 세포들이 죽고 그 자리에 새로운 세포들이 들어선다. …… 이는 세포분열에 의한 증식에 대응해서 세포 자살로써 균형을 잡는 것이다. 정상적인 생리학에서 세포자살이라는 것은 세포분열만큼 똑같이 중요하다는 것이다. …… 이에 따라 면역세포들은 손상된 또는 감염된 세포들로 하여금 스스로 자살하도록 유도하는 역할을 행사한다. 면역세포의 검열 기능은 암세포로 나타나는 것들을 그것들이 증식하기 전에 제거하는 것이다."(p. 204) Nick Lane, ***Power, sex, suicide: Mitochondria and the meaning of life***, Oxford: Oxford University Press, 2005.

3) 종양 또는 암이 발생하는 병리적 변화는 세포 증식과 함께 이루어져야 할 손상된 세포의 자살이 병행하지 못하도록 방해하는 어떤 작동 기제에 의해 일어난다는 것이다. 종양 세포들은 세포 자살을 방해하는 병변 기제에 전적으로 의존하고 있다고 이 논문의 필자는 말하고 있다.(1)

포분열과 함께 세포 자살이 동반해서 일어나지 않는다면, 생명이 정상적으로 지속할 수 없다는 것이다. 삶은 동시에 죽음을 자신의 동반자로 받아들일 때만 그 생명의 연속성을 지킬 수 있다. 암을 비롯한 염증의 발생 그리고 치매와 같은 인지능력의 소멸조차도 세포 수준에서 이루어지는 삶과 죽음의 동반 관계가 깨어질 때 발생하는 것이다.

그래서 심지어 죽음으로 다가가는 늙음의 과정조차 그런대로 삶을 지속하기 위한 고도의 숨은 전략으로 풀이하기도 한다.[4)] 그러니까 늙어가면서도 죽지 않고 생명이 지속하고 있는 것은 그 과정을 떠받치는 세

---

(1) "세포 증식과 세포 자살은 병행하는 과정이다. 종양이 발생하는 것은 세포 증식을 통제하는 기능의 손상과 함께 세포 자살에 제동이 걸린 데에 말미암은 것이다. … 종양 세포는 전적으로 세포 자살 기능의 손상에 의해 발생하는 것이다." Gerard Evan, "Cancer: a matter of life and cell death," ***International Journal of Cancer***, 71, 709-711 (1997).

4) 생화학의 차원에서 노화 현상을 설명하는 의과대학의 박상철 교수는 노화 현상이란 죽음으로 다가가는 마지막 단계를 나타내는 것이 아니고 오히려 생명을 연장하기 위한 전략으로서 발휘하는 적응과정의 결과라고 풀이하는 이론을 다음과 같이 제시하고 있다.(1)

(1) "… 이는 노화 현상의 생물학적 의의가 죽음의 전 단계로서가 아니라 오히려 생존을 위한 환경 적응적 변화에 있음을 분명하게 하고 있다. 그러나 이러한 노화 세포의 생존전략은 손상된 세포를 빨리 제거하지 않음으로 인해 암이 유발될 수도 있음을 시사해 주고 있기 때문에, 생명체가 노화에 따른 생존의 대가를 치루고 있음을 보여주고 있다. 따라서 이러한 사실들로 미루어 볼 때 노화에 대한 부정적 시각을 크게 개선하여야 할 필요가 부각되고 있다. 즉 늙으면 죽는다는 또는 죽어야 한다는 명제를 생명체는 강하게 거부하고 있으며 오히려 살아남기 위하여 최선을 다하는 과정에서 결과적으로 노화 현상이 초래됨을 보여주고 있다." 박상철, "노화와 기능적 장수," **대한내과학회지**, 제71권 부록 2호 (2006) 위와 같은 이론은 같은 필자의 다음 논문에서도 확인할 수 있다. Sang Chul Park, "Survive or thrive: tradeoff strategy for cellular senescence," ***Experimental & Molecular Medicine***, 49, e342 (2017)

포들 안에서 죽음의 행위가 삶의 행위에 동반하는 관계를 유지하고 있다는 증거이기도 하다.

그렇게 삶과 죽음의 숨은 동반 관계는 생명의 연속성을 보장하는 전략이다. 그래서 헤라클레이토스는 이렇게 말할 수 있는 것이다.

> "저들의 죽음을 살고 저들의 삶을 죽는다."(DK22B62)[5)]

그러므로 반복하는 죽음들은 영원한 삶과 함께 하나의 사이클을 이룬다. 영원에 소속하는 한 조각 기억체계 x는 죽음으로써 불멸하는 영원한 기억의 강(江) X의 부분이 된다. 죽어가는 가사자 x는 영원한 불사자 X와 하나이다. 죽는 자와 사는 자는 불멸하는 영원의 기억 안에서 하나이다. (170601)

---

5) 탈레스 외, 『소크라테스 이전 철학자들의 단편 선집』, 김인곤 외 옮김, 서울: 아카넷, 2005.

헤라클레이토스의 이 명제를 현대의 한 유전학자의 설명에서 다시 발견한다. 현재의 생명은 조상들의 죽음을 이어 살고, 미래의 생명은 현재 세대의 죽음을 이어 사는 것이다.(1) 그래서 헤라클레이토스는 죽음을 살고 삶을 죽음으로써 생명을 이어간다고 하는 인식을 "불사자들은 가사자들이고 가사자들은 불사자들이다."라고 표현하는 것으로 볼 수 있다.

(1) "지금까지 살아남은 모든 생물은 그들의 조상들을 돌이켜 보며 다음과 같은 자랑스러운 주장을 할 수 있다. 우리들의 조상들 가운데 결코 아무도 유아기에 죽지 않았다. …… 우리들의 조상들 가운데 어느 누구도 적어도 한 명의 아이를 이 세상에 데려다 놓기 전에 쓰러지지 않았다."(pp. 1-2) Richard Dawkins, ***River out of Eden***, NY: Basic Books, 1995.

2.

그럼에도 불구하고 언젠가는 죽을 수밖에 없는 그 누구일지라도 자신의 생존이 아닌 다른 목적의 수단(means)으로 쓰이거나 그럴만한 대상으로 취급당하기를 거부한다. 왜 그런가? 그 뿌리로 내려가 보면 아마도 영원의 한 조각 기억체계 *x*로서 지닌 그의 무한한 자유가 구속 박탈당하기 때문일 수 있다.[6] 그럼에도 사람들은 그들이 살고 있는 사회에서 점점 예외 없이 부과된 체제와 제도에 의해 규제당하고 조종당하는 한낱 대상 아니면 수단으로 전락하는 추세 가운데에 놓여 있다. 심지어

---

6) 그렇다면 물질로서 존재하는 것도 한낱 대상이나 수단이기를 거부하는가? 그렇다고 인정할 수밖에 없다. 세상에 그의 몸을 드러낸 어떤 존재를 향해 대상 또는 수단으로 접근해서 그가 간직한 마지막 비밀을 그 실재에 가깝게 이해할 수 있는 방법이 없다. 그가 간직한 비밀에 합당한 접근 방법은 무엇인가?(아래의 마지막 줄기글 6. 특히 풀이말 22) 23) 보기)

내 앞에 서 있는 한 그루의 나무는 대상으로 접근하며 이해할 수 있는 존재일까? 한 그루의 나무도 그의 타고난 기억체계에 따라 환경의 변화를 인식하며 가능한 생존의 진로를 선택해 왔을 것이다. 그에게도 인간이 지닌 것과 비슷한, 아니면 더 오래된 기억과 상상을 발휘하며 그의 생명을 실현해 온 역사가 간직되어 있다. '식물을 바라보면서 우리는 우리 자신을 보고 있지 않은가?' 이렇게 한 식물학자가 질문을 던지고 있다.(1)

(1) "인간과 식물이 둘 다 선호하는 바가 있고 그리고 둘 다 기억을 할 수 있다면 식물을 바라볼 때 우리는 자신들을 보고 있는 것이 아닐까? 우리가 인식해야 하는 것은 포괄적인 수준에서 인간과 식물은 [하나의] 생물학을 공유하고 있다는 것이다. 그래서 활짝 핀 장미나무를 응시할 때 우리는 우리의 오랫동안 잊었던 사촌 형제를 보고 있는 것과 다름이 없다. … [이는] 우리의 진화 과정에서 20억 년쯤 전에 갈라져 나간 또 하나의 가능한 결과를 보고 있다는 것이다."(pp. 140-141) Daniel Chamovitz, ***What a plant knows***, New York: Scientific American, 2012.

그들은 언제라도 대체 가능한 일회용품처럼 사용당하기도 한다. 이는 20세기의 많은 사회학자들에 의해 이미 확인된 사실이다. 『집을 잃은 마음』이라는 한 책에서 저자들은 이렇게 말한다.

> "개인과 사회, 주관적 자아와 [사회적] 역할에 따라 매겨지는 객관적 신분 사이의 상호관계는 일종의 투쟁으로 체감되기에 이르렀다."(p. 86)[7]

따라서 사회 또는 공공의 장은 더 이상 한 개인이 의지하며 그의 자아를 실현하기 위하여 소속하는 곳이 아니라 오히려 그가 조종당하거나 침해당하지 않도록[8] 경계하거나 저항하는 처소로 인식되어가고 있다

---

7) 개인과 사회, 사생활과 사회적 역할 사이에 서로 배제하거나 타협해야 하는 모순 긴장 관계가 수면 아래에서 흐른다. 이러한 긴장 관계로 가득한 현실의 사회에서 주어지는 사생활 영역으로서 개개인의 마음은 더 이상 안락하게 머물 수 있는 거처를 찾을 수 없는 상황을 'homeless mind'라는 개념으로 저자들은 표현하였다.(1) 그가 소속해서 안주할 수 있는 거처는 있는가?

(1) "현대사회에서 개인은 그의 사적인 생활과 그의 다양한 역할에 따라 참여하는 공적인 체제 사이에서 극명한 분열을 실감한다."(p. 63) "개인과 사회 사이에서 그리고 주관적 정체성과 역할에 따르는 객관적 신분 사이에서 사람들은 일종의 투쟁 같은 것을 경험한다."(pp. 86-87) Peter Berger, et al., ***The homeless mind***, Penguin Books, 1974.

8) 사람들을 대상 또는 수단으로 취급하려는 접근 태도는 여러 가지 형태의 사회제도들로 둔갑해서 사람들을 조종하며 사용한다. 독일의 작가 미하엘 엔데가 『모모』라는 소설에서 보여주듯이, 학교, 직장, 사회는 그들이 짜놓은 계획 또는 시간표에 따라 학생들과 일상인들의 생활양식을 조종하며 사람들의 자유를 박탈해 간다. 이런 생활 분위기 가운데서 한가로운 시간에 즐기는 백일몽 같은 것은 범죄적인 일탈이다. 그것은 절약해야 할 시간의 낭비이기 때문이다. 시간은 화폐와 같은 가치를 갖는다고 세속의 사람들은 강조한다. 모든 일은 처음부터 끝까지 치밀한 계획에 따라야 한다. 그런데 모두 그렇게 시간을 절약하며 빈틈없는 계획에 따라 일을 하는데 그럴수

고 말하기도 한다.

현대사회의 추세를 집약하고 있는 도시는 그러나 본디 각기 다른 목적과 취향을 추구하는 사람들이 내면의 자아를 드러내지 않고 만나서 관계하는 비개성적(impersonal) 교류의 장이었다고 한 사회학자는 이해한다.[9] 그런데 이렇게 비개성적 교류가 가능했던 익명의 자유가 오늘에

록 쉴만한 여가 시간은 더욱 사라져 간다.(1)

이것이 빈틈없이 바쁘게 진행되는 시간표에 의해 조정되며 사용당하는 현대인의 삶이다. 이렇게 현대사회에서 사람들은 한낱 대상 또는 수단처럼 조정되며 사용당하고 있다.

(1) "백일몽 같은 것은 거의 범법행위로 간주된다. …… **시간은 돈이다. 시간을 절약해야 한다!** …… 모든 일은 그 최종의 조치와 최종의 순간까지 계획 예정되어 있다."(p. 40) "모든 행동은 정확한 시간표에 맞추어져 있다. … 그럴수록 그는 점점 부지런히 움직이고 신경은 날카로워져 있다. 그런데 이상한 것은 그가 시간을 아무리 절약해도 그에게는 여유 시간이 없다는 사실이다. 신기하게도 시간은 어디론가 사라졌을 뿐이다."(pp. 38-39) Michael Ende, ***Momo***, trans. J. Maxwell Brownjohn, n.p., 1973, 2011.

9) 한 개인은 자기도 다 알 수 없는 자신의 정체성이 타인 또는 제도에 의해 감시당하거나 규정되는 것이 불편하다. 때로는 자기 자신도 설명할 수 없는 자기 내면의 사상이나 상상을 밖으로 객관화하는 것이 불가능한 것이다. 그럼에도 자기 내면에서 움직이는 사상이나 상상 나아가 자신의 정체성이 자기가 소속하는 사회체제와 제도에 의해서 감시당하거나 규제될 때 이는 심리적 폭력 나아가 전제(專制)로 다가온다는 것이다. 그러나 본디 도시의 삶은 오히려 (전통적인 공동체가 행사하던) 심리적 폭력과 전제로부터 각각의 개체성과 자유를 보장하는 익명의 광장이었다고 20세기의 한 사회학자가 설명하고 있다.(1)

어느 날 한국의 한 일간지 『세계일보』에 "사라진 '이웃사촌': 인사도 안 하는 대한민국"(2017. 7. 8)이라는 기사가 실렸다. 당시에 독자들이 올린 2,375개의 댓글 가운데에는 '가볍게 인사만 하면 되지 솔직히 친밀히 지내고 싶지 않다.' '조금만 친해지면 너무 깊이 알려들고 … 소문도 많이 나니까 그냥 각자의 집에서 사는 게 편함.'이라는 반응과 그밖에 이런 이야기도 올라와 있었다. '네 아이를 데리고 놀이터에 나온

와서는 감시에 가까운 개인 노출 또는 밀착(intimacy) 접근이라는 강제적 절차에 의해 사라져가고 있다는 것이다. 말하자면 도시에서조차 전통적 공동체에서처럼 개인에게 그가 책임지는 일정한 정체성의 노출을 강요하고 있다. 이것이 도시의 낯선 사람들이 향유하던 익명의 자유를 빼앗는 전제(tyranny)로 다가온다고 그는 주장한다.

그렇게 현대의 도시나 사회체제는 사람들로 하여금 경계하거나 긴장하게 하는 장으로서의 면모를 갖고 있다는 것이다.

그렇다면 영원에 소속하는 한 조각 기억체계인 개체존재 x가 참으로 귀속하려고 하는 대안의 처소는 어디인가? 체제 유지를 위한 규제와 감시의 기구로 변모한 공적 기구인 도시와 사회로부터, 아니면 그와 다름없는 관습과 감시의 처소인 전통적 공동체로부터 도피하려는 현대

젊은 엄마에게 한 나이든 할머니가 다가오더니 다음과 같이 묻더라고. "이 넷이 다 한배에서 나온 거유?"'

이는 대개 도시 또는 그 주변의 아파트 단지에서 겪은 체험담들인 것 같다. 사람들은 본디 오래전에 전통적인 공동체에서 피할 수 없었던 감시(때로는 참견과 소문내기)와 압력으로부터 자유로운 해방의 장으로서 도시를 선호하는 경향을 보였었다.

그런데 이렇게까지 도시에서나 시골의 공동체에서나 그로부터 압박해 오는 감시와 규제를 거부하며 저항하는 자아가 내면에 지니고 있는 그의 진정한 정체성이란 어떤 것인가? 자아가 감시와 규제를 그렇게 거부하며 저항하는 내면의 깊은 이유는 무엇일까?

(1) "도시는 사적인 것을 떠난 생활의 매체이다, …."(p. 339) "친밀함이라는 전제(tyranny): 친밀함은 인간 경험의 간격을 좁히는 것이다. 간격을 좁힐수록 사람들은 점점 더 서로 사이의 장벽을 제거하려고 서로에 대해 압박을 하게 된다. 서로 열려있음 또는 솔직함에 걸림돌이 되는 장벽을 없애려는 것이다."(p. 338) Richard Sennett, ***The fall of public man***, Cambridge: Cambridge University Press, 1976.

인의 자아는 어떤 대안의 진로를 추구하고 있는 것일까?

17세기 데카르트가 그랬듯이 무차별한 물리적 자연으로부터 해방된 내면 의식을 가진 한 개체존재로 독립하는 길인가? 니르바나의 영감을 가지고 망아(忘我)의 경지에서 19세기 말 니체가 도달한 영원회귀로의 해방일까? 아니면 세상을 향해 존재하는 것들을 창조해내는 20세기 사르트르의 자발적 또는 선험적 의식으로써 절대의 자유를 행사하는 길인가?

철학자들의 이러한 관념적 자아의 대안들이, 점점 넓혀지는 그물 가운데로 빠져 들어가듯이 세계화하고 있는 현대사회에서 살아남아 움직일 수 있을까? 미래 세계에서도 살아남을 수 있는 대안의 자아가 갖추어야 할 조건은 어디에 뿌리를 내려야 하는가? 프랑스의 한 사회이론가 알랭 투렌은 전통적인 공동체가 '감옥'과 같다면 현대의 개방사회는 '정글'과 같다고 진단하고 있다. 이 같은 공동체 또는 개방사회에서 '함께 살 수 있으려면 사람들은 그들의 주관 또는 자아를 포기할 수밖에 없다'라고 그는 말한다. 그들의 자아는 제각기

> "시장의 법칙과 공동체의 규율에 대항해서 그의 개체성을 지키며 내세우려고 하기"[10)]

---

10) 각자가 지니고 있는 자아, 특히 그의 주체성(subjectivity) 또는 정체성(identity)을 포기할 때에만 사회에서 함께 살 수 있다고 말하는 한 사회학자의 설명(1)은 무엇을 의미하는가? 공동체나 사회는 거기에 참여하는 개인들에게 그들 각기의 진정한 정체성을 포기하며 가면(假面)의 정체성 또는 피동적인 역할을 강제하는 것이다. 그렇다면 공동체 또는 사회에 참여하는 각자의 자아가 찾고 있는 대안의 존재 양식은 어떤

때문이다. 이렇게 현대사회 안에서 한낱 피동적 대상으로 조종당하거나 감시당하기를 거부하는 그들의 개체 자아는 어디에 뿌리를 내리고 있는 것일까? (170617)

3.

왜 각자의 자아는 이제 와서 한낱 대상이나 수단으로 사용당하거나 조종당하기를 거부하는가? 대상이나 수단이기를 거부하는 자아 자체의 고유한 개체성 또는 내밀한 특이성에 포기할 수 없는 무엇이 주어져 있는가? 그러한 개체성이나 특이성은 한 니체 해석가에 따르면 일상의 판단형식 곧 어떤 언어체계에 의해서도[11] 그 정체를 묘사하거나 대표

것인가? 그의 대안의 사회학은 어떤 관계양식을 바탕에 놓아야 할까?(제IV장 "불일치와 일치가 함께 삶" 보기)

(1) "우리들은 우리들의 정체성을 잊어버릴 때만 함께 살 수 있다."(p. 3) "개방사회에 사는 것은 정글에서 사는 것과 같은 느낌이 든다. 그러나 폐쇄사회에 사는 것은 감옥에 있는 것 같은 느낌이다."(p. 26) "주체(the subject)란 … 시장의 규칙과 공동체의 법칙에 대항해서 자신의 개체성을 옹호하고 주장하는 개인을 가리킨다."(p. 77) Alain Touraine, ***Can we live together? equality and difference***, trans. David Macey, Stanford, CA: Stanford University Press, 2000.

11) 특이성 자체는 제도화된 언어에 의해 파악 또는 표현할 수 있는 것이 아니라고 한 니체 연구자는 말한다.(1) 그렇다면 자아 존재의 특이성 또는 그 정체성을 확인할 수 없는 것은 모두에게 공통으로 제도화된 언어의 장벽 때문인가? 아니면 그 특이성 자체가 영원의 시간을 통과하며 각기 유일 고유하게 축적한 기억체계이어서 그 정체성을 제도화된 특정 언어체계에 의해 확인할 방법이 없기 때문인가?

(1) "특이적 사례는 자신의 환영(幻影)을 자기 자신에게 언어화하자마자 특이적 사례로서는 **소멸한다**. 왜냐하면 그러한 언어화는 제도화된 기호들에 의해서만 가능하기 때문이다."(329쪽) 피에르 클로소프스키, 『니체와 악순환: 영원회귀의 체험에 대하여』, 조성천 옮김, 서울: 그린비, 2009.

할 수 있는 것이 아니다. 어째서 자아의 개체성이나 특이성은 그의 정체를 어떤 언어체계에 의해서도 드러내는 것이 불가능한가?

한 개체존재의 자아 곧 그의 개체성이나 특이성은, 그것이 영원에 소속해서 움직이는 한 조각 기억체계 *x*로서 그의 안에는 태초로부터 쌓여서 각인된 반응체계 곧 초월하는 자의 '격파'와 그가 소속한 계통발생의 험난한 '이력'을 모두 무한에 가까운 내재성으로 저장하고 있는 데서 비롯하는 것이다. 한 개체존재의 기억체계에 저장된 내재성에는 그렇게 시간적으로 각기 다른 단계에서 구축된 유일 고유한 반응체계들이 쌓여 있다.[12)]

---

12) 한 보고에 따르면 실험실에서 태어나고 자란 쥐가 이전에 한 차례도 본 적이 없는 고양이 앞에서 놀라며 죽은 듯이 꼼짝하지 않는다고 한다. 그 쥐는 왜 그의 일생에 처음 본 고양이 앞에서 놀라며 꼼짝하지 않을까? 이는 과거 수만 년 동안 그의 선조들이 수없이 되풀이한 [격파의] 경험과 학습에 의해 만들어진 방어기제가 유전된 기억체계에 내장되어 있기 때문이라고 뇌신경학자 조지프 드루가 설명하고 있다.(1) 이렇게 자기의 힘을 초월하는 자 또는 포식자에 의해 거듭 격파당함으로써 학습된 방어기제는 기억체계 가운데에 내장되어 다음 세대에 유전된다고 보는 것이다.(줄기글 3. 4. 특히 풀이말 16) 보기)

그래서 때로는 한 지역의 토종 생물종은 외래의 포식자에 대해 유전적으로 내장된 기억이 없기 때문에 무방비 상태에 놓임으로 해서 멸종의 위기를 겪는 사례를 보고하는 연구도 있다. 그 연구보고의 제목은 "너의 적을 알라 …"("Know thy enemy …")로 시작한다.(2) 생물체에 내장된 면역체계는 수백만 때로는 수억 년 동안 쌓여온 기억체계로서 적과 동지를 확인하며 관리하는 기능을 한다. 이렇게 오래된 기억이 면역체계로 내장되어 제대로 작동하지 않으면 세포 안에서 적과 동지를 구별하지 못해서 때로는 자기 자신을 공격하기도 하므로 생명의 유지가 불가능하게 되기도 하는 것이다.

그러니까 한 개체 생명이 태어난 다음에 통과하는 경험과 학습의 과정이라는 것은 그 생명의 유지와 발달에 필요한 극히 작은 부분에 지나지 않는 것이다. 그는 태어날 때 이미 많은 정보를 자신의 고유한 기억체계 안에 내장하고 있지 않으면 안 된다. 그 가운데 가장 시급하게 동원되어야 하는 기억체계 가운데 하나의 기능이 이른바 FAP 곧 '고착된 행동 패턴'(Fixed Action Pattern)이라는 반응 양식이다.(3) 이에 따라 어미 배에서 나온 지 얼마 되지 않은 새끼가 그에게 달려드는 맹수로부터 도망치는 동작을 한다든가, 날아드는 파리를 막기 위해 눈을 깜박거리는 반응을 하는 것이다. 한 개체 생명이 그의 기억체계에 저장하고 있는 내재성은 실로 그가 소속하는 계통의 종이 수백만 수천만 년의 시간을 통과하며 반복적으로 겪었던 크고 작은 충격과 그로부터 학습한 반응기제들로 이루어지는 것이다.

(1) "실험실 쥐들은 여러 세대를 거쳐 번식하는 동안 고양이와 단절되어 자랐기 때문에 고양이를 한 번도 본적이 없는 데도 고양이와 처음 맞닥뜨리는 순간 죽은 듯이 얼어붙는다. 이것은 타고난 본성이 작용한 것이다. 왜냐하면 그 쥐는 고양이가 위험하다는 것을 경험을 통해 배울 기회가 없었기 때문이다. …… 왜 이런 얼어붙기가 유전적으로 입력된 행동이 되었을까? 행동 또는 마음의 능력이 어떻게 진화해 왔는지를 추적할 수 있는 화석기록이 없기 때문에 그 이유를 확실히 밝혀낼 길은 없다. …… 수백만 년 전에 그렇게 했던 동물들이 살아남았을 가능성이 훨씬 높았고 그래서 오늘날 그들의 후손들도 일차 방어책으로 그렇게 한다."(23-24쪽) 조지프 르두, 『시냅스와 자아』, 강봉균 옮김, 파주: 소소, 2005.

(2) "먹이가 되는 종이 포식자들을 감지하고 피하는 능력은 부분적으로 먹이와 포식자 양자의 생활사, 생태계 [환경], 그리고 진화의 [공유하는] 역사에 달려있다." "[이런 관계를 벗어날 때, 말하자면] 먹이가 진화상으로 낯선 새로운 포식자에 대해 반응[인식]을 할 수 없을 때 … 포식자가 [먹이에게] 행사하는 파멸적 충격이 일어나는 것이다." Joanne McEvoy, et al., "Know thy enemy: behavioural response of native mammal(Rattus lutreolus velutinus) to predators of different coexistence histories," ***Austral Ecology: A Journal of ecology in the Southern Hemisphere***, 33 (1008), 922-931.

(3) "출생과 동시에 주어지는 구조적 형태에 대한 계통발생의 기억만으로는 충분한 것이 아니다."(p. 177) "야생의 험악한 현실은 도망치고 급하게 숨 쉬고 하는 고착된 행동 패턴(Fixed Action Pattern)이 출생과 동시에 갖추어져 작동해야 한다. 고착된 행동 패턴(FAP)은 개체발생 과정에서 새롭게 학습하기에는 이들의 험악한 생존 현실이 너무 급박한 것이다."(p. 180) Rodolfo R. Llinas, ***i of the vortex: from neurons to self***, Cambridge, MA: The MIT Press, 2002.

한 개체존재가 그의 안에 저장하고 있는 내재성은 시작을 확인할 수 없는 태초로부터 각인되어 쌓여온 격파 $X(\ )$의 이력을 x로서 기억하며 $\neg x$로서 상상한다. 태초로 밀고 올라가 보면 상상이라는 것은 초월하는 자의 격파가 그에게 각인시킨 기억에서 비롯하는 것이다. 초월하는 자로부터 다가오는 격파는 어떤 규칙이나 법칙에 따라 움직이는 것이 아니므로 그로 말미암은 상상 또한 어떤 규칙이나 법칙을 벗어난 파격의 모양을 따라 움직인다.

이를 정리하면 영원의 한 조각 기억체계가 그로 비롯하는 상상에 따라 발현 또는 재현하는 일생은 다시 죽음이라는 격파의 한 단계에 이른다. 죽음이라는 격파의 경험은 생명이 각각의 계통발생을 따라 수없이 반복해온 기억으로 내장되어 있다. 그래서 그렇게 반복된 죽음의 기억을 헤라클레이토스는 최상의 인식 단계에서 다음과 같이 표현했다.

> "불사자(不死者)들은 가사자들이고, 가사자(可死者)들은 불사자들이다. 저들의 죽음을 살고 저들의 삶을 죽으니까."(DK22B62)[13]

---

13) 소크라테스 이전 철학자들의 단편 선집』, 김인곤 외 옮김, 서울: 아카넷, 2005.

세상에 몸을 드러내 존재하는 개체 생명들은 어째서 죽음을 회피하며 두려워하는 것일까? 이 두려움 역시 그가 소속하는 계통의 선조들이 수없이 반복해서 겪은 격파의 충격이 그의 기억체계 안에 깊이 내장되어 있기 때문일 것이다. 그렇게 반복해온 죽음의 기억 곧 그 격파의 충격에 대한 설명을 많은 사색가들이 시도해왔다. 헤라클레이토스는 그 죽음의 충격을 영원의 시간 안에서 반복된 경험으로 환원하고 있는 것이다. 그래서 개체 생명의 죽음이란 불멸하는 생명이 반복하는 연습 행위에 다름 아니다. 그렇게 가사자는 불사자이며 가사자는 불사자이다.

그러니까 한 조각 기억체계 x로 시작해서 그로부터 비롯하는 온갖 상상의 재현을 거쳐 마지막 격파의 단계 곧 죽음에 이르는 일생의 순서[14] 곧 'x ⇨ ¬x ⇨ X( )'는 실은 이제는 일일이 확인해 볼 수 없을 만큼 반복해서 각인된 격파의 쌓임으로 비롯하는 태초의 순서[15] 곧 'X( ) ⇨ x ⇨ ¬x'를 다시금 기억하며 추체험(nacherleben)하고 있는 것이다. 그러므로 죽음이란 먼 조상들로부터 내려오는 반복된 경험의 추체험이다. 아마도 개체 생명들 모두에게 잠재해 있는 죽음의 공포는 그렇게 오랫동안 반복해서 쌓여온 격파의 경험, 그 뿌리 깊은 기억에서 비롯하는 것이다. (170607)

---

14) 한 나무가 한 해를 지나가는 주기를 보면 인간의 의식 가운데서는 떠올릴 수 없을 만큼 오래된 기억과 그로 말미암은 예상 또는 상상의 발현 그리고 다시 종료의 순서를 통과해 가는 것이다. 봄이 되어 낮의 시간이 길어지면 가지를 뻗으며 꽃을 피우고, 가을이 되어 밤의 시간이 길어지면 잎을 떨어뜨리며 열매를 맺고 동면에 들어간다. 이것이 한 나무가 펼쳐가는 한 해의 주기 또는 생애의 리듬으로서 기억과 상상 그리고 종결(격파)의 재현 운동이다(1) 이는 그가 소속하는 계통의 조상들이 수없이 반복해온 과정을 기억하고 상상하며 추체험(nacherleben)하고 있는 것이다.

(1) "나무들은 문자 그대로 한 곳에 박혀있다. 먹을 것을 찾아 이동할 수 없다. 빛이 어디에 있는지를 알아야 한다. 그들은 빛이 있는 데를 알아야 하고 양분을 향해 가지를 뻗어야 한다. …… 많은 종류의 나무들은 봄이 오면 자라기 시작한다. 그들은 언제 봄이 시작하는지를 어떻게 아는가? 피토크롬(phytochrome)이 해가 점차 길어지는 것을 알려준다. 그때 나무들은 꽃을 피우며 [다시] 가을이 되면 눈이 오기 전에 씨를 뿌린다. 그들은 가을이 오는 걸 어떻게 알까? 피토크롬이 밤이 점점 길어진다는 것을 알려준다."(p. 23) Daniel Chamovitz, ***What a plant knows***, NY: Scientific American, 2012.

15) "마지막 한 마디: 개체생명 x에 대한 미시분석과 거시분석 연습," 『x의 존재론』, 고양, 경기: 사월의책, 2017, 보기.

4.

한 개체존재에 그렇게 반복해서 각인된 격파의 기억에 대하여 사변가들이 수많은 설명을 시도한다.[16] 영원에 소속하는 한 조각 기억체계로서 한 개체존재는 세상에 몸을 드러내며 재현해서 다시 격파의 한 단계인 죽음의 문을 향해 나아간다. 그래서 재현된 현재는 언제나 임시의 거처에 다름이 없다.

> "당신의 몸은 참으로 있는 당신(the real you)에게 주어진 임시의 거처일 뿐이다. … 어느 날 당신은 당신의 [임시 거처인] 몸을 비우게 될 것이다. 그것이 죽음이라는 것이다."[17]

"죽음을 입증하라."라는 제목의 짧은 글에서 한 인권 변호사는 '주검을

---

16) 정신분석가 프로이드는 사람들이 감지하는 죽음의 공포를 무마하고 위로할 수 있는 이론으로서 죽음의 본능을 제시한다. 죽음은 실은 생명으로 태어나기 전의 무기체로서 향유했던 안정상태의 기억 이를테면 '니르바나' 곧 적멸(寂滅)의 상태로 돌아가는 것과 같다고 하였다.

과연 죽음에 대해 감지하는 느낌이 공포가 아니라 무기체의 상태로 돌아가며 예감하는 안정의 기억일까? 모든 개체생명에게 다가오는 죽음의 공포는 어디에서 비롯하는 것일까? 도대체 사망의 공포는 생명이 태초로부터 자연의 부분으로서 함께 겪었던 빅크런치(big crunch), 혹성 충돌, 대홍수 또는 쓰나미, 대규모 또는 소규모의 멸종 그리고 개체로서 겪은 죽음과 같은 격파의 사건들에서 남겨진 잔재의 기억들이 일으키는 것이 아닐까?(줄기글 1. 3. 4. 그리고 풀이말 12) 보기)

17) "Your body is just a temporary dwelling place for the real you! …… one day you will vacate your body. We call this death …."(p. 7) Cary Schmidt, ***Done: what most religions don't tell you about the Bible***, Lancaster, CA: Striving Together Publications, 2005.

대면하고서야 그의 영혼이 이미 떠났다는 사실에 부닥친다.'라고 술회하고 있다. 그의 몸을 영혼이 떠난 빈자리로 이해하는 것이다.

> "인간이 영혼을 가진 존재라는 사실은 영혼이 떠난 빈자리를 보고서야 깨닫는다. 살아있는 동안 눈에 보이지 않는 영혼[의 실재]를 입증하기란 무척 어렵다. 주검을 대면하고서야 영혼을 확신하다니 무척 역설적이다. 변사체를 부검하고 자연스럽지 못한 그 죽음의 원인을 끝까지 밝히려는 노력은 어쩌면 [그의] 영혼에 대한 마지막 예우이기도 하다."[18)]

인류는 그의 몸을 임시의 거처로 이해한 과거와 현재의 수많은 기록들을 가지고 있다. 그리고 시대마다 문화마다 사람마다 임시의 거처인 '여기'를 떠난 다음에 입게 될 존재 양식에 대해 엄청나게 서로 다른 상상과 믿음을 가지고 있다. 그들 가운데 어떤 이들은 생명의 물질 수준에서, 아니면 영혼을 단위로 해서 불멸 아니면 영생이나 환생(reincarnation)을 상상하거나 믿는다.

그렇다면 헤라클레이토스가 이해했듯이 한 개체존재는 임시의 거처를 떠나며 죽음으로써 그 끝을 확인할 수 없는 불멸의 삶 가운데로 잠입해 들어가는 것이라고 이해할 수도 있다. 현재의 자아를 재현(representation) 또는 환생(reincarnation)에 의해 정착한 임시의 거처로 이해한 이들이 고대 그리스와 인도 전통을 비롯하여 다른 문명권에서도 나타났다. 플라톤은 우리들의 영혼이 현생에서 경험하지 않은 진리를 다만 상기함

---

18) 김서현, "생활 속의 법률지식(48) 죽음을 입증하라," **연세동문회보**, 제507호, 2017년 4월 1일.

으로써 이해하는 사례를 들어 전생의 존재를 증명하려고 했다.[19] 예수는 당대의 세례자 요한을 BCE 9세기 이스라엘의 왕 아합의 정의롭지 못함에 대해 경고하며 대항했던 예언자 엘리야의 재현 또는 환생으로 이해했다.

"그러자 그분은 대답하여 말씀하셨다. "… 이미 엘리야는 왔으나 사람들은 그를 알아보지 못하고 그를 제멋대로 다루었습니다. ……." 그 때에야 제자들은 요한 세례자를 두고 자기들에게 하신 말씀인 줄을 깨달았다."(「마태」 17:11-13)[20]

---

19) 플라톤은 그가 믿었던 전생의 개념을 피타고라스에게서, 그리고 피타고라스는 아마도 동방의 철학자에게서 받았을 것이다. 특히 플라톤은 '등가'(equality)와 '절대'(absolute) 같은 진리판단의 기준이 현생의 경험에서 얻은 것이 아니라는 주장을 가지고 지식의 상기(recollection)설을 증명했고 이에 따라 전생의 실재를 증명했다고 생각했다.(1)

그러나 지식의 상기설이나 존재의 전생설은 계통발생을 말하는 현대 생물학자들의 기억의 논리에 호소해서 더 객관적인 설득력을 얻을 수도 있다. 개체생명들이 발현하는 모든 기능과 패턴은 도대체 그들에게 전달된 수십억 년 전으로부터의 기억체계에서 비롯하지 않은 것이 없기 때문이다.

(1) "우리가 태어나기 전에 그리고 태어날 때 [이미 같음의] 지식을 가지고 있었다면 우리는 같음과 [그에 따르는] 비교적 크기뿐만 아니라 모든 절대의 기준들도 가지고 있었다는 것이 된다. 우리의 논증은 같음[의 기준]에만 적용되는 것이 아니라 절대적인 아름다움, 선함, 올곧음, 성스러움에도 적용된다. …… 우리는 모두 이런 기준들의 지식을 가지고 태어났고 … [그래서] 사람들이 배운다는 것은 그들이 이전에 알고 있던 것을 다만 상기하는 것이다. 말하자면 배우는 것은 상기하는 것이다. …… 그렇다면 우리들의 영혼은 이 인간적 형태를 입기 전에 앞서 존재했었다."(75c-76c) Plato, ***Phaedo*** in ***The collected dialogues of Plato***, ed. E. Hamilton & H. Cairns, NY: Pantheon Books, 1961.

20) 『200주년 신약성서 주해』, 왜관: 분도출판사, 2001.

이렇게 고대로부터 철학자들과 영혼의 탐구자들은 전생의 존재와 영혼의 불멸을 이해하며 증명하려는 시도를 해왔다.[21] 그렇다면 과연 전

---

21) 현대사회에서도 그리고 전통적인 공동체에서도 인간은 한낱 수단이나 대상으로 취급되는 경향이 있어서 그가 자원하지 않은 일로 강제당하는 상황에 빠져들어 갈 수 있다. 그래서 그는 수단이나 대상으로 전락해 들어가는 상황을 거부하며 그가 소속하는 공동체 또는 사회의 강제성에 대항해서 자신의 개체성과 자유를 확보하려는 시도를 하게 되는 것이다.

인류는 과거에 각기 그들이 우연히 소속한 공동체의 부분으로서 통치자가 명령하는 노동과 전쟁과 그 밖의 강제된 임무를 수행하고 있었다. 그 가장 극단적인 고대의 사례는 높은 지위에 있는 자의 죽음에 당면해서 그와 함께 그의 주변인들이 무덤에 순장당하는 관습이다. 이러한 고대의 관습은 동아시아 지역에서도 이집트에서도 수많은 고고학적 발굴 현장에서 드러나고 있다. 소설가 김훈은 그런 전설의 분위기를 묘사하고 있다. 그리고 그렇게 인간을 제물로 삼았던 사례들에 대한 인류고고학자의 보고도 있다.(1)

이는 인간 존재들이 한낱 대상이나 수단으로 취급 사용당하는 가장 잔혹한 사례이다. 고대 그리스에서도 시민 사회가 실현되기에 앞서 공동체의 삶이 개인의 생존보다 더 우선하는 가치였던 때가 있었다는 보고가 있다. 개인의 생명은 공동체의 존속과 운명에 부합하도록 봉사하는 한 종속변수에 지나지 않았던 것이다.(2)

이제는 개인이 그가 소속하는 공동체 또는 사회에 대하여 자주 독립변수로 움직이며 도전하는 경향이 있다. 말하자면 개인의 생명과 그의 삶이 보다 우선의 순위로 등장하는 역사의 흐름이 이루어지고 있다. 공동체에 소속하는 이들 각자의 개체성과 자유, 이른바 '개인의 출현' 또는 '개인의 발견'이라는 시대의 추세가 부각되기에 이른 것이다. 개인은 더 이상 그가 소속하는 공동체 또는 사회의 한낱 대상물이나 종속변수가 아니다.

이렇게 이루어진 시대의 흐름을 따라 한 걸음 더 나아가면 육체와 별도로 존재하는 생명의 영속성을 발견함으로써 죽음의 공포 또는 불안을 넘어서려고 한다. 드디어 개인은 그의 생명 안에서 육체의 제한된 시간을 초월하는 영혼을 발견한다. 비록 그의 육체가 죽더라도 그의 영혼의 불멸을 추구하는 것이다. 이제 그는 각기 자신의 개체성과 자유를 주장할 뿐만 아니라 자신의 불멸하는 우주적 아니면 영적 근거를 인

식한다. 그렇게 그는 영생을 추구하는 신앙을 가지거나 아니면 불멸하는 영혼의 재현 또는 환생을 믿기도 한다.

미국 마이아미에 있는 마운트시나이 메디컬센터에서 정신의학과 과장이었던 브라이언 와이스 교수의 다음과 같은 보고도 있다. 영어를 한마디도 하지 못하던 중국태생 한 여자 의사가 최면 상태에서 갑자기 20세기 전후쯤 캘리포니아에 살았을 때의 남편이라는 사람과 유창한 영어로 대화를 하더라는 것이다.(Brian Weiss, ***Many lives, many masters***, NY: Simon & Schuster, 1988, 2012. pp. 217-218) 이처럼 자신이 태어나 자란 고장의 언어도 아니고 학습한 적도 없는 외국어 또는 고대어를 갑자기 말하는 능력을 발휘하는 사례를 전생의 존재 증명으로 제시하는 이른바 'xenoglossy'를 개척하는 이론가들이 있다.(3)

(1) "한번 장사 때마다 쉰 명 정도의 순장자들이 죽은 왕을 따라서 구덩이 속으로 들어갔는데, 그 쉰 명 안에는 신하와 백성들의 여러 종자와 구실들이 조화롭게 섞여 있었다. 문과 무의 중신들이며 농부, 어부, 목수, 대장장이가 구실에 따라 징발되었고 무사와 선비도 있었으며 늙은 부부, 아이 딸린 젊은 부부에 처녀와 과부도 있었다." (18쪽) 김훈, 『현의 노래』, 서울: 문학동네, 2012.

고대 중국과 그 주변국에서 발견되는 순장의 사례가 고대 이집트 왕들의 무덤에서도 확인되어 이에 대한 다음과 같은 연구보고가 고고학자들에 의해 정리되고 있다.

"충복(忠僕)들의 제물 됨은 많은 사회에서 그리고 다른 시대와 장소에 여러 가지 모양으로 이루어졌던 관습이다. 그 관습들 사이에는 공통점도 있다. 그런 관습들은 오직 농경문화가 발달한 곳에서 이루어졌다. … 그리고 오직 충복들의 삶을 통제할 수 있었던 왕이나 추장의 중앙집권적 사회에서 가능했다. …… 충복들을 제물로 바침으로써 그들은 왕의 지속적인 존재를 확인하고 국가의 번영과 왕의 후계자에 대한 충성을 다짐한다는 신앙을 공유하고 있었다." Jacobus Van Dijk, "Retainer Sacrifice in Egypt and in Nubia," ***The strange world of human sacrifice: Studies in the history and anthropology of religion***, Vol.1, ed. Jan N. Bremmer. Leuven: Peeters, 2007.

(2) "호머 시대의 믿음들 가운데는 긴밀하게 조직된 작은 공동체의 삶이 반영되어 있다. … 거기서는 공동체의 삶이 개인의 생존보다 더 중요했다. 그 공동체에서 죽음이란 한 사람의 삶의 종말로서가 아니라 공동체의 역사 그리고 생명 순환의 한 일화거리로 받아들여졌다. 그런데 기원전 8세기 이후 그리스 사회를 휩쓴 변화들이 일으킨 개인화(individualization)는 죽음과 살아남기에 대한 개인적인 관심을 증폭시켰

생의 이력과 불멸의 영혼을 지닌 존재를 향해 한낱 대상 또는 수단으로 이해하며 판단하거나 대우할 수 있을까? (170619)

5.

세상에 몸을 드러낸 어떤 존재도 '대상'이 아니다. 어떤 사람도 대상으로서 이해하거나 대우할 수가 없다. 도대체 대상이라고 할 만한 것이 세상에 존재하는 것이 아니다. 왜 그런가? 세상에 몸을 드러낸 모든 존재는 그의 시작과 끝을 추적해서 잡을 수 없는 영원의 분신 x로서 움직이는 것이기 때문이다. 특히 사람으로 태어나는 한 개체존재는 영원에 소속해서 움직이는 한 조각의 깨어있는 임시의 체계여서, 어떤 또 하나의 임시 존재의 일시적 판단이나 관리의 '대상'이 될 수 있는 것이 근본적으로 아니다.

내 앞에 서 있는 한 그루의 나무는 대상으로 접근하며 이해할 수 있는 존재일까? 인류는 단지 약 20억 년 전에 그들이 놓여 있던 상황에서 모두

다."(p. 124) Jan Bremmer, ***The early Greek concept of the soul***, Princeton, NJ: Princeton University Press, 1983.

(3) "학습한 적이 없는 외국어를 말하는 그들은 그 외국어로 건넨 질문과 진술들에 반응하며 답변할 수 있다. …… 여기 우타라(Uttara)라는 이름을 가진 32세의 한 여인은 갑자기 샤라다(Sharada)라는 한 새로운 인격으로 등장한다. 샤라다는 지금 그녀가 살고 있는 고장의 마라타(Maratha) 말을 할 수 없고 유창한 벵갈 말(Bengali)을 구사한다. 그녀의 벵갈 말은 18세기에서 19세기 초에 사용했던 산스크리트어가 많이 섞인 벵갈 말이다. …… 그러니까 샤라다는 19세기 초 벵갈에 살다가 죽은 지 거의 150년이 지나서 마라타 지방의 우타라라는 여인의 몸에 들어와 그녀를 지배하며 조종하고 있는 것이다." Ian Stevenson & S. Pasricha, "A preliminary report on an unusual case of the reincarnation type with xenoglossy," ***The Journal of the American Society for Psychical Research***, Vol. 74(July 1980).

가 공유하던 기억과 상상을 새로운 방향으로 틀어서 다른 진로를 거쳐 온 것이다. 실은 거쳐 온 모든 진로의 햇수로 따지면 한 그루 나무나 나나 같은 연배 아닌가?(풀이말 6)의 따온글 (1) 보기) 그러니까 내 앞에 서 있는 나무 또한 한낱 대상 또는 수단으로 취급당하기를 거부하리라고 상상하는 것이 마땅하다.

그렇다면 그의 생명과 나의 생명이 각기 타고난 기억과 상상으로 인식하며 선택해야 할 조건들에 어떤 차이가 있을까? 그의 인식과 선택보다 나의 인식과 선택이 더 현명할까? 나는 깊은 의문에 잠긴다. (170604)

6.

대상 또는 수단이기를 거부하는 존재를 이해하기 위하여 사람들이 할 수 있는 일은 그를 향해 질문으로 타진하는 행위이다. 영원에 소속하는 한 임시의 체계인 개체존재 x를 향해 강제하기 위한 해답을 찾아서가 아니라, 그가 간직하고 있을 영원의 기억과 그의 상상으로부터 나올 그의 고유한 반응을 기다리기 위한 질문으로 접근할 수 있다.[22] 누

---

22) 자연에 내던져져 있는 한 물질적 존재는 그 자신의 뜻하는 바가 없이 사람들의 의도에 따라 다만 피동적으로 조작당하는 한낱 대상일 뿐이라고 생각하지만, 실은 오랜 역사 가운데 나타나는 뛰어난 탐구자들의 수없이 거듭된 질문과 실험에 따라 비로소 그가 지닌 실재의 비밀을 다만 부분적으로 드러내 보여주고 있는 것이다. 20세기의 과학철학자 칼 포퍼는 과학에서 이루어지는 실험이라는 것은 우리들이 자연을 향해 던지는 질문이라고 풀이하였다.(1)

(1) "실험이라는 것은 이론에 의해 그 절차가 인도되고 있는 계획된 행위이다. …… 행위를 취하는 자는 우리들이다. … 자연을 향해 던지는 질문들을(questions [& experiments] to be put to nature) 언제나 우리들이 만들어낸다."(p. 280) Karl Popper,

구에게도 미리 마련된 해답으로 어떤 법칙이나 규범 또는 그의 정체성(identity)을 강제할 수 없기 때문이다.[23)] 영원에 소속하는 그의 기억과

The logic of scientific discovery, rev. ed., NY: Harper & Row, 1965.

23) 어떤 특정의 대상으로 제한 규정당하기를 거부하는, 그리고 누구를 향해서도 대상 또는 수단으로 취급하지 않는 그러한 태도, 여기에 *x*의 존재론의 자아관과 그것이 함축하는 도덕론이 있다.(1)

서울에 있는 경희대학교에서 철학 강의를 하는 전호근 교수는 그가 거둔 학기말 시험 답안지 가운데서 다음과 같은 사례를 소개했다. 교수는 답안 작성에 대한 가이드라인을 미리 다음과 같이 제시했다고 한다. "… 주어진 주제나 자신이 쓴 글이 마음에 들지 않으면 찢어버려도 좋다."(『중앙일보』 2017. 6. 26) 그런데 이런 예시에 따라 답안을 제출한 한 학생은 '사회로부터 주어지는 제도와 체제에 의해서 물건이나 상품처럼 자신의 가치가 매겨지는' 현실에 강한 거부감을 진술하며 답안지를 찢어서 냈다고 한다.(2)

그렇다면 한 사회체제 안에서 물건 또는 상품처럼 평가 규정당하기를 거부하는 한 '자아'에게 근본적으로 어떤 이름이 적합할까? 오늘 세계의 몇 나라에서는 기존의 성별을 거부하는 일부의 국민에게 부여하는 여권에 M[ale] 또는 F[emale] 대신에 *x*를 기재한다.(3) 일부의 국민이 이미 주어진 특정한 정체성을 거부하며 *x*이기를 주장하는 이유를 근본적으로 소급해 올라가면 어디에 이를까? 그 마지막 이유는 그들이 모두 영원에 소속하는, 그러므로 세속적으로 규정할 수 없는 한 조각 기억체계라는 데 있다.

이렇게 어떤 특정의 대상 또는 물건으로 제한되거나 규정당하기를 거부하며 근본적으로 *x*이기를 주장하는 개체존재들로 이루어지는 사회는 어떤 원리에 의해 움직이고 있는가? 그럼에도 한 유한의 존재일 수밖에 없는 *x*로서 그는 자신을 초월해 다가오는 자 *X*에 대해 어떤 관계에 놓이는가? 자신의 의도에 따라 관리할 수도 통제할 수도 없는 운명과 역사의 흐름에 그는 *x*의 가능성을 가지고 어떻게 관여 참여하고 있는가? 이러한 질문들을 길잡이로 해서 그의 사회학과 도덕론, 신학과 역사철학의 입문이 가능하게 된다.

(1) "나는 세상 사람들이 내가 어떤 이름을 가진 누구인지 심지어 내가 무엇이어야 하는지 판정하는 관행을 완강하게 거부한다. 그것은 나의 나로부터 우러나오는 나의 속생각, 나의 자유와 상상에 전혀 어울리지 않기 때문이다. 세상의 사람들은 끊임없이 나를 내가 동의할 수 없는 어떤 모양으로 규정하려고 시도한다. …… 나는 누구인가? 오늘의 우주와 생명의 단계에 이르기까지 수십억 년 아니 영원의 시간을 통과

상상에서 반응하게 될 응답 또는 발현하게 될 가능한 해법을 타진하기 위한 질문을 던짐으로써 시작하는 것이 세상의 모든 존재를 향한 더 나은 대안의 접근이다.

태초로부터 쌓여온 격파의 기억을 상기하며 다시금 초월해 다가올 격파를 향해 던지는 질문 가운데에 철학자가 추구하는 최상의 지혜가 있다.[24] 태초로부터 쌓여온 격파들을 간직하고 있을 영원의 기억과 그로 비롯하는 상상 가운데서 불멸의 영혼이 움직인다. (170620)

해 이루어진 현재의 나는 영원의 한 조각 기억체계 x이다. 그래서 나는 ㅂㄷ이기 전에 실은 x이다."(269-270쪽) 박동환, "왜 ㅂㄷ인가?" 『안티호모에렉투스』, 제2판, 고양, 경기: 사월의책, 2017.

(2) "… 나는 제도가 인간에게 점수를 부여[해서] 마치 쇠고기 등급 매기듯 인간을 재단하기 위한 수단인 답안지를 찢어버림으로써 인간이 바로 그러한 예속으로부터 벗어나 참된 자유를 누려야 한다고 주장한다."(『중앙일보』, 2017. 6. 26)

(3) "캐나다 국민은 오는 목요일부터 그들의 여권에 중성(gender neutral)으로 표기하는 것이 가능하다. … 캐나다는 아메리카 대륙 가운데서 처음으로 시민들에게 'X' 카테고리를 사용할 수 있게 허용하는 첫 번째 국가가 되었다. 호주, 덴마크, 독일, 몰타, 뉴질랜드, 파키스탄의 선례를 따르는 것이다. 인도, 아일랜드, 네팔은 다양한 제3의 선택을 허용하는 국가들 가운데에 속한다." Mattha Busby, "Canada introduces gender-neutral 'X' option on passports," ***The Guardian***, 31 August 2017.

24) "인류 지혜의 임시 매체인 상상력은 격파의 경험을 기억하며 그에 최선의 대응 가능성을 찾아야 하는 과제를 안고 있다."(446쪽) "「전도서」[와 『바가바드기타』와 『노자』]를 비롯한 인류의 기록 유산 가운데에는 격파의 경험을 깊이 반추하며 그로부터 이끌어낸 상상의 전략 곧 지혜의 금언들이 있다. … 바울은 "하느님께서 세상의 천한 것들과 멸시 받는 것들 곧 없는 것들을 택하시고 있는 것들을 없애고자 하시니 아무도 그 앞에서 자랑할 수 없게 하려 하심이다."(「고린도전서」 1:28-29)라고 하였다."(451쪽) "마지막 한 마디: 개체생명 x에 대한 미시분석과 거시분석 연습," 『x의 존재론』, 고양, 경기: 사월의책, 2017.

III

경계 너머의 *X*를 ~~향하여~~[†]
—신학

풀이말

† 인간을 초월하는 힘의 존재 또는 신의 응답을 구하며 지향하는 태도를 가지고 우리들은 기도를 하거나 이른바 계시의 체험을 기다린다. 한 개체존재에게 각인된 영원의 기억과 그로 비롯하는 상상을 가지고 자신의 경계 너머의 존재를 향한 모험을 하기도 한다.

한 신학자에 따르면 인간을 초월하는 경계의 존재 또는 신이 고유하게 간직한 절대의 실재란 다만 유한한 존재가 '지향하는 마지막 정점'으로 주어지는 상상의 표적일 뿐이다.(아래의 풀이말 3) 4) 5) 보기) 과연 인간은 자신의 경계 너머를 '향하는' 행위에 의해서 자신을 초월하는 경계의 존재에 직접 닿을 수 있을까?

지향함으로써 지향하는 그 대상 존재의 정체를 잡을 수 있는 것은 아니라는 데서 인간은 자신의 판단 행위를 스스로 보류해야 하고, 그렇게 그는 그 자신의 한계 안에 갇힌다.(아래의 줄기글 6.과 풀이말 11) 보기) 따라서 그러한 판단 보류의 태도와 지향하는 행위의 반성을 여기서 '… *X*를 ~~향하여~~'로 대표하려는 것이다.

1.

옛날로부터 사람들이 자신들을 초월해서 그들의 생사를 좌우한다고 믿는 신 아니면 하느님이라는 존재는 어디에 있는 것일까? 도대체 그러한 존재의 소재를 '어디'라고 가리켜 말할 수 있는가? 그리고 그 존재는 개인의 운명과 역사에 어떤 모양으로 개입하는 것일까?

자연에 관한 탐구 영역에서는 가설이 아닌 어떤 결론도 얻을 수 없다고 많은 현대 과학자들과 철학자들이 인정하고 있다. 사람들이 항상 추적하기를 그치지 않는 자연의 마지막 모양에 대하여 과학자들이 제출하는 이론들에서 단일한 결론을 유도해내는 것이 어느 단계에서나 불가능하기 때문이다. 하나의 사태에 대한 판단 또는 진술의 진리를 놓고도 철학자들의 이해가 언제나 다양할 수밖에 없는 것과 같은 이치이다.

오늘의 과학을 최고 단계의 지식론으로 끌어올린 현대철학자들은 모든 과학적 명제를 경험 또는 관찰에 의한 진술들로 환원할 수 있다는 실증주의의 확신을 오래전에 포기하였으며, 더 나아가 무신론의 주장을 과학에서 끌어낼 수 있는 필연적 결론으로 여기지도 않는다.[1] 오히려 과학적 탐구에서 얻는 마지막 결론은 언제나 상상이 포함된 가설일 수밖에 없다는 반성이 일반화되고 있다.

그렇다면 사람들이 끊임없이 찾으며 호소하는 그 초월하는 존재의 모습 가운데에도, 그리고 그로부터 전개하는 신학이라는 체계 안에도 인간의 상상이 스며들 수밖에 없지 않은가?[2] (170625)

2.

세상에 몸을 드러낸 한 개체존재는 영원에 소속하는 한 조각의 기억체

---

1) 고대로부터 전해오는 신화와 과학은, 미지의 세계를 향해 유한의 존재가 사색하며 실행하는 의문과 가설, 실험과 설명으로 쌓이는 결과물이라는 점에서 서로 다를 바가 없다. 그러나 그렇게 쌓이는 어떤 가설과 설명도 대안이 없는 유일한 것일 수 없다. 그러므로 미지의 실재계에 대한 서로 모순되는 가설들 또는 설명들은 모두 과학으로서의 자격을 얻을 수 있다고 폴 파이어아벤트는 주장한다.(1)

그렇다면, 오늘날 사람들의 세계관을 지배하고 있는 서로 모순되는 온갖 가설이나 설명은 실재하는 것 자체 *x* 또는 *X*에 대하여 무엇을 말해 주는가? 아무것도 말해 주는 것이 없다. 실재하는 것 자체는 우리들이 제안하는 가설이나 설명을 언제나 다시금 수정하거나 격파하며 다른 모습으로 나타나기 때문이다.

(1) "… 지식이란 진리를 향한 점진적 접근으로 이루어지는 것이 아니다. 그것은 상호 공존 불가능한 대안들 곧 각기 다른 유일한 이론, 각기 다른 동화(童話), 각기 다른 신화가 경쟁의 과정을 통과하며 … 그것들이 부분으로 흘러 들어가서 항상 증가하는 대양(ocean)과 같은 것이다."(p. 21) "역사가 제공하는 다양한 자료들을 참고하는 이들에게 명백해지는 것은 **모든** 상황에서 그리고 역사발전의 **모든** 단계에서 옹호할 수 있는 오직 **하나의** 원칙이 있다는 것이다. 그 원칙은 다음과 같다. **무엇이든 허용된다**(anything goes)."(pp. 18-19) Paul Feyerabend, ***Against method***, 3rd ed., London: Verso, 1993.

2) 줄기글 3. 4. 보기.

계 x이다. 그는 한 조각 기억체계로서 그의 존재 안에 시작을 확인할 수 없을 만큼 오랫동안 축적된 내재성을 지니는데, 그럼에도 한 개체로서 지니는 유한함 때문에 언제나 감당할 수 없을 만큼 높은 초월성에 대면해 있다.

그렇게 유한자로서 대면할 수밖에 없는 초월성 또는 초월자에 대하여 사람들은 기억할 수 없는 오래전부터 모든 가능한 상상과 가설들을 펼쳐왔고, 그렇게 얻은 결론들 가운데에는 각각 당대의 문화와 언어체계 그리고 제한된 자연의 지식이 투영되어 있다. 초월하는 존재에 대하여 추적해 도달한 결론들에는 무신론자들이 펼치는 각양각색의 가설들도 있고, '무소부재하며 전지전능한 하느님'에 대한 서로 일치하지 않는 신앙들도 있다. 그렇다면 역사의 어느 단계에 이르러야 비로소 인류가 공유할 만한 초월자와 그에 대한 신학에 도달할 수 있을까? (170629)

3.

신학자 고든 카우프만에 따르면 신학이란 인간의 상상에 의한 작품이다.[3] 신 자신이 직접 전달한 말씀으로 이루어진 진술의 체계가 아니다.

---

3) 우리가 신에 대해 무엇을 주장하든지 그것은 상상에 의해 유도되고 구축된 것이며 그러한 상상 활동 너머에 있는 것 자체에 대해서는 증명하지 않는다는 것이 카우프만의 견해이다. 그러므로 신은 인간의 지향 행위 저편에 초월해 있는 미지의 존재 자체라고 그는 말한다.(1)

(1) "우리가 신에 관한 무슨 지식을 가지고 있든지 그 지식은 우리에게 허용될 수 있는 [한계 안의] 것이다. 그리고 그것은 상상의 구조를 매개로 해서 주어진 것이며 그 이상을 넘을 수 없다. '실재하는 신'은 언제나 초월하는 미지로서 존재하며 다만 지

신학은 그에게 주어진 역사적 전통과 문화적 환경 가운데서 인간의 상상이 구축하는 신의 관념을 체계화한다. 따라서 신학에서 논의할 수 있는 신은 '전적으로 초월하는' 존재 또는 초월하는 '절대 타자'가 아니다. 전적으로 초월하는 미지의 존재인 절대 타자 신은 오직 인간이 '지향하는 정점'에 상정되는 존재이다.[4] 그러므로 신학적으로 말할 수 있는 신은, 인간의 문화와 언어 밖의 경계로 초월해 있는 '절대 타자'로서의 신

향하는 [저편의] 대상으로서 있을 수밖에 없다."(p. 86) Gordon D. Kaufman, ***God the problem***, Cambridge, MA: Harvard University Press, 1972.

4) 신을 향한 기도와 헌신은 언제나 어떤 특정 문화와 언어의 환경 가운데서 이루어진다. 신의 관념은 그러한 문화와 언어의 환경 가운데서 발휘하는 수많은 세대들의 노력이 쌓여서 결정되는 것이라고 카우프만은 설명하고 있다.(1)

그런데 성경은 인간에게 직접으로 주어진 신의 계시 또는 신의 말씀이라고 여겨져 왔기 때문에 모든 면에서 압도적인 권위를 행사한다. 그래서 천지의 창조주에 대한 직접 대면이 없었음에도 불구하고 그런 증거의 부재를 성경의 압도적인 그러나 폐쇄적인 권위에 의해 은폐하고 있다고 카우프만이 설명하고 있다.(2)

(1) "신에 관한 모든 생각과 신에 대한 모든 헌신은 일정한 문화와 언어의 환경에서 이루어지는 것이다. 그때 그 신의 개념은 그 이전에 이미 여러 세대를 거친 상상의 노작을 통해 고도로 발전해 온 결과이다. 따라서 한 특정한 개인이 탐구하는 신의 관념은 언제나 이전의 신앙인들과 예언자들, 시인들과 사상가들로부터 물려받은 신의 개념을 세련 발전시켜 도달한 것이다"(p. 23) Gordon Kaufman, ***The theological imagination: constructing the concept of God***, Philadelphia: The Westminster Press, 1981.

(2) "그러나 성경은 인간에게 주어진 신의 계시('신의 말씀')가 나타난 곳[場]으로 오랫동안 여겨져 왔다. 그래서 성경은 일상의 인간 경험과 합리적 논증을 압도하는 권위를 지니게 되었다. '천지의 창조자'는 직접적인 대면과 관찰의 대상이 아닐지라도 이러한 결핍은 신의 은총과 자비로 말미암아 성경을 통해 그리고 성경 가운데서 보완 제공되었다."(p. 23) Gordon Kaufman, ***The theological imagination: constructing the concept of God***, Philadelphia: The Westminster Press, 1981.

이 아니다.[5)]

이렇게 주장하는 고든 카우프만의 '신학적 상상'을 신구약 성경의 절대적 권위에 대한 도전으로 이해하는 신학자들도 있다. 그의 상상과 신의 관념이 함축하고 있는 한계는 무엇인가?

오늘에 이르기까지 과학자들이 제시해온 자연의 질서 또는 법칙들에 대해서 많은 비판적 연구가 진행되어왔다. 과연 과학자들은 자연의 진상을 우리에게 전달하고 있는 것일까? 20세기를 통과하며 정리된 비판과 평가에 비추어 보면, 우리에게 전달된 자연의 질서 또는 법칙들이라

---

5) 카우프만에게 어떤 특정 언어의 상징기능 또는 문화라는 매체를 통과하지 않은 순전한 초월자의 직접경험은 존재할 수가 없다. 인간에게 주어지는 초월자의 경험과 인식은 언제나 언어와 문화라는 매체를 통과해서 형성되고 제한되며 명명된다고 그는 주장한다.(1)

카우프만이 제안하는 상상의 신학은 칸트의 비판 철학을 한 모델로 하는 '비판 신학'에 해당하는 것으로 이해할 수 있다. 그러한 유의 비판 신학을 반드시 신구약이 가리키는 신의 절대 권위에 대한 도전이라고 단정할 수는 없다. 그럼에도 그들이 말하는 상상의 신학 또는 선험주의 신학이 지닌 한계는 무엇인가?

카우프만과 칸트의 상상과 선험주의에 근거한 신학은 언제나 특정 시대의 문화와 언어에 의해 한정되는 경험과 인식 너머로부터 그런 한계를 격파하는 모양으로 닥쳐오는 절대의 초월자를 만날 준비가 마련되어 있지 않다.(아래의 줄기글 6.과 풀이말 11) 보기)

(1) "'초월'에 대하여 참으로 언어-이전(pre-linguistic) 경험과 같은 것은 없다. … 이러한 '경험'은 그 이름까지도 모두 언어적 기호에 의해 정보가 형성되고 제한되어 전달된 것이다."(p. 5) Gordon D. Kaufman, ***An essay on theological method***, Montana: Scholars Press, 1975.

는 것은 과학자들이 발휘하는 상상과 이론 구축의 행위 그리고 그에 따르는 질문과 실험에 대한 자연의 반응이 결합하여 이루어진 체계이다. 따라서 과학자들이 우리에게 제시하는 자연의 질서는, 인간의 상상과 이론 구축의 행위 저편에서 움직이는 미지의 실재 x 또는 X를 향해 끝없이 접근하는, 그러나 여전히 미달하는 단계에 머물러 있는 것이다.

그렇다면 인간이 그의 상상과 실험 또는 관찰과 추론에 의지해 체계화하는 자연의 질서만이 아니라 신의 섭리에 대한 끊임 없는 탐구와 인식에도, 인간의 내면에 저장된 기억과 그의 상상에서 발현하는 주관성과 경계 너머 미지의 영역으로부터 다가오는 객관성이 함께 엮어져 있는 것이다. 우리에게 주어진 자연의 질서가 그렇게 인간에 의해 체계화돼 가면서 다시 자연에 의해 수정 통제되고 있는 것처럼, 신의 섭리에 대한 우리들의 탐구와 인식 역시 신앙의 선구자들이 또는 신학자들이 구축해 가면서 그들의 경계 너머로 초월하는 절대의 존재에 의해 다시금 격파당하며 절제되곤 하는 것이다. (171019)

4.

그러므로 고든 카우프만이 말하는 신학적 상상이라는 것은 오직 주어진 문화의 전통과 인간 언어의 틀에 갇힌 순수 주관성의 표현이라고만 볼 수는 없다. 상상의 행위 또는 상상에 의한 이론 구축의 행위 가운데에는 영원의 기억이 참여하고 있다. 생명의 계통발생에서 겪은, 그리고 그 끝을 알 수 없는 이전으로부터 겪은 모든 우주적 사건의 경험들이 개체 생명 가운데서 제각기 다른 모양으로 압축된 영원의 기억으로서 움직이고 있다.[6] 그렇게 인간의 상상은 자의적인 조작을 주관적으로 유희할 수 있음에도 불구하고 그 깊은 바탕에 영원의 기억으로부터 비롯하는 태초의 경험, 그것의 재현 가능성을 품고 있는 것이다. (171017)

5.

오늘날 세계 전체로 격렬하게 퍼져가는 모든 분야의 경쟁 체제 가운데서 사람들은 각기 방어적인 자기중심의 관점으로 몰입해 들어가고 있다. 그러므로 누구든지 방어적인 자기중심의 관점을 탈출해서 그의 주관성을 객관화하는 것이 불가능해져 가고 있다.

그렇다면 자신의 관점을 객관화하는 확실한 길은 없는가? 개인적으로 통제할 수 없는 운명과 그러한 운명을 다시 초월하는 역사 또는 우주적 사건의 흐름 가운데로 (상상의 실험으로써라도) 자기 자신이 놓이는 데에 그 첫걸음이 있다. 실로 사람은 자신이 통제할 수도 거부할 수도 없는 상황에 빠지는 가운데서 그의 관점과 그 관점이 칩거하는 경계가 무너지며 거듭나는 기회를 얻는다. 그렇게 대처할 수 없게 닥쳐와서 격파당할 수밖에 없는 상황 체험을 통과한 이들이 남긴 다음과 같은 고백들

6) "상상에서 일어나는 파격의 행위는 지금은 일일이 기억할 수 없는 과거에 겪은 격파 X( )의 경험에 대응하는 예행연습이다."(445쪽) "인류가 가질 수 있는 지혜란, 영원의 기억이든 얼마 전의 기억이든 그 기억에 저장되어있는 격파의 경험들을 상상에 떠올리며 경계하는 태도로 대응의 전략을 찾는 데 있다."(450쪽) "지금 인류가 추리할 수 있고 상상할 수 있는 격파 경험들의 정도와 양(量)은 수백만 년, 수십억 년에 걸쳐 있는 것이다. …… 한 인간에 대한 마지막 평가는 격파를 겪은 다음에 수행하는 상상의 전략과 선택의 수준에 달려 있다."(451쪽) "마지막 한 마디: 개체생명 *x*에 대한 미시분석과 거시분석 연습," 『*x*의 존재론』, 고양, 경기: 사월의책, 2017.

이 있다.

"신과 합일을 이루고 진리를 알고 있는 사람은 '내가 하는 일은 아무것도 없다'라고 생각한다."(V. § 8) "미숙한 이해력 탓에 자신을 '단독의 행위자'로 보는 고집스러운 사람, 그는 진리를 보지 못하는 사람이다." (XVIII. § 16)[7)]

"… 발이 빠르다고 달음박질에 우승하는 것도 아니고 힘이 세다고 씨름에서 이기는 것도 아니며 지혜가 있다고 먹을 것이 생기는 것도 아니고…. … 모두들 그물에 든 물고기 같고 덫에 치인 새와 같은 신세라 갑자기 액운이 닥치면 벗어날 길이 없다."(「전도서」 9:11-12)[8)]

---

7) ***The Bhagavadgita***, 2nd ed., trans. S. Radhakrishnan, London: George Allen & Unwin, 1948, 1976.

요한복음에서는 예수가 뜻하는 거듭남을 다음과 같이 전하고 있다. "예수께서 대답하여 그에게 말씀하셨다. "… 누구든지 위로부터 나지 않으면 하느님의 나라를 볼 수 없습니다.""(「요한복음」 3:3) 위의 구절에 대하여 한 주해자는 이렇게 풀이하고 있다. "'위로부터 난다'라는 말은 '하느님으로부터 난다'라는 뜻과 같다. … 하느님에 의해 인간이 '새로 태어나서' 하느님과의 새로운 관계를 가질 수 있게 되는 것을 가리킨다."(『200주년 신약성서 주해』, 왜관: 분도출판사, 2001, 452쪽)

8) 『공동번역 성서』, 서울: 대한성서공회, 1977.

중국의 고전 문학에서도 초월적인 힘의 행사에 의해 격파당하는 인간의 체험이 충분히 인식되어 있었다는 것을 다음과 같은 이야기에서 확인할 수 있다. 제갈공명은 숙적인 사마의를 계곡으로 끌어들여 화공 습격을 가함으로 필승을 다짐할 수 있었다. 그러나 맑은 날씨에 갑자기 폭우가 내려 적들이 구사일생으로 탈출하는 바람에 승리의 기회를 놓치고 말았다. 제갈공명은 허탈한 마음으로 다음과 같이 말하였다. "謀事在人, 成事在天, 不可强也."(일은 사람이 꾸며도 하늘이 허락해야 이루어지는 것이다. 일은 억지로 할 수 있는 것이 아니다.) 羅貫中, 『三國演義』.

닥쳐오는 격파의 상황 체험 가운데서 한 사람은 그의 인식과 행위를 지지해오던 관점과 그의 경계가 붕괴하는 변화를 겪는다. 그렇게 그를 지지해오던 관점과 경계에 닥쳐온 격파의 상황 체험에서 그의 거듭남이 비롯할 수 있다. (170709)

6.

플라톤과 아리스토텔레스, 공자와 노자로 시작하는 전통의 철학사에서는 격파의 경험과 그에 따르는 경계(境界)의 붕괴를 논의하지 아니한다. 그들의 철학적인 실험은 그들이 설계하는 관점과 경계 안으로 세계를 수렴해서 평정하는 데에 전력을 기울인다. 그러한 유에 속하는 철학적 실험의 한 사례인 서구적 사유의 특이성에 대하여 히브리적 사유를 비교하는 다음과 같은 분석을 한 히브리어 및 신학 연구자가 제시하고 있다.

> "유럽인들의 특이성은 경계를 … '만드는 데'에 있다. …… '경계를 만듦으로써 그는 자신이 [그 안에서] 주인이 된다.' 종교적인 사람은 … 경계 너머를 지향한다. 종교적인 천성을 지닌 사람은 무한하고 영원한 세계를 자신의 고향으로 여기며 살아간다."(pp. 160-161)[9]

---

9) Thorleif Boman, ***Hebrew thought compared with Greek***, trans. J. L. Moreau, NY: W. W. Norton & Co., 1960.

그런데 '경계를 만듦으로써' 거기서 자신이 사유와 행위의 주인 또는 주체가 되는 경향은 서구 전통의 철학사에서뿐만 아니라 중국 전통의 철학사에서도 주류로서 이어져 왔다. 그들의 철학사는 고대인들의 자연관 또는 세계관을 신화가 지배하던 시대에서 벗어나 비로소 인간이 주체로 움직이는 인문주의 시대를 개척했다고 자부하고 일상의 범주체계에 의존해서 앎과 삶의 경계를 만들고 그 경계 안으로 세계를 수렴해서 관통하려는 시도는 오랫동안 고대 그리스와 중국 전통의 철학자들이 해온 것이다. 그러나 그 철학자들도 때로는 경계 너머를 지향하며 초월을 시도하기도 한다. 따라서 경계 너머를 지향하며 초월을 시도하는 태도를 한 종교적인 사람의 고유한 특이성이라고 정의할 수도 없다. 그렇다면 종교적인 사람이나 그 같은 경지에 있는 한 사람으로 거듭난다는 것은, '경계 너머를 지향하거나 그곳을 자신의 고향으로 여기는' 그러한 태도가 다시 격파당해 붕괴한 후에 비로소 겪는 특이성으로 제한해야 한다.

거듭남으로 말미암아 들어가는 관점과 행위는 경계 너머와의 특별한 관계를 체험하는 데서 비롯하는 것이다. 말하자면 경계 너머를 지향하는 데서가 아니라 경계 너머로부터 피할 수 없게 닥쳐와서 '격파 또는 초월당하는', 그래서 그의 관점과 경계가 '붕괴하는'[10] 상황 체험을 하

있다. 과연 과거 25세기에 걸쳐 발전한 인문주의 시대를 인류가 이룰 수 있는 마지막 발전의 단계라고 자부할 수 있을까? 지금까지 동서의 철학자들이 자랑스럽게 개척해 온 2,500년 전통의 인문주의 세계관의 한계를 점검하며 반성해야 하는 단계에 이르렀다고 볼 수밖에 없는 시대의 징조는 누적되어 있다.

10) 인류가 과거로부터 위기 상황에 부딪힐 때마다 찾으며 호소하는 초월의 존재인 신은 특별히 어떤 민족이나 국가를 선택하여 섭리의 역사를 시행하고 있을까? 17세기 철학자 스피노자는 자신이 소속한 동족으로부터 파문을 당하면서도 유대 전통의 그러한 선민의식을 비판하며 신은 세계를 공평무사한 보편의 법칙에 따라 다스리는 존재라는 철학적 설명을 제시하였다.(1) 그렇다면 신이 세계를 공평무사하게 다스릴 때 이루어지는 질서는 자연의 법칙이 세계를 향해 행사하는 보편성과 일관성에 따르고 있는 것일까?(2)

아마도 신이 행사하는 보편성은 그렇게 공평무사할 것이다. 그러나 그의 보편성이 세계에 일어나는 모든 사건들에 적용되는 자연의 법칙처럼 일관된 법칙에 따라 움

는 데서 출발하는 것이다. 그의 관점과 경계가 붕괴하며 초월당하는 상황 체험에서, 비로소 참으로 차원을 달리하는 단계의 인식과 행위가 이루어질 수 있다.[11] (170712)

직이는 것일까? 아니면, 세상의 모든 사건들이 이루어지는 자연의 일관된 법칙을 깨뜨리며 경계 너머에서 움직이는 다른 차원의 질서에 따르는 것은 아닐까? 과연 신이 세계를 향해 역사하는 보편성은 인간이 구축하는 필연의 법칙 체계 안에서 움직일까? 과연 인간은 그가 상상하며 구축하는 법칙들의 경계 안으로 역사를 섭리하는 신의 질서를 끌어들일 수 있을까? 아니면, 현실의 역사는 오히려 인간이 구축하는 모든 법칙의 체계로서 가능한 경계 그 너머의 전혀 다른 질서로 빠져 들어가고 있는 것이 아닐까?

인간이 추구하며 구축하는 필연의 법칙 밖에는 언제나 그 필연의 법칙을 폐기하며 넘어 들어오는 격파의 끝없는 파도가 넘실거리고 있다.

(1) "독립적인 사상가로서 그리고 성경에 대한 근대적 비판의 개척자로서 스피노자는 유대교의 주요 모순 곧 보편적인 유일신과 오직 유대민족만을 선택한 신 사이의 모순에 주목했다. …… 스피노자는 이렇게 서로 충돌하는 사조들을 조화시킴으로써 세계를 더 높은 차원에서 내려다보며 하나의 통합적인 철학을 창조할 수 있음에 커다란 지적 행복감을 가졌다."(pp. 28-29) Isaac Deutzscher, ***The non-Jewish Jew and other essays***, Oxford: Oxford University Press, 1968; London: Verso, 2017.

(2) "… 이와 같은 자연의 법칙들이 우리에게 지시하는 것은 신의 무한함, 영원함, 그리고 불변함이다. 따라서 우리가 결론 내릴 수 있는 것은 기적의 방식에 의해서 신의 존재와 섭리에 대한 지식을 얻을 수 없고 신의 존재와 섭리를 자연의 일정하고 불변하는 질서로부터 더 수월하게 추론할 수 있다는 것이다."(p. 86) Benedict de Spinoza, ***A Theologico-Political Treatise*** in ***The chief works of Benedict de Spinoza***, Vol. I., trans. R. H. M. Elwes, Vol. I. London: George Bell & Sons, 1887.

11) 경계 너머로 초월하는 절대의 존재는 유한의 존재에게 소통과 대화의 상대가 아니라고 신학자 칼 바르트가 강조하고 있다.(1) 경계 너머의 존재는 그러니까 유한의 존재가 접근 가능한 교류와 대화의 상대가 될 수 없는 절대의 주체이다. 그래서 그를 향해 결코 우리들이 초월(transcendence)을 모험하거나 설명을 시도할 수 있는 상대도 아니다. 오히려 경계 너머의 그는 세계를 향해 절대의 주체로서 일방적으로만 행사하며 역사(役事)하는 존재이다. 따라서 우리들이 신이라고 부르는 그는 일방적으

7.

초월당함으로써 거듭나는 체험에서 인간적인 주체성은 붕괴할 수밖에 없다. '나'는 더 이상 경계를 구획하며 그 너머를 지향하는 '주체'일 수가 없고 이제는 그가 칩거하는 경계의 밖에서 밀려오는 격파의 힘을 입음으로써 거듭나기를 기다리는 한낱 겸허한 '대상'으로 자처할 수밖에 없기 때문이다. 이렇게 경계 밖에서 경계를 넘어 닥쳐오는 절대의 존재에게 무슨 이름을 붙일 수 있을까? 그는 *X*일 뿐이다. 그리고 영원의 시간을 통과하며 수없이 그렇게 격파를 겪으며 초월당해온 한 존재에게 붙일 수 있는 이름은 *x*이다.[12] 그 역사(役事)의 시작과 끝을 확인할 길

로 세상의 모든 존재들을 향해 수직적으로 내려오는 격파의 관계로서만 만날 수 있다.(2)

그러므로 경계 너머의 그는 우리들이 지향하며 접근할 수 있는 대상 또는 상대가 아니라 오히려 반대로 경계 너머에서 우리들을 향해 격파해 들어오는 절대 초월하는 주체이다.

(1) "신과의 모든 친교는 가로막혀 있다. 우리들이 다른 피조물들과 나누는 것과 같은 종류의 친교, 말하자면 그대가 나에 의해 그[것] 또는 그이로 바뀌며 나는 역으로 그[것] 또는 그이로 처리되는 그런 친교[대등한 관계]는 신에 대해 막혀 있다."(p. 438) Karl Barth, ***The doctrine of the word of God (Prolegomena to Church Dogmatics, being Vol. I, Part I)***, trans. G. T. Thomson, NY: Charles Scribner's Sons, 1936.

(2) "… '완전히 다른 존재'(the wholly other) 그는 '위로부터 수직으로' 우리들을 향해 격파하며 내려오는(breaking in upon) 존재이다."(p. 42) Karl Barth, ***The humanity of God***, Atlanta: John Knox Press, 1960.

12) 그는 처음에 '내가 어떤 이름을 가진 누구인지 심지어 내가 무엇이어야 하는지를 판정하려는' 세상을 향해 완강하게 거부하며 자신의 유일한 주체성을 지키려고 맞서 싸웠었다.(1) 그러나 이제 그는 더 이상 한 개체존재로서 주장하고자 하는 어떤 독자의 주체성도 근본적으로 지킬 수 없음을 시인한다. 그는 경계 너머에서 밀려오는 힘에 따라 자신의 한계가 정해지기를 다만 기다릴 수밖에 없는 미결, 미완의 존재이기

이 없는 경계 너머의 행위자 X로부터 다가오는 힘을 입음으로써 거듭나기를 기다리는 그는 영원의 한 조각 기억체계 x이다.

경계 너머의 행위자에 대한 인류의 상상은 문명 이전으로부터 보편적으로 유행해온 것으로 보인다. 따라서 그 경계 너머의 행위자에 접근하며 소통하기를 시도하는 매개자들과 그들이 시도하는 매개행위들도 다양하게 출현해 왔다. 그러나 다른 한쪽에는 문명과 함께 등장한 철학자들에게서 그렇게 초월하는 자의 실재에 대한 상상을 인간이 구축하는 사유체계로 환원하여 설명하려는 시도가 이루어지기도 했다. 제2의 환원주의[13]라고 부를 수밖에 없는 이러한 매개행위와 설명의 논리는

때문이다.(2)

그러나 x의 존재론에서 얻은 이러한 결론이 현대인들 사이에 유행하는 이른바 주체의 소멸 또는 해체주의와 일치하는 것은 전혀 아니다.

(1) "그것은 나의 나로부터 우러나오는 나의 속생각, 나의 자유와 상상에 어울리지 않기 때문이다. 세상의 사람들은 끊임없이 내가 동의할 수 없는 어떤 모양으로 나를 규정하려고 시도한다."(269쪽) 박동환, "왜 ㅂㄷ인가?" 『안티호모에렉투스』, 제2판, 고양, 경기: 사월의책, 2017.

(2) "x의 존재론에서 x는 분석의 마지막 정지점에 있는 그래서 더 이상 분해할 수 없는 이른바 실체가 아닙니다. 언제나 다시 분해해 들어갈 수 있어서 무한 소급 아니면 무한퇴행을 할 수 있습니다. 따라서 그 정체성을 무엇이라고 확정할 수 없을 것입니다. 그래서 무한 소급해서 숨어 들어가는 그것을 미결, 미완의 x로서 가리키고 있습니다. x의 존재론에서는 서구에서 발상된 것과 같은 '더 이상 분해할 수 없는' 개체(individual) 또는 실체(substance) 같은 것은 없습니다. 그러므로 개체, 실체, 주체(subject) 같은 일상언어의 개념 또는 범주를 분석해서 실재와 현실에 관한 철학적 진리에 도달하기는 어려울 것 같아 보입니다."(김동규 박사에게 보낸 박동환의 답변(2017.7.17)에서)

13) 초월자 또는 경계 너머의 존재의 실재와 그의 정체성에 대한 신학적 상상 아니면 철학적이거나 과학적인 설명 또는 매개행위는 인간의 척도인 범주체계에 의한 환원주

자연에 대한 과학적 설명과 함께 극치로 달려서 때로는 무신론 같은 한 '폐쇄적' 체계에 이르기도 하는 것이다.

이렇게 역사적으로 계속되어 온 경계 너머의 존재에 대한 신학적 상상[14]이든 그러한 상상을 하나의 철학적 아니면 과학적 체계로 환원하려는

의 곧 제2의 환원주의 행위이다. 신학적 상상이나 철학적 및 과학적 설명의 논리는 모두 경계 너머에서 불어오는 격파의 바람 가운데로 함몰해 들어가며 결국에 기각 또는 폐기되는 것이다.(1) 이렇게 불어오는 격파의 바람을, 경계 너머의 존재가 행사하는 제1의 환원주의 행위라고 할 만하다.

(1) "[경계 너머]의 영역으로 빠져 들어가지 않는 인간의 행위와 진리가 있습니까? …… *x*의 존재론에서는 세상에 몸을 드러낸 모든 개체존재들에게 거부할 수 없게 [격파당해 경계 너머로 빠져] 들어가는 마지막 [관문을] *X* 또는 *X*(~~*x*&¬*x*~~)로 대표하고 있습니다."(526-527쪽) 『*x*의 존재론』, 고양, 경기: 사월의책, 2017.

14) 경계 너머의 존재를 가리켜 '하느님' 또는 '신'이라고 호칭하며 그의 속성과 정체성을 논의하는 행위를 '신학적 상상'이라고 신학자 고든 카우프만이 풀이하고 있다.(1) 이렇게 신학자들이 구축하는 체계를 경계 너머의 존재에 대한 '신학적 상상'의 산물로 이해하는 것은 *x*의 존재론으로 나아가는 한 반성의 단계로 볼 수 있다. 그러나 상상이라는 것이 영원의 기억에서 비롯하는 것일지라도 그것은 여전히 경계 너머를 향한 인간적인 그리고 개인적인 창작 행위에 지나지 않을 수 있다.

말하자면 신학적 상상이라는 것은 경계 너머를 지향하고 있는 것이며, 아직 경계 너머로부터 불어오는 격파의 바람을 입음으로써 거듭나는 자기 초월의 단계에 이르지는 않은 것이다.

(1) "나는 신학이라는 것은 본질적으로 인간 상상력에 의한 창조적 작업이며 그리고 언제나 그렇게 이루어져 왔다고 믿게 되었다. … 역사의 흐름 가운데서 인류의 풍성한 상상력은 세계에 대한 다양한 관점들을 개척해 왔다. … 이 다양한 관점들 가운데 유일신의 관점이 주로 고대 이스라엘로부터 내려오는데 여기서 '신'은 인간의 삶에 대해, 그리고 실로 모든 방면의 실재를 이해하는 데에 안내와 지향점을 제공한다."(pp. 11-12) Gordon D. Kaufman, ***The theological imagination: constructing the concept of God***, Philadelphia: The Westminster Press, 1981.

시도이든 그것이 성공할 수 있을까? 도대체 경계 너머로부터 불어오는 바람에 대한 상상을 따라가며 그것을 경계 안으로 수렴해서 인식하거나 관통하려는 매개행위들은 성공 가능한 시도일까? 그러한 신학적 상상이거나 저러한 철학적 아니면 과학적 매개행위이거나 그것은 모두 경계 너머를 향하여 인간의 편협한 주관성이 발휘하는 행위이다. 그것은 진리의 패권을 향한 인간의 어림없는 도전이다.

그가 항상 지향하여 마지않는 참 진리에 이르는 마지막 단계에서 그의 어림없는 도전은 좌초할 수밖에 없다. 그의 주관성이 경계 너머를 향해 쉼 없이 시도하는 상상과 매개행위 곧 제2의 환원주의는 언제나 다시금 경계 너머에서 불어오는 격파의 바람 가운데로 휘말려 들어가 함몰하기 때문이다. 그의 주관성이 발휘하는 제2의 환원주의는 결국에 경계 너머로부터 불어오는 격파의 바람 곧 제1의 환원주의자 *X*에 의해 폐기되고 끝내 망각될 것이다. 왜냐하면 진리의 패권은 경계 너머에서 움직이는 제1의 환원주의자 *X*에게 있기 때문이다.[15] 주관성을 떠나서는 볼 수도 사유할 수도 없는 인간, 그가 품으며 지향하는 꿈의 진리는 경계 너머의 행위자 *X*가 행사하는 격파의 바람 곧 피동적 자기 초월을

15) 경계 너머에서 진리의 패권을 행사하는 *X*는 어떤 특칭도 거부하는 제1의 환원주의자이다. 진리의 패권을 행사하는 최고의 결정권자 또는 초월자를 향해 매길 수 있는 어떤 특별한 이름도 인간의 경계 안에서 쓰이는 언어체계에서 빌려온 것일 뿐이다. 따라서 유대 전통에서 내려오는 '야훼'(YHWH) 또는 '여호와'(Jehovah)라는 호칭이 아닌, 하나님 또는 하느님 또는 신(God)과 같은 어떤 이름도 다른 전통에서 불리던 잡신에 지나지 않는다는 일부 신앙인들의 주장도 의미가 없어지는 것이다. 그들이 말하는 신의 이름들 가운데 어떤 특칭이든 그것은 인간의 경계 안에서 쓰이는 일상의 범주체계에 의해 매겨진 이름이기 때문이다.

겪음으로써 비로소 그 입문의 첫걸음을 딛게 될 것이다.(170729)

8.

무신론은 가능한가? 세상에 몸을 드러낸 아무도 그의 경계 너머를 향해 무엇을 진술할 수 없기 때문에 무신론을 증명할 수가 없다.

20세기 양자전기역학 이론 전개에 크게 기여한 물리학자 프리먼 다이슨은 과학의 물리적 설명이 종교적 초월주의를 배제하지 않는다는 생각을 다음과 같이 정리했다. 말하자면 물리학적 세계관이 반드시 무신론을 지지해 주는 것은 아니라는 것이다.

> "아인슈타인이 일정한 수식들에 의해서 공간, 시간 그리고 물질로 이루어진 객관적 실재계를 파악할 수 있다고 믿었던 지난날의 비전은 더 이상 유효한 것이 아니다. …… 물리학자로서 나는 과학의 물질주의와 종교적 초월주의는 공존 불가능한 것도, 상호 배타적인 것도 아니라고 본다."(pp. 7-8)[16)]

누구도 감당할 수 없는 뜻밖의 위기와 재난에 부딪힐 때 그 뜻밖의 일이 시작하는 뿌리, 말하자면 '모르고 있는 모르는 것들'(the unknown unknowns)을 거슬러 올라가 확인할 수가 없다.[17)] 그는 경계 너머에서

---

16) Freeman Dyson, ***Infinite in all directions***, Gifford Lectures, 1985. New York: Perennial, 1988, 2004.

17) 이른바 '빅 히스토리'라는 일부 현대인들의 한 관점을 따르고 있는 히브리 대학(예루

움직이는 운명과 역사의 마지막 결정권자가 행한 일에 대한 오래된 기억을 망각해 버린 것이다.

경계 너머의 영토로 빠져들어 가기 전 그의 임시 거처 곧 몸에 지닌 기억을 가지고 할 수 있는 일은 극히 제한되어 있다.[18] 진리의 마지막 결

살렘 소재) 역사학과 교수 유발 하라리는 인류가 미래의 어느 시점에 도달하면 그들이 개척하는 생명공학과 함께 '사이보그' 또는 로봇을 비롯한 인공지능기술이 발전하여 지금의 인류 '호모 사피엔스'(Homo Sapiens)를 뛰어넘는 신의 단계 곧 '호모 데우스'(Homo Deus)에 이르게 될 것이라고 내다보고 있다. 물론 그가 생각하는 신 '호모 데우스'는 히브리 전통의 성경에서 말하는 하늘에 계신 전지전능한 아버지와 같은 존재가 아니라 옛날 그리스 또는 힌두 전통의 신과 같은 존재를 뜻한다고 말한다.(1)

그렇더라도 하라리 교수가 말하는 대로 과연 인류가 지금까지의 진화 단계를 완전히 뛰어넘어 자신의 존재를 개조해서 죽음이 없게 하며 환경과 기후를 조정하며 통제할 수 있을 만한 신의 경계로 들어갈 수 있을까? 호모 사피엔스의 단계를 뛰어넘은 호모 데우스는 그가 계획하고 상상하며 실행하는 경계 그 너머의 모든 의도와 상상 밖에서 다가올 결과까지도 조정하며 통제할 수 있는 능력을 갖추게 될까? 미래의 호모 데우스는 그가 의도하지도 상상하지도 않은 격파의 바람 곧 경계 너머의 결정권자 *X*조차 제압하고 통제할 수 있을까?

(1) "신성이란 막연한 형이상학적 실재가 아니다. 그것은 무소불위의 능력도 아니다. 인류의 등급을 신적인 것으로 높인다는 것은 성경에서 보는 무소불위한 하늘의 아버지가 아니라 그리스의 신들이나 힌두교의 신들로 생각하는 것이다. …… 역사 가운데서 대부분의 신들은 무소불위의 존재가 아니었고 대개 특정의 초능력들, 이를테면 생명의 존재들을 설계 창조하거나 그들의 몸을 변신시키거나 환경 또는 기후를 통제하는 능력을 발휘했다. 그리고 물론 죽음을 면하고 무한정 살 수도 있었다." (p. 54) Yuval Noah Harari, ***Homo Deus: a brief history of tomorrow***, Penguin Random House, 2016, 2017.

18) 자신들이 지켜오던 유대 전통의 신으로서 야훼 또는 여호와와 그들 고유의 선민(選民)의식에 대한 신앙을 잃어버려 앞날이 어두운 시대에 「전도서」의 편집자는 다음과 같은 기대와 희망을 전하고 있다.(1)

정권은 경계 안에 갇혀 있는 그에게 있는 것이 아니기 때문이다. 그렇다면 '무신론'이라는 닫혀있는 경계 안에서 그는 격파당하지도 초월당하지도 않고 얼마나 오래 칩거하며 안주할 수 있을까? (171103)

---

(1) "… 그러니 좋은 날이 다 지나고 '사는 재미가 하나도 없구나!' 하는 탄식 소리가 입에서 새어 나오기 전, 아직 젊었을 때에 너를 지으신 이를 기억하여라. 해와 달과 별이 빛을 잃기 전, 비가 온 다음에 다시 구름이 몰려오기 전에 그를 기억하여라." (12:1-2) 『공동번역 성서』, 서울: 대한성서공회, 1977.

Ⅳ

불일치와 일치가 함께 삶†
—사회학

풀이말

† 불일치와 일치는 다름과 같음이라는 단순한 논리적 관계가 아니다. 불일치는 같음의 관계에서 일어나기도 하고 일치가 다름의 관계에서 이루어지기도 하기 때문이다. 이를테면 서로 같기 때문에 쉽게 공감의 유대를 이루며 동거할 수도 있지만, 어떤 경우에는 같은 것을 추구하기 때문에 그들 사이에 친화력이 작용하지 않으며 모순대립이 일어날 수도 있다. 오히려 때로는 서로 다르기 때문에, 아니면 각기 다른 것을 추구하기 때문에 그들은 상호 협력하는 사회적 관계를 이루기도 한다.

그래서 언제나 그리고 어디서나 존재하는 불일치의 국면은 거기에 참여하는 각자에게 견디기 어려운 상황일 수도 있지만 때로는 그가 소속하는 상황 또는 체제의 구성분자로서 서로 상대에게 필요한 그리고 더 나아가 필수의 생존 조건이기도 하다. 따라서 현실 세계의 질서는 같음과 다름이라는 논리적 관계로서가 아니라 불일치와 일치라는 두 갈래의 사회적 모순 국면이 공존 협력하는 데서 이루어지는 것으로 볼 수 있다.

1.

"불사자(不死者)는 가사자이고 가사자(可死者)는 불사자이다."(DK 22B62)[1)]

시간을 공유할 수 없는 불사자와 가사자, 삶과 죽음을 고대 그리스의 철학자 헤라클레이토스는 왜 교환 가능한 것처럼 말하고 있을까?

세포의 수준에서 생명의 작동 원리를 분석하는 분자생물학자들에 따르면 한 세포 안에서 삶과 죽음은 서로 치열하게 대립하면서도 협력하고 있다. 이를테면 한 개체 생명은 그 안에서 세포의 증식 기제가 세포의 자살이라는 상반된 기제에 의해 대칭관계를 이루지 않으면 더 이상 자신의 존재를 유지할 수가 없다는 것이다.(제Ⅱ장 "불멸의 존재 x에 대하여"의 줄기글 1. 보기)

---

1) 탈레스 외,『소크라테스 이전 철학자들의 단편 선집』, 김인곤 외 옮김. 서울: 아카넷, 2005.

그럼에도 헤라클레이토스에게 불평하는 플라톤과 아리스토텔레스와 그 밖의 일상인들은 삶과 죽음 또는 있음과 없음을 공존 불가능한 모순관계로 이해하고 있다. 그들은 모순배제의 논리를 현실세계를 지배하는 법칙으로 인식하고 있기 때문이다. 그러나 모순배제의 논리가 현실세계의 법칙이 아니라고 주장했던 헤라클레이토스는 그것으로써 오늘에 이르기까지 철학사와 정치사에 등장했던 인물들 가운데 현상계에 대한 가장 뛰어난 논리적 투시력을 발휘한 철학자로서 군림한다.[2)]

---

2) 헤라클레이토스가 말하듯이 모순배제의 논리 또는 동일성의 법칙은 현실 세계의 법칙이 아니다. 이를 *x*의 존재론이 전적으로 받아들이며 그의 부분으로 삼는다. 이 점에서 '헤라클레이토스가 한 말 가운데서 받아들이지 않는 것은 하나도 없다'고 고백했던 헤겔과 이에 동조하는 니체에 대해 달리하는 바가 없다.(1) 그렇다면 헤라클레이토스와 그를 따르는 헤겔과 니체의 '일치 안에서의 불일치' 또는 '존재와 비존재의 동적인(dynamic) 일치' 같은 전통적 변증법의 논리에 *x*의 존재론이 동조하고 있는가?

불일치와 일치의 공존협력 관계 또는 일치 안에서의 불일치 또는 존재와 비존재의 동적인 일치가 현실 세계를 지배하는 마지막 법칙이라는 데에 *x*의 존재론이 동의하는가? 이 점에서 *x*의 존재론은 헤라클레이토스와 헤겔과 니체를 역시 서구 전통에 소속해 있는 같은 부류의 철학자들에 지나지 않는다고 판정한다. 나아가 이들은 중국 전통의 철학자들과 함께 일상언어의 범주체계에 갇혀 있는 인간 주체의 세계관 안에서 우주와 자연을 논하고 있는 것으로 보인다.

그렇다면 현실 세계를 지배하는 마지막 법칙은 어떤 것인가? 그 마지막 법칙을 *x*의 존재론에서는 불일치와 일치의 공존협력관계 또는 존재와 비존재의 동적인 일치조차 무너뜨리며 그 경계 너머에서 진리의 패권을 행사하는 결정권자 *X* 또는 *X*(~~*x* & ¬*x*~~)로서 이해한다.(마지막 줄기글 6. 보기)

(1) "니체와 헤겔은 순수 있음(pure Being)을 생성(becoming)의 한 추상적 요소로 격하시킨 헤라클레이토스에 동의한다. 생성은 있음과 있지 않음이라는 반대자들의 연합이다. …… [그러나] '생성은 있음과 있지 않음의 단순한 연합이 아니다. 그것은 내적으로 일어나는 **동요**(unrest)이다. 그 동요는 그 안에 포함하고 있는 있음과 있지 않음

그렇게 삶과 죽음은 불일치하면서 일치하는 모순 협력의 관계에 의해 영원한 생명의 연속성을 지킨다. 영원한 생명의 흐름 가운데서 삶과 죽음은 서로 불일치하면서 일치하는 모순 관계로 동거하는 것이다. 일치의 관계를 배제해도, 불일치를 배제해도, 그 결과로는 영원한 생명의 흐름이 이루어질 수 없을 뿐만 아니라 어떤 하나의 개체 생명도 유지할 수가 없다. 그래서 헤라클레이토스는 이렇게 말할 수 있는 것이다.

> "그것이 어떻게 자신과 불화하면서도 그 자신과 일치하는지를 사람들은 이해하지 못한다. 그것은 마치 활과 뤼라의 경우처럼, 반대로 당기는 조화이다."(DK22B51)[3]

어디서나 항상 불일치하며 일치하는 것들이 함께 움직임으로써 대립과 협력 관계가 서로 긴장하며 합창하는 하나의 세계 질서를 구축하고 있다. (170704)

의 **다름**으로 인하여 자체를 향해 대내적으로 반란이 일어나고 있는 것이다.'"(p. 338) Robert R. Williams, ***Tragedy, recognition, and the death of God: studies in Hegel and Nietzsche***, Oxford: Oxford University Press, 2012.

3) 탈레스 외, 『소크라테스 이전 철학자들의 단편 선집』, 김인곤 외 옮김, 서울: 아카넷, 2005.

당겨진 활에서 활대와 시위는 서로 반대 방향으로 달리지만 하나의 목표를 향한 최고의 긴장과 조화를 동시에 이룬다. 불일치 가운데 일치가 있고 일치 가운데 불일치가 있다. 불일치와 일치가 함께 하는 삶으로써 정상의 조화 상태를 실현한다. 일치가 없어도 불일치가 없어도 정상의 균형 상태를 유지할 수 없다.

2.

한 사회 안에서 사람들은 서로 일치하지 않는 다른 목표와 선택을 추구하며 함께 살고 있다. 서로 일치하지 않는 목표와 선택을 추구하는 사람들로 이루어지는 사회가 내란으로 붕괴하지 않고 그런대로 자체의 연속성을 유지할 수 있게 하는 것은 무엇인가?

그것은 '인간이 그 본성에서 정치적[사회적] 동물이라'는 데에 말미암는다고 아리스토텔레스는 그의 『정치학』(1253a)[4]에서 시사하고 있다. 그러나 그보다 2000년 뒤에 나타난 17세기 영국 철학자 토마스 홉스에 따르면 인간은 그 본성이 사회적이기보다는 이기적이며 자기보존의 본능으로 움직이는 존재다. 그래서 그들이 함께 두려워할 만한 징벌과 통제의 절대권자가 그들을 지배하지 않는다면 사회는 서로 다른 이기적 동기들에 의해서 언제나 내란과 전쟁 상태를 겪을 것이라고 말한다.(***Leviathan***, Chapter 13)[5]

그렇다면 '사회는 어떻게 가능한가?' 이 오래된 의문에 대한 해답을 20세기 미국의 사회이론가 탈코트 파슨스가 다시 제시하고 있다.

---

4) "… 인간은 그 본성에서 정치적[사회적] 동물이다. …. …… 왜냐하면 한 개인은 분리되었을 때 자족적이지 않기 때문이다."(1253a) Aristotle, ***Politics***, trans. by H. Rackham. Cambridge, MA: Harvard University Press, 1944.

5) "만약 두 사람이 함께 즐길 수 없는 것임에도 불구하고 [그 하나의] 같은 것을 원한다면 그들은 적수가 된다. …… [따라서] 그들이 모두 두려워하는 공권력이 존재하지 않는 동안에는 그들은 전쟁의 상태에 놓이게 된다. 이는 모든 사람의 모든 사람에 대한 전쟁과 같은 것이다."(Chapter 13) Thomas Hobbes, ***Leviathan***, Global Grey eBooks, 2015.

"엇갈리는 이해관계를 품은 어떤 체제도 각자의 이익 추구가 제도화된 규범 체계 곧 가치들의 공통의 틀(framework) 안에서 이루어지지 않는다면 안정을 찾을 수 없다."[6)]

더 나아가 파슨스는 '국제연합'(United Nations)이라는 세계 차원의 기구조차 규범적인 바탕 위에서 이루어지는 합의된 질서라고 이해한다. 사회 질서이든 국제연합의 질서이든 그것을 규범적인 바탕 위에 이루어지는 합의 체제로 볼 수 있는가?

도대체 생명을 가진 존재들 사이에서 이루어지는 어떤 질서가 규범

---

6) 탈코트 파슨스는 '사회는 어떻게 가능한가?'(How is society possible?)라는 오래된 질문에 대한 해답으로서 합의설을 내놓았다. 사회가 일정한 안정 상태에 있을 수 있는 것은 그 구성원들이 각각의 목적과 가치를 추구하며 실현할 수 있도록 관리 조정해 주는 일정한 규범체계 또는 제도를 공유하며 수용하고 있기 때문이라는 것이다.(1)

과연 한 사회 질서의 안정 상태가 구성원들이 공유하고 있는 일정한 규범 체제에 대한 합의에 의존하는 것일까? 사회는 구성원들 각각의 목적과 가치를 실현하기 위한 행위를 관리 조정하는 규범체계에 대한 합의에 바탕을 두고 있는 것인가? 그렇다면 이러한 규범체계에 대한 구성원들의 합의가, 홉스가 우려하는 각각의 다른 이기적 본능이 돌출하는 갈등의 상황까지도 통제해서 안정된 사회 질서를 실현할 수 있게 하여주는가? 그렇지는 않기 때문에 홉스의 우려를 수용하며 현실적인 대안을 찾고 있는 다렌도르프는 사회 강제설을 제시하고 있다.

(1) "'서로 마주치는 이해관계'를 안고 있는 어떤 체제도 안정을 유지할 수 있으려면 각자의 이익 추구가 하나의 제도화된 규범 질서 곧 그 가치[이해관계]들이 공유하는 틀 안에서 수행되어야 한다. …… 국제연합의 창설은 … 절차상의 합의를 제도화하는 것이다. 말하자면 절차의 제도화는 규범[가치]들의 관계에 대한 질서를 체계화하는 데에 핵심이 있다." Talcott Parsons, "Polarization and the problem of international order," ***Berkeley Journal of Sociology***, vol. 6, no. 1 (Spring 1961).

적인 바탕에 대한 합의에 의존할 수 있는가? 하나의 사회 질서는 어떤 가치들에 대한 합의에 의존할 수 있는 것인가? 이런 질문에 대한 긍정의 해답을 받아들일 수 없는 이론가들도 있다. 그래서 사회 합의설(consensus theory of society)의 대안으로 사회 강제설(constraint/coercion theory of society)을 제시하는 사회이론가가 있다. 사회 강제설을 대안으로 제시하는 랄프 다렌도르프는 다음과 같이 말한다.

"연속성은 확실히 사회생활의 기초에 관한 하나의 수수께끼다. 그런데 연속성은 균형[합의]이 아닌 강제에 따르는 결과로 본다. …… 사회는 규범적으로 정의되는 도덕적 실체이다. 이 점에서 두 접근[합의설과 강제설]이 일치한다. 그러나 그 규범들이 제도화되고 유지되는 것은 오직 힘에 의해서만 가능하다는 것이 강제설이다."[7]

---

7) 탈코트 파슨스의 사회 합의설에 이르기까지 사회학은 '사회는 어떻게 가능한가?' 라는 의문을 맴돌고 있었다고 볼 수 있다. 이에 또 하나의 대안을 찾고 있는 랄프 다렌도르프는 전혀 다른 수준의 질문을 던지고 있다. 도대체 '한 사회는 어떻게 그 연속성을 지킬 수 있는가?' 한 사회가 붕괴 해체되지 않고 연속성을 지킬 수 있는 것은 구성원들이 추구하는 목적이나 가치들을 관리 조정하는 규범 체계에 대한 합의에 의존해 있기 때문이 아니라 그 규범 체계가 유지되도록 강제하는 힘이 작용하기 때문이라고 다렌도르프는 말하고 있다.(1)

(1) "탈코트 파슨스에 따르면 사회가 유지되려면 한 묶음의 가치들에 대한 일반적 합의가 전제되어야 한다. [한 사회의] 연속성이 사회생활의 기본적 수수께끼인 것은 의심할 여지가 없다. 그러나 [한 사회의 가능한] 연속성은 [합의에 의한] 균형이 아닌 강제의 결과로 볼 수 있다. ……사회는 규범적 구조에 의해 정의할 수 있는 도덕적 실체이다. 여기까지 [합의와 강제라는] 두 접근법은 일치한다. 그러나 강제에 의한 접근법에 따르면 규범[가치]들은 오직 힘[권력]에 의해 성립하며 유지된다."(pp. 139-140) Ralf Dahrendorf, "In praise of Thrasymachus," ***Essays in the theory of society***, Stanford, CA: Stanford University Press, 1968.

그런 점에서 다렌도르프의 사회 강제설은 홉스의 절대권자에 대한 계약 관계론에, 파슨스의 사회 합의설은 아리스토텔레스의 인간 본성론에 호응하고 있는 것이다. (170709)

3.

다렌도르프 자신이 인정하듯이 사회 합의설도 사회 강제설도 구성원들이 추구하는 목적과 가치들을 관리 조정하는 일정한 규범체계 위에서 이루어지는 것이다. 합의설이나 강제설에 따르면 사회는 구성원들이 추구하는 목적과 가치들을 관리하는 일정한 규범 체계에 의존해 있다는 것이다. 그렇다면 다렌도르프가 주장하는 바와 같이 과연 한 사회가 붕괴하지 않고 연속성을 유지할 수 있게 하는 바탕은 목적과 가치들을 관리하는 일정한 규범 체계를 강제하는 힘에 의존하는가? 도대체 한 사회의 연속성은 일정한 규범 체계에 대한 합의 아니면 강제에 의존할 수 있는 것인가?

그러므로 다시 그들에게 질문을 던진다. 사회학자들이 말하는 사회 질서라는 것이 과도하게 규범 체계에 의존해 있는 것은 아닌가? 과연 사회 질서와 그것의 연속성이 그처럼 어떤 규범 체계에 대한 합의 아니면 강제에 의존하여 있는 것일까? 만약 그렇다면 사회학이라는 한 과학의 체계는 현실 세계에 대한 실질적 분석에 미달하는 것이며, 또한 그 사회 구성원들의 현실적 존재론에 바탕을 두고 있는 것도 아니다.

과학적인 분석에 미달하며 현실에 바탕을 두고 있지 않은 사회학에 대한 대안의 분석방법과 존재론으로서 '불일치와 일치의 동거 관계'를 제시할 수 있다. 여기서 '불일치와 일치의 동거 관계'라는 근거 위에서 '한 사회는 어떻게 붕괴하지 않고 연속성을 가질 수 있는가?'에 대한 대안의 해답을 제출하고 있다. 나아가 범위를 달리하는 크고 작은 모든 사회 집단이 해체되지 않고 연속성을 가지는 근거 또한 '불일치와 일치의 동거 관계' 안에 있다고 보는 것이다. (170710)

4.

그렇다면 한 사회체제를 구축하며 유지하는 연속성의 원리로서 합의 또는 강제는 사회학자들이나 통치자들이 당대의 문화와 관습에 호응해서 임의로 만들어낸 규범들 곧 인공에(artificial) 가까운 규칙의 체계라고 이해할 수 있다. 합의에 의하든 강제에 호소하든 한 사회의 구성원들은 과연 어떤 규범 또는 규칙을 공유할 수 있는 것인가?

어떤 규범 또는 규칙이든 그것은 개개인에 의해 이해 해석되는 과정에서 공유할 수 없을 만큼 특화되어간다. 이를테면 자유와 민주와 평등 또는 공평의 원리 같은 것이 개개인들의 이해와 해석과정에서 함께 공유할 수 없을 만큼 특화되어가는 것이다. 결국에 한 사회체제 안에서 각자에게 이해 해석된 규범들 또는 규칙들은 각자에게 유일 고유한 것이 되고 만다. 그러므로 사회 구성원들은 모두 자유와 민주와 평등 또는 공평이라는 공통의 가치를 추구하면서 대립하게 되며 대립을 해소하기 위해 끝없는 논쟁이나 투쟁에 호소해야 한다. 따라서 합의를 위하여 아니면 강제하기 위하여 전제해야 하는 어떤 공통의 규범 또는 규칙이라는 것은 다만 추상적 슬로건이나 이념으로서 존재하는 것일 뿐이다.

그러므로 한 사회체제를 구축하며 유지하는 실질적 바탕은 그런 인공적인 규범이나 규칙의 공유를 전제하는 합의 또는 강제의 원리가 아니다. 그래서 다렌도르프나 파슨스가 각기 의문으로 제기하는 한 사회의 '연속성'이 가능하도록 이끄는 것은 불일치와 일치가 함께 움직이는 자연의 실질적 역학 관계 곧 자연에서 발현하는 초(超)규범(supra-norm)의 질서로서 이해할 필요가 있다. 특히 전통적인 공동체가 아닌 현대사회를 관통하며 지배하는 것은 어떤 인공의 규칙이나 규범 체계가 아니라, 자연의 실질적 관계를 바탕으로 하는 초규범 체계 또는 제각기 패권을 향해 달리는 초국가적(supra-national) 질서 곧 불일치와 일치의 동거 관계이다. 한 정상적인 상태의 현대사회 안에서 어떤 특정의 규범 체계는, 그것이 합의의 논리에 호소하든 강제의 논리에 의존하든, 사회 현실의 바탕을 관통하는 자연의 질서 곧 불일치와 일치의 동거 관계라는 초규범적 체계에 의해 언제라도 대체될 수 있는 것이다.

불일치와 일치가 서로 긴장하는 동거 관계에 따르는 자연의 역학만이 모든 인공의 합의 또는 강제체계를 떠받치는 최후의 사회구성 원리이다. 불일치와 일치가 서로 긴장하는 동거 관계 이것이 한 사회체제의 연속성을 지탱하는 자연의 원리이다. (170705)

5.

그러므로 한 사회 안에 거주하는 구성원들 사이의 관계를 구축하는 모든 인공에 의한 규범들은 궁극적으로 자연에 준(準)하는 불일치와 일치의 동거 관계로 대체된다. 불일치와 함께 하지 않는 일치는 합의라는 허구에 의존함으로써 언제든 체제 밖의 변수 또는 외세에 의해 붕괴할 수 있으며, 일치와 함께 하지 않는 불일치는 강제에 과도하게 의존할 수밖에 없으므로 언제든 반란에 의해 위기를 맞을 수 있다. 따라서 합의와 강제라는 사회구성의 양대 논리는 불일치와 일치가 언제나 함께 사는 '모순 동거의 자연 질서'를 간과하는 추상적인 허구 또는 이념의 논리일 뿐이다.

그렇다면 한 사회는 그 안에 갖가지 분열과 내란의 성분들을 품고 있으면서도 어떻게 그의 연속성을 지킬 수 있는가? 한 사회의 연속성은 임의의 규범 또는 이념에 대한 합의나 강제 어느 한쪽에 의존하는 것이 아니라 그 수면 아래의 자연에서 불일치와 일치의 동거 관계가 작동하는 데에 말미암은 것이다.

한 집단에 참여하는 개개인들, 아니면 가족관계를 이루는 개체식구들이 구축하는 모든 수준의 사회적 관계[8] 역시 불일치와 일치의 동거 관

---

8) 불일치와 일치의 동거 관계에서 일어나는 치열한 갈등과 협력의 관계는 생명의 체계 안에서도 일반화되어 있다. 불일치와 일치의 동거 관계는 특히 서로 다른 개체성들이 부딪히는 가운데 협력해서 집단을 이루어 사는 동물들의 집단생태에 대한 관찰에서도 확인된다는 보고가 있다.(1) 이를테면 한 집단 안의 동물들도 각각의 개체성을 가지고 있어서 그들 사이의 불일치로 인한 갈등이 있을 뿐만 아니라, 동시에 그들 사이의 불일치에 의한 역할 분담이 있어서 집단 안에서 협력 일치의 관계가 이루어진다는 것이다.

이러한 불일치와 일치의 동거 관계에 따라 먹이를 찾는다든가 포식자를 피한다든가 질서 있게 이동하든가 하는 따위의 집단행동이 효율적으로 가능하게 된다. 그리고 역으로 개체의 서로 다른 역할 배분 또는 행태 자체가 그 집단이 행사하는 사회적 요청에 따라 결정된다는 사실도 확인할 수 있는 것으로 본다.

(1) "어디에나 존재하는 개체들 사이의 일관된 다름('동물들의 성격들', animal person-

계 곧 모순 협력의 관계가 수면 아래에서 작동하는 데서 그 유지가 가능하게 되는 것이다. 그래서 불일치를 허용하지 않는 친구 또는 가족 관계도, 일치를 결여한 어떤 관계 못지않게 그 연속성을 기대하기 어렵다.

이는 한 유기체가 생명을 계속 유지하기 위하여 자체 안에 세포 증식과 함께 세포 자살을 유도해야 하는 모순 협력의 관계와 같은 것이다. 그래서 생명을 지속하기 위해 세포 자살을 유도하는 한 효소의 작동 기제 연구를 "안에 있는 적들"(enemies within)이라는 제목으로 요약하기도 하는 것이다.[9] (170713)

---

alities)은 그들 집단의 집합적 결정, 먹이를 찾는 행위, 포식자를 피하는 일과 같은 행태와 기능을 좌우하는 기본적 역할을 유도한다. 그런 개체들 사이의 다름이 갖는 중요성에 대한 증거가 쌓여가고 있음에도 여전히 그 개체들 사이의 한결같은 다름을 근거로 집단행동을 설명하거나 예측하는 하나의 통합적인 작동의 틀을 갖고 있지 못하다. 여기서 우리는 그들의 지휘체계와 행동 역학 그리고 집단의 먹이 사냥 작업이 어떻게 개체들 사이의 한결같이 다름에서 발현하는지를 탐구한다. …… 이에 더하여 개체의 임무 수행이 집단의 구조[조합]에 의존하는지도 증명하려고 한다. ….." Jolle W. Jolles, et al., "Consistent Individual Differences Drive Collective Behavior and Group Functioning of Schooling Fish," ***Current Biology*** 27, 1 –7, September 25, 2017.

9) 이 논문을 발표한 연구자들은 병변(病變)이 일어나게 하는 상반된 두 가지 기제를 말하고 있다. 하나는 세포의 자살이 과도하게 일어나서 정상 세포들에 손상을 입힘으로써 치매와 같은 질환을 가져오는 것이다. 다른 하나는 세포 자살을 방해하는 작동이 일어나서 종양을 키우는 것이다.(1)

그러니까 한 개체 생명 안에서도 한 사회체제 안에서도 반대 방향으로 움직이는 불일치의 성분들이 대개 전체적으로는 자체 점검과 자체 결집을 유도하는 구실을 하는 것으로 볼 수 있다. 그렇게 모순 협력의 관계에 의해 개체 생명의 차원에서 또는 사회체제의 차원에서 그 집체의 연속성이 보장되는 것으로 본다.

6.

그렇다면 한 사회의 현실 체제를 구축하며 그의 역사를 이끌어가는 마지막 법칙은 불일치와 일치의 대등한 동거 관계인가? 그래서 헤라클레이토스가 이른바 '로고스'에 대하여 말한 대로 동거 관계로 대립하는 것들의 균형과 조화가 현실 체제의 마지막 질서인가? 불일치와 일치의 대등한 동거 관계이든 모순 관계로 대립하는 것들의 조화이든 그것을 현실 체제의 마지막 질서로 이해한다면, 이는 역시 서구나 중국 전통의 철학자들이 일상의 관습과 범주체계에 갇혀서 말하는 관념적 틀에 지

통일과 통합을 주도하는 운동가들은 자주 '우리는 하나다'라고 선언한다. 한반도의 남과 북에서도 기회가 될 때마다 그렇게 외친다. 인종 차별과 이념 차이로 분열된 미국에서도 2009년에 버락 오바마가 대통령으로 당선되었을 때 축하공연의 타이틀은 '우리는 하나다'(We Are One)였다. 그러나 그렇게 하나가 될 때도 여전히 대내적, 대외적으로 하나가 될 수 없는 불일치가 오히려 자체 점검과 자체 결집을 하게 하는 계기로 작용할 수 있다.

그렇다면 이렇게 현실을 지배하는 불일치와 일치의 공존협력체계 심지어 '적대적 동거 체제'에 맞서서 움직이는 더 깊은 실세의 움직임은 없는가? 그런 것이 있다. 불일치와 일치의 공존협력체계 또는 적대적 동거 체제에 참여하는 개체존재들 곧 불멸의 기억체계 x가 한낱 '대상'으로 조작, 통제, 통일될 수 없게 하는 개체존재들 각자의 고유한 동력 또는 동기(動機)가 바로 그런 실세이다.(제Ⅱ장 "불멸의 존재 x에 대하여"의 줄기글 5.와 6. 그리고 풀이말 22) 23) 보기)

(1) "세포 자살의 불규칙성으로 나타나는 두 가지 반대되는 질병의 한 가지는 과도한 세포 자살이 정상의 조직들을 손상하는 것이고, 다른 하나는 세포 자살을 못하게 함으로써 병든 조직들을 더 증식하게 하는 것이다. 따라서 치료를 위한 개입의 두 가지 전략은 카스파제(caspase) 효소를 작동시켜 [필요에 따라] 그 효소작용의 금지 또는 유도를 하는 것이다." Nancy A. Thornberry and Yuri Lazebnik, "Caspases: Enemies Within," ***Science***, New Series, Vol. 281, No. 5381(Aug. 28, 1998), pp. 1312-1316.

나지 않게 되는 것이다.[10)]

현실 체제와 그 역사를 지배하는 마지막 법칙은 어떤 것인가? x의 존재론에서는 그 마지막 법칙을, 불일치와 일치의 동거 관계를 향해서 아니면 헤라클레이토스가 말하는 모순 관계로 대립하는 것들의 균형과 조화를 향해서 그 일체의 질서를 무너뜨리며 격파해 들어오는 심판자 X 또는 X(~~x&¬x~~)로서 이해한다.[11)]

---

10) 플라톤이나 아리스토텔레스는 헤라클레이토스가 말하는 '모순 관계로 대립하는 것들의 일치 또는 조화'를 도저히 이해할 수 없을 만큼 다른 논리적 세계관을 지니고 있었음에도 불구하고 그들은, 그리고 헤라클레이토스조차도, 모두 일상의 언어와 그 범주체계 안에 갇혀 있는 서구철학과 중국철학 공통의 전통에 다 함께 소속하여 있다.(1) 그렇게 그들은 인간 본위 또는 인간 주체의 척도에 의해 우주와 자연을 일원화해서 이해하는 이른바 제2의 환원주의에 빠져 있다고 이해할 수밖에 없다.

(1) "일상언어에서 빌려온 범주들과 그에 기대는 추론체계들의 한계 너머 또는 자연 자체로부터 다가오는 메시지는 '우주의 척도'(cosmic measure)라고 할 만한 것이다. 그것은 세상에 몸을 드러내 존재하는 모든 것들을 향하여 한계 너머 미지의 영토로부터 다가와 일으키는 모든 사건의 역사를 좌우한다. 세상에 한계 지어져 존재하는 모든 것들의 한계해법 또는 한계초월의 원리로서 작동하는 이 '우주의 척도'는, 기존 문명권 안에서 이루어진 일상의 범주들과 그에 의존하는 추론체계들에 다름 아닌 '인간본위의 척도'(homeo-centric measure)와는 서로 공유하는 것이 없으므로 같은 생각과 행위를 할 수 없게 하는 것이다."(169쪽) 『x의 존재론』, 고양, 경기: 사월의책, 2017.

11) 불일치와 일치의 대등한 동거 관계 아니면 모순 관계로 대립하는 것들의 조화는 일상의 현실 세계를 구축하는 '수평적 관계'에 해당한다. 그러나 수평적 관계가 현실 세계의 질서를 항상 지켜주는 마지막 법칙은 아니다. 수평적 관계로 이루어지는 일상 세계의 경계 밖에서 격파해 들어오는 '수직적 관계'가 현실 세계의 판도를 바꾸어 놓을 수 있기 때문이다.(1)

(1) "현상계의 모든 형태 발생 과정 일체를 취소해 버리는 형태 붕괴의 힘으로서 X,

하나의 경계 안에서 이루어지는 체제와 질서를 마지막 준거의 틀로 하는 서구와 중국 전통의 철학자들과 통치자들은 모두 일상의 관습과 범주체계라는 수평적 경계 안에 갇혀 있어서 언제나 경계 너머로 초월해서 움직이는 마지막 심판자에 의해 격파 또는 초월당하는 의외의 변수에 속수무책일 수밖에 없다. 진리의 패권이란 언제나 경계 너머로 초월해서 움직이는 변수에 속수무책인[12] 어떤 통치자, 어떤 철학자, 어떤 사람에게도 주어지는 것이 아니다. (170728)

그것이 행사하는 최후의 결정권 곧 진리의 패권은 인간이 추적해 따라가서 잡을 수 있는 것이 전혀 아니다. 현상계에 몸을 드러낸 한 개체 실존 x는 그렇게 뿌리를 추적해 가면 형태 붕괴 또는 형태 부재한 미지의 경계 X로 빠져들어 간다."(Σ3. "오직 철학자들에게 있을 만한 의문들"의 줄기글 4. 보기)

"x의 존재론은 현실의 개체존재들 사이의 '수평적인 관계' 곧 $X(x\&\neg x)$의 한 사례로서 통일적 다양성 또는 통일적 대립성에 대한 사회학과, 그렇게 현실에 [수평적 관계로] 존재하는 것들을 향해 그들의 한계를 넘어 격파하며 '수직적으로 관계하는' 행위 또는 사건들 곧 X(~~$x\&\neg x$~~)의 한 사례로서 신학을 포함한다. 그럼에도 사회학과 신학이 우주 또는 자연의 척도로서의 $X(x\&\neg x)$와 X(~~$x\&\neg x$~~) 전체를 대표하는 것은 아니다. $X(x\&\neg x)$와 X(~~$x\&\neg x$~~)가 대표하는 사태와 사건들은 현실 가운데서 어떤 특정한 사회학이나 어떤 특정한 신학 밖의 무한히 다른 영역으로 실현되며 구체화하고 있기 때문이다."(175쪽) 『x의 존재론』, 고양, 경기: 사월의책, 2017.

12) 오래전에 일어난 사건들이지만 지금도 군사 전략가들과 재난 전문가들에 의해 다시금 논의되고 있는 의문의 역사가 있다. 그것은 1941년 12월 7일 당시의 일본제국이 350여 대의 폭격기들을 나누어 실은 함대들을 은밀하게 파견해서 하와이 진주만에 정박해 있던 미국 해군함대들을 기습 폭격함으로써 2400명 이상의 인명살해를 한 사건이다. 당시 미국은 암호해독능력과 정보수집기술을 갖추고 있었음에도 어째서 이런 엄청난 기습공격을 당했는가?

2001년 9월 11일에는 알카에다가 일반 항공여객기를 납치해서 뉴욕 중심가에 있는 세계무역센터에 충돌시켰고 이로써 3000명에 가까운 인명살해를 했다. 당시의 미국 정보당국은 이러한 공격계획에 대한 정보를 어떻게 놓칠 수 있었는가? 심지어 착륙 과정에는 전혀 관심이 없던 비행조종훈련생이 있었다는 정보까지 가지고 있었다는데. 이러한 재난을 예견하지 못하는 원인 또는 이유를 어디에서 찾아야 하는가?(1)

역사의 흐름 가운데서 또는 전쟁에서 발생하는 사건들에 대해 예상하거나 대응하는 믿을 만한 정보와 증거를 언제나 확보할 수 있는가? 계획하지 않았던 그리고 확실하게 예상할 수 없었던 일들이 우리들의 계획 또는 예상 밖에서 다가오지 않는가? 에롤 모리스가 이론상으로는 비판하고 있지만 실전 과정에 임했던 도널드 럼스펠드의 경험에서 보면, 우리들이 당면하게 되는 운명의 사건들은 '알고 있는 모르는 것들'(known unknowns)에서, 때로는 '간과하고 있는 아는 것들'(unknown knowns)에서, 특히 가장 치명적으로 '모르고 있는 모르는 것들'(unknown unknowns)에서 기습적으로 다가온다.(2) 그 운명의 사건들은 언제나 그런 것은 아니지만 대부분의 경우에 우리들이 인간적으로 예상하고 계획하는 범위 밖에서 또는 그런 경계 너머에서 격파해 들어오는 흐름으로 발생한다.(3)

그런 점에서 우리들의 삶과 현실의 역사는 그 시작과 끝을 알 수 없는 경계 너머로부터 불어오는 바람 곧 *X* 또는 *X*(~~*x*&¬*x*~~)에 종속하는 운명의 부분일 수밖에 없는 것이다. 2017년 8월 현재에도 미국의 전략기지를 향해 탄도미사일을 쏘겠다고 하는 DPRK(Democratic People's Republic of Korea)의 김정은과 그럴 경우에는 압도적인 무력으로 그의 기지를 파괴해 버리겠다는 미국의 도널드 트럼프는 각기의 운명과 자존심을 걸고 서로 마주 보고 달리는 대결의 모험을 한 바 있다. 그때 영국의 한 일간지 ***Daily Express***는 그 웹사이트에서 그들이 격돌하는 대결 진행 상황을 '제3차 세계대전'(World War Ⅲ)이라는 타이틀로 매일 시간대로 보도했다.

어떤 예상과 누구의 계획에 일치하는 결과가 나올까? 두 대결자가 벌이는 모험의 경계 너머에서 움직이는 결정자 *X*는 우리들이 '모르고 있는 모르는 것들'에서, 아니면 '알고 있는 모르는 것들'에서, 아니면 '아는 것을 간과하고 있는 것들'에서 그의 마지막 카드를 들고 나타날 것이다.

그 마지막 카드가 어떤 구체적 모양으로 다가올지 그것은 오직 2017년 8월 현재에서 극치를 향해 달려가는 대결국면을 통과한 이후에야 비로소 분석 또는 반성의 과제로서 우리에게 주어지는 것이다. 진리의 패권이 경계 너머에서 움직이는 *X*에게 있음을 부정할 수 있는 투시력 또는 통제능력이 우리에게 없으니까.

(1) "[토마스] 쉘링은 하와이 [진주만]에 대한 일본의 공격을 미리 알아차려서 막아내지 못한 미국의 무능에 대한 주요한 설명은 '예상의 빈곤'(a poverty of expectations)이라고 진단했다. …… 1941년에 또는 2001년에 증거는 간과되었거나 제대로 평가되지 못하였다. 그것은 '모르는 것'이었기 때문이 아니라 예상된 아젠다(agenda)에 들어있지 않았기 때문이다." Errol Morris, "The certainty of Donald Rumsfeld (Part 2: The known and the unknown)," ***The New York Times*** (The Opinion Pages), March 26, 2014.

(2) "모르고 있는 모르는 것들(unknown unknowns)의 범주는 가장 파악하기 어려운 것이다. …… 진정한 돌발사태들이 이 범주 가운데서 일어난다. 19명의 납치범들이 기습적으로 포획한 여객기들을, 3천 명의 남자들, 여자들, 그리고 어린이들을 불태워버리기 위한 유도탄으로 사용한 사건은 아마도 미국이 경험한 가장 끔찍한 '모르는 것을 모르고 있었던 것'에 해당한다."(p. xiv) Donald Rumsfeld, ***Known and Unknown: A Memoir***, NY: Sentinel, 2011.

(3) "[도널드] 럼스펠드는 [에롤 모리스에게] 답한다. "… 분명히 누구도 역사를 통제할 수 없다. …… 모든 전쟁에서 대비하지 않았던 또는 전적으로 예상하지 않았던 일들이 전개되곤 한다."" Mark Danner, "Donald Rumsfeld Revealed," ***The New York Review of Books***, Jan. 9, 2014.

Σ4

왜 진리의 패권을 넘기려는가?

1.

'나는 누구인가?' 이처럼 대답하기 어려운, 실은 불가능한 물음도 없다. 현재에 이르기까지 거쳐 온 수십억 년 아니 영원의 시간 가운데서 배당된 나의 시작과 그 이전의 경과 또는 경험들이 의식에 떠오르지 않기 때문이다. 다만 나는 영원에 소속하는, 그럼에도 지금까지의 경과를 의식화할 수 없는 한 조각의 기억체계 x이다. 나는 x이다. (170804)

2.

x의 존재론은 역대의 철학자들이 모색하며 장악하고자 했던 진리의 패권을 우리들의 경계 너머에서 영원의 시간을 통과하는, 그러나 어떤 특칭도 거부하는 X에게 반환하려는 계획에 종사한다. 이렇게 영원의 시간을 통과하고 있는 X에게 진리의 패권을 넘기려는 계획은 곧 제1의 환원주의자 X가 실행하는 역사(役事)에 참여하는 데 목표가 있다.[1)]

모든 일의 마지막 결정권에 다름 아닌 진리의 패권을 이처럼 현재의 경계를 넘어 영원의 시간을 통과하는 X에게 넘길 때 우리들의 삶과 세계관에 어떤 변화가 일어날까? (170801)

풀이말

1) 제1의 환원주의는 우리들 자신이 실행하는 행위이기에 앞서 실은 우리들의 피할 수 없는 운명이다. 우리들 각각의 운명 x가 제각기 어떤 다른 모양으로 흘러가든지 상관없이 모두 영원의 시간을 통과하는 우주적 역사 X에 절대적으로 종속하는 변수이기 때문이다.(1)

그럼에도 문명 이전의 이른바 신화시대에는 인간 경계 너머에서 움직이는 가상(假想)의 영매나 신 또는 무(巫)에 의해 종횡무진 자의적으로 이해되어 오던 진리의 영역을, 문명 이후에는 역대의 철학자들과 과학자들이 그들이 구축하는 임의의 범주체계 안으로 수렴해서 장악하고자 시도해왔다. 그렇게 인류는 문명 이후 그들이 경험하고 관찰하는 사건과 사물들을 그들이 임의로 개발한 범주체계에 의해 해석하는 논리적 과학적 탐구를 실행해온 것이다.

이렇게 인간의 경계 너머에서, 때로는 가상의 신들에 의해서, 때로는 불가사의한 자연의 힘에 의해서 행사되어 오던 진리의 패권을 다시금 철학자들의 일시적이고 상대적일 수밖에 없는 각자 나름의 범주체계 안으로 수렴 환원하려는 이른바 상대적 환원의 프로젝트를 제2의 환원주의 행위라고 일컫는 것이다.(2)

(1) "과학과 철학이라는 영역 안에서 그 탐구 대상에 대하여 행해지는 [제2의] 환원주의 접근방법은 대개 일상언어의 범주체계 또는 수학의 추론체계에 의해서 이루어진다. 그러나 문제는 과학과 철학이 탐구하는 궁극의 실재라는 것이 인류가 개발한 어떤 범주체계나 추론체계 안으로 수렴 환원될 수 있는 것이 아니라는 데에 있다. 궁극의 실재는 인간이 구축하는 어떤 체계 안으로 수렴 환원될 수 있는 것이 아니기 때문에 언제나 그러한 체계 밖에 놓여 있는 것이다. 인간이 구축하는 체계는 오히려 그것이 수렴하려는 알 수 없는 궁극의 실재 가운데로 무너져 버리고 마는 것이다. 그리하여 모든 기지의 체계는 결국에 누구도 통제할 수 없는 미지의 부분으로 흡수되어 버린다. 기지의 것은 언제나 인간이 구축하는 체계 너머에서 움직이는 미지의 x 아니면 X의 부분으로 [빠져들어] 갈 뿐이다."(62쪽) 『x의 존재론』, 고양, 경기: 사월의 책, 2017.

"… 미지의 영역으로 빠져들어 가지 않는 인간의 행위와 진리가 있습니까? 인간에

3.

아리스토텔레스는 그가 구축하는 형이상학의 함축 범위 안에서 수학, 물리학, 신학, 생물학 같은 여러 분야의 각론들을[2] 끌어냈다. 그는 이

의한 어떤 특칭도 거부하는 미지의 X 아니면 x로 빠져들어 가지 않는 행위와 진리가 있는가? 하는 문제의식이 있습니다. 그래서 X 또는 x로의 환원 곧 제1의 환원주의를 거부할 수 있는 능력 또는 가능성이 인간에게는 없다고 보는 겁니다."[원저의 표현에 약간의 수정을 가함](526쪽) 『x의 존재론』, 고양, 경기: 사월의책, 2017.

(2) "상대적 [제2의] 환원주의에 따르는 모든 철학자들은 일시적이고 상대적일 수밖에 없는 일상의 언어체계에서 빌려온 개념 또는 類들의 정합체계 아니면 類들 사이의 동일보존, 모순배제, 對待, 反求와 같은 논리적 매개 절차를 가지고 세계인식과 통제의 방법을 구축해왔다. 그렇게 해서 이른바 'logocentrisme' 또는 道通의 진리체계를 완성하며 이로써 도시의 체제와 자연의 질서를 통제 정리하는 데 기여한다고 생각했다."(182쪽)[원저의 표현을 부분적으로 수정함] 『안티호모에렉투스』, 제2판, 고양, 경기: 사월의책, 2017.

2) [아래의 풀이말과 따온글은 Σ2. "일생의 의문과 진로: 몸에 지닌 선택이란?"의 풀이말 5)와 그 따온글 (1) (2)를 반복하고 있음] 아리스토텔레스가 그의 『형이상학』에서 그 핵심 원리인 형상과 질료의 관계에 따라 순수이론으로서의 수학과 물리학과 신학의 주제를 설명하는 일관된 방법에 대하여 한 고대 그리스 철학 연구자가 정리하고 있다.(1) 나아가 아리스토텔레스의 경험과학으로서 생물학 분야 저술의 하나인 『동물의 운동에 대하여』를 해석하는 가운데 마사 누스바움은 어떻게 형상의 질료에 대한 [역학적] 관계가 생명 현상 이해에 적용되는지를 설명하고 있다.(2)

(1) "아리스토텔레스가 형상의 측면으로 본 존재 양식에 따라 이론의 학문들을 구분한 의도를 다시 생각해 보아야 한다. …… 물리학은 운동과 정지의 원리를 지닌 감각적 실체를 다루는데 이는 자연의 형상들을 연구하는 것이다. …… 수학은 감각적 실체에서 독립해 있는 것은 아니지만 변화를 동반하지 않는 양적인 형상들을 연구한다. …… 인간은 신학이라는 학문을 연구할 수 있는데 이는 인간 영혼의 일부 곧 그의 초감각적 형상이 신체의 감각적 질료로부터 분리될 수 있기 때문이다." John J. Cleary, "Emending Aristotle's division of theoretical sciences," ***The Review of Metaphysics***, vol. 48, no. 1 (1994), pp. 33-70.

후 역대의 철학자들이 그렇게 했듯이 그가 구축하는 확장된 형이상학의 범주체계 그 경계 안으로 진리의 패권을 잡아들이려고 시도한 것이다.[3] 이렇게 해서 그는 일상언어에서 빌려온 범주체계와 그에 따르는 추론규칙으로 이루어지는 인간의 경계 안에 갇힌 제2의 환원주의자가

---

(2) "살아있는 존재들의 행위를 설명하기 위해 개체들이 그들과 같은 종(species)에 속하는 다른 구성원들과 공유하는 기능적인 조직에 대해 언급해야 한다. 그것이 형상이라는 것이다. 사자는 살이 찌거나 마르는 데 따라 모양이 바뀌지만 여전히 동일한 사자이다. 그[사자]의 형상은 그의 [바뀌는] 모양이 아니고 그의 영혼 곧 생명 기능들의 조합이다."(p. 71) Martha Nussbaum, ***Aristotle's De Motu Animalium***, Princeton: Princeton University Press, 1978.

3) 이렇게 자연학에 다름없는 아리스토텔레스의 형이상학(1)에 도전했던 하이데거는 인간인 현존재(Dasein) 가운데서 아니면 그 바탕에서 현존재를 위협하며 불안에 떨게 하는 무(無)를 만났다.(2) 그도 현존재에 다가온 무에서 격파의 관계로 움직이는 운명의 양식을 인식할 수 없었다. 그렇게 무를 품고 있는 현존재의 경계 너머에서 그의 생명 또는 운명을 선험적 무화(無化) 이외의 전혀 다른 모양으로 침입해 들어오는 상상 밖의 이변 또는 격파의 운동이란 있을 수 있는 것이 아니었다. 그의 존재론 역시 20세기 '엄밀학으로서의' 현상학에 압도되어 버린 모든 철학적 시도와 함께 관념으로서의 인간 존재론에 갇혀 버린 것이다.

(1) "최종의 원인은 '어떤 것을 위한 선'일 뿐만 아니라 '어떤 행위의 목적으로서의 선'이다. ……이러한 목적들의 연속성은 무한할 수 있는 것이 아니므로 모든 운동의 마지막은 어떤 신적인 존재들에 이르지 않을 수 없다."(1069a) "신은 그러한 현실태 또는 완성태이다. 신의 본질적 현실태는 영원한 그리고 최선의 삶이다."(1072b) Aristotle, ***Metaphysics***, translated by Hugh Tredennick. Cambridge, MA, Harvard University Press, 1933, 1989.

(2) "실존 안의 불안은 대개 억제되어 있다. 그럼에도 불안은 실재한다. 다만 잠자고 있을 뿐이다. 현존재(Dasein) 가운데서 불안의 호흡이 항상 진동하고 있다. …… 무(無) 가운데에 떠 있음으로 현존재는 숨은 불안 위에 놓여 있고 그렇게 사람으로 하여 무의 처소가 되도록 한다." Martin Heidegger, ***What is metaphysics?*** (The basic text of Heidegger's inaugural lecture at the University of Freiburg in 1929). trans. Stephen Hicks.

되고 만 것이다.[4)]

아리스토텔레스에게 모든 운동의 마지막 원인은 모든 운동하는 것들이 실현하고자 지향하는 순수 현실태(actuality)이다. 따라서 그렇게 지향하는 운동을 하는 가능태로서의 질료는 언제나 보다 높은 단계의 현실태 곧 그것이 입고자 하는 형상으로 말미암아 움직이는 것이다. 그래서 최고의 형상이란 모든 존재하는 것들이 지향하는 순수 현실태로서 신이다. 신은 세계에 존재하는 모든 것들이 지향하는, 그러나 자신은 더 이상 지향해서 다가갈 데가 없는 운동의 마지막 원인이다.

말하자면 아리스토텔레스의 세계는 현실에 존재하는 모든 것들이 순수 가능태(순수 질료)에서 순수 현실태(순수 형상)에 이르는 하나의 설계도 곧 형이상학적 체계 안에 들어가 있는 것이다. 그는 결코 그가 구축하는 질서정연한 질료와 형상의 관계 또는 가능태에서 현실태로 나아가는 일관된 진행 체계의 바깥 곧 경계 너머에서 전혀 다른 모양으로

---

4) "그러나 그들은 그들 자신도 빠져 있는 [제2의] 환원주의라는 고치기 어려운 인류의 지적 경향으로부터 어떻게 탈출할 수 있는지에 대한 의문에까지는 이르지 못하고 있다. 그렇다면 동서고금의 수많은 과학자, 철학자들을 포함하는 인류의 보편적인 지적 경향 곧 모든 것을 향한 [제2의] 환원주의 사고 자체를 탈피할 수 있는 어떤 길이 있는가?"(61-62쪽) 『x의 존재론』, 고양, 경기: 사월의책, 2017.

"x의 존재론은 모든 과거의 환원주의와 다른 길을 가고 있습니다. 과거의 환원주의는 모든 미지의 것들을 가능한 한 기지의 것으로 환원시키려는 동기를 가지고 움직였습니다. 이를 [제2의] 환원주의로 가리킬 수 있습니다. x의 존재론은 모든 기지의 것들이 미지의 것으로 회귀해 들어갈 수밖에 없는, 말하자면 모든 기왕의 환원주의자들의 방향을 역행하는 흐름을 타고 있습니다. 이를 [제1의] 환원주의로 가리키겠습니다."(525-526쪽) 『x의 존재론』, 고양, 경기: 사월의책, 2017.

다가와 저런 관계 또는 체계를 격파하는 운동의 양식을 상상할 수 없었다.

*x*의 존재론은 진리의 패권을 인간의 경계 너머로 반환하려고 한다. 인간의 경계 너머로 반환된 진리의 패권 곧 그 미지의 *X*가 허용하는 한계 안에서 유한의 존재인 *x*의 존재론, *x*의 역사철학, *x*의 신학, *x*의 사회학[5)]같은 분야의 과제들을 이해하려고 하는 것이다. 그렇게 진리의 패권을 유한의 존재인 인간의 경계 너머로 넘겼을 때, 각 분야에서 펼쳐지는 우리들의 삶과 그 아래에서 움직이는 관점과 전략은 어떻게 바뀔까? (170802)

4.

왜 진리의 패권을 경계 너머의 *X*에 넘기려고 하는가? 인간 아무에게도 무오류성(infallibility)이나 그것을 위장한 독선이 가능하지 않기 때문이다. 도대체 인간 누구에게도 주관의 편향성을 벗어날 가능성이나 그가

---

5) 어째서 인류에게 가능한 삶과 행위의 분야가 *x*의 존재론, *x*의 역사철학, *x*의 신학, *x*의 사회학이라는 모양으로 주어지는가? 삶과 행위 주체로서의 인간 자아의 정체성 또는 개체성 나아가 유일성(uniqueness) 자체를 일상언어의 개념 또는 범주체계로써는 확인할 방법이 없기 때문이다. 그럼에도 지난 25세기 동안 철학의 거의 모든 전통에서는 그러한 개념 또는 범주체계 안에서 인간 자아의 정체성 또는 개체의 유일성을 정의하려는 시도를 해왔다.

일상언어의 개념과 범주체계에 따라 분류하는 생명의 종과 개체는 각각의 정체성은 물론, 각 개체의 분리 가능성조차, 현대 분자생물학의 유전체 분석이 보여 주는 모든 생명의 공통 체계 안에서 와해되어 버린다.("사사로운 대화록에서" 줄기글 3.의 풀이말 6) 보기)

주장하는 진리의 보편성을 증명할 근거가 없다. 그러므로 경계 너머로 진리의 패권을 넘김으로써 인간은 그의 경계 안에서 만들어내는 온갖 유형의 관념체계 이를테면 임의의 관습과 범주체계와 그에 의한 추론 규칙들로부터 자신을 자유롭게 하는 길을 모색할 수 있다. 어떤 종류의 자유가 가능한가?

고향을 떠나 이방인으로 타국에 종속해 살 수밖에 없었던 많은 유대 사상가들도 서구 전통에 대해서뿐만 아니라 그들 자신의 유대 전통에 대해서도 저항하며 살았던 기록을 남기고 있다. 그들 자신의 전통 가운데서 임의로 만들어낸 관습과 범주체계들로부터 해방을 쟁취하기 위하여 한 보편의 세계관을 지향했던 유대의 사상가들이 심혈을 기울여 모색한 결과는 여러 분야에서 빛나고 있다. 17세기 철학자 스피노자를 비롯하여 20세기에 등장한 사상의 혁명가들 칼 맑스, 지그문트 프로이드, 프란츠 카프카, 에드문트 후설, 알베르트 아인슈타인 같은 이들은 자기들이 태어나 성장했던 유럽의 각기 다른 국가와 문화에 소속하거나 동화될 수 없었기 때문에 그로부터 소외되거나 추방당하는 생애를 거쳐야 했다.[6)]

---

6) 그들은 그들의 삶과 사상이 어디에도 소속할 수 없었으므로 주변 존재이거나 경계 밖의 객인일 수밖에 없었다. 어떤 국가 어떤 문화에도 소속할 수 없었던 그들의 삶과 사상은 유대인이면서 유대 전통으로부터도 결별하여 세계를 향한 보편의 진리를 추구하며 이런저런 전통의 편협한 관습과 관념들로부터 탈출해서 얻을 수 있는 해방을 목표로 하였다.(1)

(1) "유대인들은 다양한 문명, 다양한 종교, 그리고 국가에 따라 다른 문화들 사이에 놓인 경계 지대에서 태어나고 자랐다는 점에서 **선천적으로** 예외자들이다. ……이 점이 그들로 하여금 사상적으로 그들이 소속한 사회를 넘어, 국가를 넘어, 시대와 세

그러나 그들이 목표로 지향했던 사상의 보편성은 각기 다른 전통에 예속해 사는 인간들의 편협한 관습과 관념체계를 참으로 타파하는 해방의 비전에 도달하였는가? 그들이 추구한 보편성의 한계는 어디에 멈추어 있는가? 그들이 모든 편협한 전통의 관습과 사상들을 타파하며 지향했던 해방 곧 그들이 목표로 했던 보편의 진리는 아직도 여전히 제한된 그들의 경계 안에 머물러 있다. 그렇게 그들은 그들이 추구하는 보편의 진리 곧 진리의 패권을 그들의 경계 너머로 환원하는 데에는 이르지 못하였다. (170805)

5.

실로, 사람에게는 그의 임의의 관습과 범주체계와 그에 의한 추론규칙들에 따라 판단하고 정의할 수 있는 '대상'이라고 할 만한 것이 없다. 그에게 대상이라고 할 만한 세상의 타자 또는 타인이라는 것이 존재하지 않는다는 것이다.[7] 그런 대상은 현상계에도 현상계 너머에도 존재하는

대를 넘어 초월하도록 만들었다."(p. 27) "그러므로 나는 유대인들이 국민 국가라는 경계의 부적절함을 깨닫고 그들의 유대교를 벗어나서 유대의 천재들이 남겨준 유산 곧 보편적인 인간 해방의 메시지로 돌아가는 길을 찾기를 희망한다."(p.41) Isaac Deutscher, ***The non-Jewish Jew and other essays***, Oxford: Oxford University Press, 1968; London: Verso, 2017.

7) "자연에 던져져 있는 한 물질적 존재는 그 자신의 뜻하는 바가 없이 사람들의 의도에 따라 다만 피동적으로 조작당하는 한낱 대상일 뿐이라고 생각하지만, 실은 오랜 역사 가운데 나타나는 뛰어난 탐구자들의 수없이 거듭된 질문과 실험에 의해 비로소 그가 지닌 실재의 비밀을 다만 부분적으로 드러내 보여주고 있을 뿐이다."(제Ⅱ장 "불멸의 존재 x에 대하여"의 줄기글 6.의 풀이말 22)에서)

"대상 또는 수단이기를 거부하는 존재를 이해하기 위하여 우리들이 할 수 있는 일은 그를 향해 질문으로 타진하는 행위이다. 영원에 소속하는 한 조각의 기억체계 x를

것이 아니다. 실은, 세상에 몸을 드러내 있는 모든 것은 현재하는 누구의 피상적 관찰이나 관리의 대상이기를 근본적으로 거부할 수밖에 없도록 경계 너머에 뿌리를 내리고 있기 때문이다. 그리고 그 경계 너머에는 세상을 향해 자신을 항상 부분적으로만 드러내며 그의 마지막 행위를 보류하는 *x* 아니면 *X*가 그의 숨을 죽이며 움직이고 있다.

세상에 몸을 드러낸 한 개체 존재 *x*는 그 '현재'의 경계 너머에서 움직이는 *X*에 제각각 제한된 모양으로 귀속함으로써 유한의 존재 근거와 고유한 특이성을 지니게 된다. 그렇게 한 개체 존재는 일상의 범주체계에 의해 정의하거나 일반화할 수 없도록 경계 너머에 각기 제한된 모양으로 뿌리를 내리고 있는데, 그럼에도 현상계에서는 다만 한 '피상적' 대상으로서만 존재하는 것으로 보일 뿐이다.

그러므로 누구든지 자신의 뿌리를 영원의 기억에 의지해 회고하며 경계 너머로 진리의 패권을 넘김으로써 그가 현상계에서 집착하는 주관의 편향성과 허구의 보편성으로부터 자유롭기를 시도할 수 있다. 그러나 그것이 각기의 미비함으로 인하여 결국에 불가능할지라도 적어도 자신이 휘두르는 주관의 편향성과 허구의 보편성이 절제(節制)되어야 한다는 깨달음을 얻는다. (171127)

향해 … 질문으로써 접근할 수 있다. 누구에게도 미리 마련된 해답으로 어떤 법칙이나 규범 또는 그의 정체성(identity)을 강제할 수 없기 때문이다."(제Ⅱ장 "불멸의 존재 *x*에 대하여"의 줄기글 6.에서)

i

『숲은 생각한다』 : 역사철학의 문제[1)]

풀이말

1) 이 글을 마치고 얼마 지난 다음에 돌이켜 보니 이는 마치 과거 1960년대의 인류학자 클로드 레비스트로스와 철학자 장-폴 사르트르 사이에 있었던 토론의 '리턴 매치'와 같지 않은가 하는 생각이 들었다. 그때 레비스트로스가 원시로부터 내려오는 삶의 영원한 패턴을 찾고 있는 데 대해 사르트르는 삶의 역사를 지배하는 항상 새로운 기투(企投, projeter)의 자유를 대비시켜 비판하고 있었다.

그런데 이러한 대비와 비판의 관계는 다시 거슬러 올라가면 17세기 프랑스 철학자 르네 데카르트의 패턴 곧 그의 해석기하학적 자연주의 세계관에 대해서 그 다음 세대의 이탈리아 나폴리 대학 수사학 교수였던 잠바티스타 비코(Giambattista Vico)가 인류 역사의 예측 불가능한 다양성을 대비시켜 비판한 사례를 이어가고 있다고 볼 수 있다.

여기서 『숲은 생각한다』의 저자인 인류학자 에두아르도 콘이 찾고 있는 것 곧 인류를 포함하는 생명 일반의 보편적 관계망 또는 삶의 보편적 패턴에 대해 나는 역사의 흐름을 통과하는 삶의 예측 불가능한 진로를 대비시켜 비판하고 있다. 여기까지는 데카르트와 비코, 레비스트로스와 사르트르가 이루어온 대비와 비판의 전통을 이어가고 있는 것으로 보인다.

그러나 x의 존재론에 따르는 역사철학의 관점은 에두아르도 콘의 대안을 넘어 다음과 같은 결론에 이르도록 이끈다. 말하자면 한쪽으로는 인류를 포함하는 생명의 내재적(자기 분열하는) 경향으로, 다른 한쪽으로는 자기초월적(한계를 격파해 들어오는) 절대의 영역으로 말미암아, 존재하는 모든 것이 예측할 수도 통제할 수도 없는 시간의 흐름 가운데로 함몰해 들어간다는 것이다.(아래의 줄기글 8. 9. 10. 보기) 그렇게 일상의 예측과 통제를 넘어 격파해 들어오는 시간의 흐름에는, 플라톤, 데카르트, 레비스트로스, 에두아르도 콘 같은 역대의 철학자들과 인류학자들이 잡으려고 했던 어떤 일정한 패턴도 보편적 관계망도 없는 것이다.

1.

인류학자 에두아르도 콘의 『숲은 생각한다』[2]를 읽으면서 놀랍도록 새로운 아이디어와 다시금 떠오르는 새로운 문제에 부딪히게 된다. 첫째로 저자는 인간적인 것들 너머의 자연에서 종(species)을 달리하며 살아가는 '자아들'을 만난다. 그렇게 종이 다른 자아들과 만남으로써 모두 한 울타리 안에 동거하는 생명공동체 곧 하나의 더 큰 '우리'라는 관계망을 이룬다.

둘째로 하나의 더 큰 '우리'라는 자아들의 공동체 곧 광역 생태계에서 종을 달리하는 그들이 서로 소통 교류할 수 있는 새로운 언어의 필요를 '종을 횡단하는 피진'(trans-species pidgins)[3]이라는 개념으로 제시한다.

---

2) 에두아르도 콘, 『숲은 생각한다』, 차은정 옮김. 고양, 경기: 사월의책, 2018. Eduardo Kohn, ***How forests think: toward an anthropology beyond the human***. Berkeley: University of California Press, 2013.

3) 저자가 사용하는 낱말 'pidgin'은 대략 다음과 같은 관행에 따라 쓰이게 된 것으로 알려져 있다. 다른 종들 사이에 공유하는 언어가 없음에도 불구하고 서로의 의사 전달

여기까지 와서 보면 한 과학자에게서 제시되는, 놀랍도록 폭넓게 생명 일반에 잠재해 있는 각기의 자아들을 만나며 감탄하지 않을 수 없다.

지난 20세기에 등장해 활약하던 많은 철학자들은 그들 이전의 어떤 위대한 철학자에 대해서도 그의 기여한 바를 제대로 평가하기 어려운, 말하자면 과거의 뛰어난 업적들이 거의 무효화 되어가는 한 개벽의 시대에 들어와 있음을 깨달았다. 그러다가 그들은 과거의 위대한 철학자들을 인정할 수밖에 없는 새로운 차원을 발견할 수 있었는데, 이는 그 위대한 철학자들이 제시한 해답들은 모두 무효화 됐으나 그럼에도 그들이 제기한 문제들이야말로 참으로 위대한 발견이었다고 평가해야 한다는 것이다.

같은 논리에 따라 『숲은 생각한다』는 저자 에두아르도 콘으로 하여금 인간적인 것들—이를테면 인간학—을 연구하는 과학자들 사이에서 위대한 문제의 발견자로 인정받을 만하게 하는 저작일 수 있는 것이다.

나는 그가 제시한 새로운 문제의 차원을 세 가지로 열어 보려고 한다.

이 가능하게 하는 어떤 대안의 언어 같은 것이 없을까 하는 저자의 필요에 따라 빌려온 낱말이 'pidgin'이다.

여기저기에 산재하는 자료들에서 수소문해 보면, 이 낱말의 내력은 서양인들이 초기에 무역선을 타고 중국의 항구 도시에 와서 언어가 달라 소통을 할 수 없을 때 임시 거래(business) 수단으로 만들어진 단순 낱말 수준의 표현들을 'business language'라고 이름 붙였고 'business'를 중국인들의 한어음(漢語音)으로 약식 표기한 것이 皮钦(píqīn) 곧 'pidgin'이다. 오늘날에도 공통언어가 없는 중간 지대에서 만들어지는, 그러나 아무에게도 고유한 것이 아닌 임시방편의 통용어를 일반적으로 대표해서 皮钦语(píqīnyǔ) 또는 'pidgin language'라고 부른다.

첫째로 생명의 종들을 횡단하는(trans-species) 공동체에 새로이 등장하는 과제가 무엇인가 하는 문제이다. 제각각의 유일 고유한 자아를 가진 서로 다른 개체들과 종들이 소통 교류할 수 있게 하는 대안의 언어 또는 기호를 찾을 수 있을 것이라는 가능성에 회의적이면서도,[4] 생명의 종들과 개체들이 제각각 그렇게 다름에도 불구하고 결국에 다 함께 영원의 시간을 통과해 전해져 온 태초의 기억에서 출발하며, 그것을 서로 다른 제각각의 상상으로 실현하는 '일생의 정해진 표현양식들'[5]을 공

4) 다른 종들 사이에 말하자면 발생 계통을 달리하는 존재들 사이에 공유하는 언어가 없을 때 서로 소통할 수 있게 하는 대안의 언어 같은 것을 찾을 수 있는가? 이를테면 전혀 다른 종들이 그들의 다름을 넘어 소통 가능하게 하는 공용어가 있을 수 있는가? 이 근본적 문제에 대해 무신론자로 자처하는 실존주의 철학자 사르트르는 『구토』에서(1), 신학자 칼 바르트는 '신의 말씀'을 다룬 『교회 교의학』의 한 부분에서(2) 도대체 그런 언어에 의한 '진정한' 소통 또는 대표 가능성을 부정하고 있다.

(1) "언어는 존재하는 모든 것들에게 인간이 휘두르는 하나의 폭력[의 도구]이다. 인간이 사용하는 언어와 그 언어가 다가가는 사물들 사이에 어떤 공통의 척도가 없기 때문이다. 공통의 척도가 없음에도 사물들에 다가가 인간이 자의(恣意)로 만들어낸 범주와 이름들을 매기는 것은, 그들에게 폭력을 휘두르는 것에 다름 아닌 것이다." (167쪽) "사르트르의 『구토』에서는 존재하는 것들이, 인간에 의해 그들에게 덧씌워진 속박상태 곧 온갖 이름들과 법칙들을 부수며 예측할 수 없는 모양으로 자유를 행사하는 주체들이 된다."(176쪽) 『*x*의 존재론』. 고양, 경기: 사월의책, 2017.

(2) "그러나 공통의 매체로서 인간의 일상언어가 자연 또는 사물들을 향해서, 더구나 신을 향해서 쓰일 수 있는지는 대단히 의문스럽다."(55쪽) "'신의 말씀'은 그의 행위 곧 그의 창조 행위이거나 그가 세상에서 이루는 역사(役事) 자체이다. 그렇다면 인간의 말이라는 것은, 다만 창조의 결과물 곧 자연과 그로부터 비롯하는 사물들에 피상적으로 갖다 붙인 껍데기에 지나지 않는 것이다. 그래서 신과 인간은 같은 말을 사용하는 것이 아니다."(72쪽) 『*x*의 존재론』. 고양, 경기: 사월의책, 2017.

5) 근본적으로 인간은 사르트르가 의심하듯이 사물 또는 대상 자체에 대해 합당하게 매길 언어도(위의 풀이말 4)의 (1) 보기), 칼 바르트가 경고하듯이 세계를 역사(役事)하

유한다는 점에 주의하고 있다.

둘째로 저자 에두아르도 콘이 인간적인 것들 너머에서 찾으려고 하는 '비인간적인 것들'을 하나의 더 큰 '우리'라는 자아들의 광역 생태계 또는 자아들의 긴밀한 관계망으로 묶어놓을 수 있을까 하는 근본적인 의문을 품게 된다. 여기서 '비인간적인 것들'의 실상은 무엇이며 과연 그것들이 더 큰 '우리'라는 관계망 가운데로 들어올 수 있는 것인지 돌이켜 점검해 보아야 하는 과제로 다가온다. 이는 다시 보다 큰 다음의 질문으로 이어진다.

셋째로 예측할 수도 통제할 수도 없게 일어나는 자연과 역사의 사건사변들이 통과하는 시간의 흐름이라는 것이 저자 에두아르도 콘이 강조하는 것처럼 과연 어떤 광역 생태계의 패턴 또는 보편의 형식 안에서

는 신의 행위에 대응하는 언어도(위의 풀이말 4)의 (2)와 제III장 "경계 너머의 X를 향하여" 풀이말 11) 보기) 지니고 있다고 주장할 수 없다. 인간인 우리들은 다만 사물 사건들이 일어나 다가오는 대로, 아니면 신의 역사(役事)가 이루어져 매겨지는 대로 그런 경험과 관찰의 모양을 묘사할 수 있을 뿐이다. 우리들이 일상에서 사용하는 언어와 그 범주들은 다만 다가오는 대로 그리고 매겨지는 대로 그런 경험과 관찰의 모양을 묘사하는 데 동원되고 있는 것이다. 따라서 과거의 철학자들이 일상의 언어와 그 범주들을 가지고 드러내려고 했던 실재의 정체성은 실은 그 자체가 저 닿을 수 없는 피안의 그리고 미지의 괄호 [ ] 안에 빠져 있는 어떤 것이다. 그것은 다만 미지의 변수 x 또는 X로서 다가오며 우리들의 운명을 좌우한다.

생명의 종들과 그 종들에 소속하는 개체들은 모두 영원의 시간을 통과해 전해져 온 태초의 기억을 가지고 그것을 발현시키는 일생을 제각각의 모양으로 엮어 간다. 그 모양의 기본은 이를테면 x, $\neg x$, $X(\ )$ 같은 단순한 그림으로 대표하지만 그것이 발현 또는 재현되어 구체화하는 각각의 모양은 그 공통의 성분이 없을 만큼 그래서 어떤 개념 또는 범주로써도 대표할 수 없을 만큼 개별적이다.

이해되거나 질서 매겨질 수 있는 것일까 하는 의문이 일어난다. 그러니까 자연과 역사가 통과하는 시간의 흐름이야말로 예측과 통제가 불가능하도록 인간과 그 밖의 모든 존재의 현실계를 초월하는 경계로부터 격파해 들어오는 것인데, 그런 것이 참으로 '비인간적인 것'의 실상이 아닐까(아래의 줄기글 4. 5. 7. 8. 보기) 하는 새로운 질문에 도달하게 되는 것이다. (180627)

2.

『숲은 생각한다』의 저자 콘은 "죽은 자의 가늠할 수 없는 '무게'"라는 한 마디의 설명에서 이렇게 말한다.

> "'나[라는 존재]'가 하나의 '나'인 것은 그[하나의 '나']가 형식(form) 안에 있기 때문이다. 말하자면 그[하나의 나]가 바로 그 특정한 한 사례(particular instantiation)를 넘어서 일반적인 존재 양식에 참여하기 때문이다."(360쪽)[6)]

위의 명제에서 저자는 고대 그리스의 철학자 플라톤이 '이데아'라는 보편적 틀 안에서 그것이 포섭하는 모든 개별적 특정 사례들의 존재 근거

---

6) 『숲은 생각한다』, 차은정 옮김. 고양, 경기: 사월의책, 2018. 위의 한글 따온글에 약간의 가필을 함.(1)

(1) "The *I* is an *I* because it is in form—because it partakes in a general mode of being that exceeds any particular instantiation of itself."(p. 211) Eduardo Kohn, ***How forests think: toward an anthropology beyond the human***. Berkeley: University of California Press, 2013.

를 찾았던 논리적 전략을—저자 자신의 거리두기에도 불구하고—가까이 따라가고 있다. 플라톤에 따르면 보편적인 것으로서 '이데아'는 출현(또는 삶)과 소멸(또는 죽음)을 거듭하는 모든 개별적 특정 사례들이 통과하는 시간의 바깥 곧 역사의 바깥에 실재하는 패턴이다.[7] 이처

---

7) 저자 에두아르도 콘은 출현과 소멸을 거듭하는 개별적인 특수 사례들이 거쳐 가는 시간의 흐름 바깥에서 유지되는 불변의 패턴을 찾고 있다. 그러면서 그는 시간의 흐름 바깥에 실재하는 불변의 패턴이 어떻게 플라톤의 시간을 초월하는 실재인 이데아와 다른 것인지를 해명하려고 한다.

이를테면 아마존의 강들(rivers)은 그냥 아무 데로나 흘러가는 것이 아니다. 그 강들의 분포는 여러 가지 요인들에 의해서 제약이 되는데 그런 요인들이 하나의 패턴을 만들어낸다. 그런 요인들이 일정한 패턴을 만들어내는 '형태의 역학'(morphodynamic)이 일반적인 형식(form)을 특징짓게 하는 것이다.(1)

이는 분명히 당시 일상언어의 범주체계에 뿌리를 두고 있는 플라톤의 보편적인 것 곧 이데아와는 다른 것이라고 변호할 수 있다. 그 밖에 어떤 주요한 차이가 있는가?

지구상에 분포되어 있는 자연의 종들을 횡단하는(trans-species), 그래서 언어와 그 범주를 벗어난 일반적인 패턴으로서의 '형식'은 그것을 만들어내는 현실의 역학적 요인들이 통과하는 시간을 '동결하는' 결과를 가져온다고 말할 수 있다. 말하자면 다른 지역들에서 역사적으로 현실화되고 있는 결정체들은 드디어 '역사 바깥에서' 자체적으로 강화된(self-reinforced) 한 패턴에 참여한다는 것이다.(2)

시간을 동결하며 나타나는 일반적 패턴으로서 형식은 역사적인 흐름 가운데서 결정되지만, 동시에 역사 또는 시간 바깥에 일반적인 것으로서 실재할 수 있는 것이다. 이는 과연 어떤 면에서 플라톤이 말하는 보편의 실재로서의 이데아와 다른 것인가 하는 질문이 떠오른다. 시간의 흐름을 동결하며 '시간 바깥으로' 나가서 실재하는 일반적 패턴이라는 에두아르도 콘의 '형식'은 그것이 포섭하는 개별적인 특수 사례들(particular instantiations)을 대표한다는 그 점에서 플라톤의 논리적 전략에 따라 발상하는 것이라 볼 수 있다.

이 같은 플라톤 유의 아니면 에두아르도 콘 특유의 논리적 전략에 따라 일반화된 또는 동질화된 결정체로서 보편 형식은 그것을 깨뜨리며 언제나 예측 불가능하게 다

럼 항상 예측할 수도 통제할 수도 없게 출현과 소멸을 거듭하는 시간의 흐름 바깥에서 변함없이 지속 존재하는 것을 찾는 플라톤의 논리적 전략에 대해 저자 에두아르도 콘은 다음과 같이 호응하고 있다.

"이 부재하는 것들[과거의 모든 망령들과 사건들]과의 긴밀한 관계에 힘입어 무시간적인(timeless) **나**는 존속한다. [그 무시간적인] **나**는 형식(form) 안에 있으며 역사의 바깥에(outside of history) 있다."(362쪽)[8)]

가와서 격파하는 시간의 축을 간과한 존재론적 한계를 지니게 되는 것이다. 말하자면, 그렇게 시간의 흐름을 동결해서 나타난 결정체로서의 보편 형식은 다시금 현실의 역사 가운데서 시간의 종속 변수이기를 거부할 수 없는 운명에 놓인다.(아래의 줄기글 8. 보기)

(1) "이러한 패턴화의 다수는 자기-조직적인 창발 현상 또는 디콘의 용어(Terrence Deacon 2006, 2012)로는 '형태-역동성'(morphodynamic)으로서 형식을 발생시키는 역동성으로 분류될 수 있다. …… 하천에 관해 말하자면 그 강물은 아마존 아무데로나 흘러가는 것이 아니다. 오히려 하천의 분포는 다양한 요인들에 의해 제약됨으로써 하나의 패턴을 이룬다. 소용돌이에 관해 말하면, 적절한 조건 아래에서 장애물을 둘러싸고 흐르는 빠른 물살은 … 자기-강화하는 순환 패턴을 창출한다."(274쪽)(p. 159-160) 에두아르도 콘, 『숲은 생각한다』, 차은정 옮김. 고양, 경기: 사월의책, 2018. Eduardo Kohn, ***How forests think: toward an anthropology beyond the human***. Berkeley: University of California Press, 2013.

(2) "… 형식은 어떤 의미에서 그리고 잠시 시간을 동결(freeze)한다. 이처럼 다양한 상황에 놓여 있는 그리고 역사적으로 우연한 이 모든 배치들은 이제 … 자기-강화하는 패턴에 '몰(沒)역사적[ahistorical]으로' 참여하게 된다."(310쪽) (p. 180) "… 형식의 편재성(ubiquity)은 시간에 관여한다. 형식은 시간을 동결한다."(312쪽) (p. 182) 에두아르도 콘, 『숲은 생각한다』, 차은정 옮김. 고양, 경기: 사월의책, 2018. Eduardo Kohn, ***How forests think: toward an anthropology beyond the human***. Berkeley: University of California Press, 2013.

8) "And it is in this realm that the timeless *I* continues, by virtue of its intimate relation to these absences. The *I* is in form and outside of history"(p. 213) Eduardo Kohn,

이는 시간의 흐름 가운데서 출현과 소멸을 거듭하는 모든 변화하는 것들과 부재(不在)하는 것들, 인간적인 것들과 비인간적인 것들을 무시간적인 '역사의 바깥'으로 끌어내어 긴밀하게 짜인 하나의 '관계 틀' 안에서 동질화 또는 일반화하는 논리적 전략에 해당하는 것이다. 그렇게 존재하는 모든 것들, 또는 인간적인 것들을 넘어 부재하는 것들, 그리고 비인간적인 것들까지도 모두 긴밀하게 짜인 '일반적 동질적인 것들의 틀' 안에 넣어 하나의 더 큰 '우리'(a greater *Us*)라는 자연 생태계를 구축하려는 시도이다. 하나의 더 큰 '우리'를 지향하는 저자의 마지막 결론은 다음과 같다.

> "나는 '여기에서' 우리에게 그 자체로 느껴지는 일반적인 것에 관해 말하는 동시에 '저기에서' 우리 너머로 확장하는 일반적인 것에 관해 말하려고 노력했다. 이렇게 사고를 열어 [놓음]으로써 우리는 더 큰 '우리'(a greater *Us*)—우리의 삶뿐만 아니라 우리 너머에서 살아갈 저들의 삶 속에서 번영하는 '우리'—를 깨달을 수 있다."(390쪽)[9]

이렇게 인간적인 것들과 비인간적인 것들을 하나로 아우르는 더 큰 '우리' 가운데서 이쪽의 살아있는 자들과 저쪽의 죽은 자들 또한 하나의 긴밀한 관계망을 구축하고 있다.

> "… 죽임으로써 일종의 관계성이 열린다. …… 루나족은 죽이기 때문에—이렇게 해서 자[아]들(selves)의 거대한 생태계의 부분이 되기 때

How forests think: toward an anthropology beyond the human. Berkeley: University of California Press, 2013.

9) 에두아르도 콘, 『숲은 생각한다』, 차은정 옮김. 고양, 경기: 사월의책, 2018.

문에—숲 그리고 세계에 주술을 거는 일종의 활기(animacy)와 친밀한 관계를 맺는다. …… 저 미래를 가능하게 만드는 죽음들과의 관계 속에서 살아있는 미래를 사고하는 것, 인간적인 것을 넘어선 인류학이 이것을 습득할 수 있는 길은, 생각하는 숲에 모여 사는 수많은 부류의 실재하는 타자들—동물들, 죽은 자들, 영들(spirits)—에 대해 세심하게 관여하는 것이다."(372-373쪽)[10] (180603)

3.

삶과 죽음, 나의 삶과 타자의 죽음 또는 나의 죽음과 타자의 삶, 그리고 인간적인 것들과 비인간적인 것들까지도 모두 긴밀한 관계망 곧 일반화한 보편의 틀로 묶어서 하나의 더 큰 '우리'라는 생태계를 구축하는 논리적 전략을 일시적 부분적으로 추구할 수는 있다. 이는 역시 세상의 대립하는 모든 것들이 서로 차례대로 생성 소멸하며 이루는 긴밀한 관계망 가운데서 삶과 죽음을 이해하는 고대 중국 및 그리스전통의 자연관에서도 확인할 수 있는 일반화의 논리이기도 하다.

그러나 하나의 더 큰 '우리'라는 긴밀한 관계망에 대한 저자 에두아르도 콘의 발상은 아마도 고대 그리스로부터 내려오는 헤라클레이토스의 '로고스'라는 개념에서 비롯하는 것으로 풀이할 수 있다. 플라톤에 앞서 헤라클레이토스는 이미 삶과 죽음이 서로 긴밀하게 연대하는 관계의 연속성을 다음과 같이 직시하며 변화의 보편적 틀을 구축하고 있다.

---

10) 에두아르도 콘, 『숲은 생각한다』, 차은정 옮김. 고양, 경기: 사월의책, 2018.

"불사자(不死者)들은 가사자들이고 가사자(可死者)들은 불사자들이다. 저들의 죽음을 살고 저들의 삶을 죽는다."(DK22B62)[11]

플라톤의 '이데아'에서 헤겔의 '이데'(Idee)에 이르기까지, 그리고 다시 니체의 '영원 회귀'에 이르기까지, 우주 안의 모든 개별적 특수 사건사례들의 시간적 전개를 하나의 '무시간적' 관계망 곧 변화의 보편적 틀 안으로 수렴 환원하는 논리적 모델[12]을 전통 철학자들의 습관에 따라

---

11) 탈레스 외, 『소크라테스 이전 철학자들의 단편 선집』, 김인곤 외 옮김. 서울: 아카넷, 2005.

12) 헤겔이 '이데'(Idee)라는 보편의 패턴에서, 그리고 니체가 '영원 회귀'라는 보편의 패턴에서 그랬던 것처럼 에두아르도 콘도 역시 개별적 특수 사건사례들의 시간적 전개를 그것들을 포섭 수렴하는 보편의 패턴 또는 형식에 호소하는 데서 플라톤의 논리적 전략을 따르고 있다. 특히 가시적으로 개별화해서 나타나는 신체적인 것들에 대조해 볼 때, 영혼은 그렇게 개별화하는 시각적 단절 또는 불연속성을 넘어 미래로 연장해서 나아갈 수 있게 하는 일반 형식(form)을 띠고 있다고 주장하는 데서 에두아르도 콘은 확실히 플라톤주의자이다.(1)

플라톤주의자들은 단막단절들로 엮여가는 불연속적 현실의 역사가 마치 무시간적인 관념의 형식 안에서 전개되는 것으로 정리하려고 여전히 인간적인 시도를 하고 있는 것이다. 에두아르도 콘이 이러한 무시간적 효과를 유도하는 플라톤의 논리적 전략을 따르고 있음을 보여주는 가장 뚜렷한 특징은, 인간적인 것과 비인간적인 것을 아우르는 광범위한 생태계의 관계망을, 20세기의 실용주의 논리학자 찰스 퍼스의 기호이론에 따라, 치밀한 기호체계의 패턴 안으로 수렴 환원하고 있다는 데 있다. 『여섯 번째의 멸종』을 경고하고 있는 엘리자베스 콜버트는 이런 상징 또는 기호체계에 의해 지나치게 자연과 세계의 한계를 위반 확장함으로써 맞이할 통제 불가능한 위기를 경고하고 있다.(2)

에두아르도 콘의 『숲은 생각한다』에 대한 해석과 논평에서 프랑스의 철학적 인류학자 브뤼노 라투르는 자연과 그 생태계의 다양성을 하나의 긴밀한 관계망으로 수렴 환원하는 데에 난관이 있음을 의식하고 있다. 자연의 비인간적인 양식의 존재들을

포섭하며 하나의 긴밀한 관계망으로 일원화해 놓은 연속성은 일시적인 것일 뿐, 다시금 그 연속성을 깨뜨리며 뜻밖에 분출하는 사태의 불연속성은 피할 수 없는 현상계의 모습이라는 것이다.(3)

그런데 그 불연속성의 뿌리는 어디에 있는가? 자연의 사태와 사건들이 통과하는 시간의 축은 언제나 예측할 수도 통제할 수도 없게 불연속적인 단막단절의 패턴이 지배하고 있다.(다음의 줄기글 4. 5. 보기) 그 불연속적인 패턴은 자연의 사건사례들로 하여금 어떤 하나의 긴밀한 관계망 형식으로 일원화하는 것을 허용하지 않는 것이다.

그러나 브뤼노 라투르가 에두아르도 콘이 설명하는 긴밀한 관계망의 연속성에 의문을 제기할 때 자연과 역사를 지배하는 불연속적인 시간 축을 근거로 하고 있지는 않다. 브뤼노 라투르도 에두아르도 콘도 여전히 그들의 존재론에서 예고 없이 다가오는 격파의 충격 때문에 불연속적으로 흐르는 시간의 축은 주요 고려 사항으로 논의하고 있지 않은 것이다. 그런 점에서 그들의 존재론은 아직 관념론적이다.

(1) "특정의 소속은 없지만 실재하는 영혼은 그러한 형식의 연속성 가운데서 살아간다. 영혼은 일반적이다. 신체들은 [특정의 소속이 있어서] … 개별화한다. 이것은 살아있는 미래들에 대한 어떤 것을 포착한다. 생명은 어떤 방식으로든 항상 저러한 종류의 단절[특정 소속으로 개별화됨]을 넘어 영혼이 예시하는 종류의 연속성을 실현하기 때문이다."(372쪽) (p. 218) 에두아르도 콘, 『숲은 생각한다』, 차은정 옮김. 고양, 경기: 사월의책, 2018. Eduardo Kohn, ***How forests think: toward an anthropology beyond the human***. Berkeley: University of California Press, 2013.

(2) "인류가 자연의 사물들을 대체[표상]하는 신호들과 기호들을 사용하기 시작하면서 그들은 세계의 한계를 밀고 넘어갔다."(p. 266) Elizabeth Kolbert, ***The sixth extinction: an unnatural history***. New York: Henry Holt & Co., 2014.

(3) "모든 실체들 사이의 연결망을 구축하기 위해 하나의 동질적인 개념을 사용하고자 하는 시도는 … 강력한 그러나 단명의 효과를 가져온다. …… 물론 숲이라는 것을 자라나는 씨앗들, 쓰러지는 나무들, 놀란 원숭이들, 총을 겨누는 사냥꾼들, 꿈을 꾼 아버지들, 죽은 엄마들이 하나의 연대를 이루게 하는 것으로 생각하는 것은 경탄할만한 것이다. … 그러나 그 모든 것들을 '숲은 생각한다'로 요약한다면 다음과 같은 반응에 직면하게 된다. '잠깐, 당신은 우리에게 놀라운 [자연의] 연속성을 제시했지만 나는 [동시에] 불연속성을 포기할 생각은 없다. … 여전히 씨앗과 꿈, 포식자와 먹이를 혼동하고 싶지는 않다.' " Bruno Latour, "On selves, forms, and

에두아르도 콘이 그의 인류학에서 차용하고 있는 것이다.

콘은 인간적인 것들을 그 너머의 비인간적인 것들의 시선으로 바라봄으로써 하나의 더 큰 '우리'라는 생태계의 관계망을 구축하려고 한다. 이는 '도'(道)와 '로고스'(λόγος)라는 일반화의 틀에 호소함으로써 자연과 우주의 상반되는 성분들을 통일적으로 설명하고자 시도한 전통 철학자들의 이른바 '상대적'(임의로 구축한 보편적 틀에 호소하는) 환원주의에 해당한다.

그러나 그런 상대적 환원주의를 시도하는 철학자들과 과학자들에게 과연 한계 너머의 시선 또는 그런 관점으로 들어가 거기에서 세상의 덧없는 시간 축을 압축해서 무시간적 틀 안으로 묶어 넣을 수 있는 능력과 자격이 주어질 수 있는지에 대해서 상당한 의문이 남는다.[13] "인류

---

forces," Commentary on E. Kohn, ***How forests think: toward an anthropology beyond the human***. in ***HAU: Journal of Ethnographic Theory***, November 2014, Vol. 4(2), pp. 261-266.

"당신은 언제나 동질성을 확보하기 위해 당연히 순탄하고 연속적이어야 할 것들 이면에서 별것 아닌 불연속적인 것들을 찾아냄으로써 [문제의] 이질성을 무시해 버린다는 [그들의] 비난을 받을 것이다."(p. 94) "매번 모든 연결 고리에서 [연속론자들은] 어떤 연속성으로도 숨길 수 없는 복합적인 이질성, 전혀 뜻밖에 드러난 불연속성을 은폐하는 데 성공한다."(p. 432) Bruno Latour, ***An inquiry into modes of existence: an anthropology of the moderns***, trans. Catherine Porter. Cambridge, MA: Harvard University Press, 2013.

13) "나비도 인간도 백 년의 나무도 45억 년의 지구도 각기 그의 출현과 소멸의 시원을 추적해 올라가다 보면 모두 영원 [ ]의 구도(構圖) 가운데서 배당받은 '시간'의 것들이다. 그것들은 우리에게 잡히지 않는 어떤 미지의 구도를 중심으로 펼쳐진 사례들이며 부분들일 뿐이다. …… 생명의 개체들은 그렇게 기억할 수 없는 영원 [ ]의 시간에 빠져 있다."(55쪽) "생명은 언제나 미지의 [ ]를 향하여 모색하며 결단한다. 감

의 문명 이후 그렇게 오랫동안 자연을 탐구해온 이들은 왜 아직도 질문을 멈출 수 없을까? 그들이 아무리 많은 기지(the known)의 것들을 잡았다고 해도 그것들은 여전히 그들의 질문조차 받기를 거부하는 미지(the unknown)의 종속 변수이기 때문이다. …… 모든 기지의 것들은 그 결국의 운명을 결정하는 미지 그것의 껍데기다."(223쪽)[14] (180604)

4.

통제할 수 없는 시간의 흐름 가운데서 다가오는 사건들, 이를테면 소행성 충돌, 지층붕괴, 화산폭발, 대홍수, 기후변화에 따르는 생명의 멸종과 변종 또는 생명 자체의 소멸 같은 격파의 사건들이 태초로부터 지구 위에 분포된 생명의 종들과 개체들의 운명을 결정해 왔다. 태초의 격파 곧 '빅뱅' 때에 생명의 종들과 개체들은 존재하지 않았고 종말의 격파 곧 '빅 크런치'(big crunch) 때에도 생명의 종들과 개체들은 존재하지 않

각과 판단, 사유와 행위는 모두 끝내 그 피상(皮相)의 확실성을 잃고, 생명이 그 실현을 위해 벌이는 탐구행위 곧 그 인식의 빛이 뚫을 수 없는 미지의 바탕으로 빠져들어 간다. …… 인간은 그 밖의 類들과 함께 불가해한 [ ]에 빠져 거기서 한낱 '흔들리는' 순간의 존재가 된다."(168-169쪽) 『안티호모에렉투스』, 제2판. 고양, 경기: 사월의책, 2001, 2017.

14) "세상의 흐름이 단절과 점들, 우연과 비약들의 모음으로 보이지 않는 것은 생명의 존재가 끝을 알 수 없는 영원의 시간을 향해 끊임없이 던지는 그물과 시나리오, 기대와 희망 때문이다. …… 스티븐 굴드를 비롯한 몇몇 고생물학자들은 종(species)의 출현과 소멸을 종의 점진적 변이와 적자(the fitter) 생존에 의해 설명하는 다윈 이후의 고전적 진화론을 비판한다. …… 그들에 따르면 수십만 년 또는 수백만 년 동안 진행되는 종들의 형태 변이 또는 그들의 운명을 좌우하는 것은 그 종들이 자체 내적으로 지닌 유전 체계의 변이나 적자생존이 아니라 지질학적 증거에서 추정할 수 있는 것과 같은, 예측할 수 없이 추가되는 생존 조건들의 급격한 변화와 그에 따르는 종의 우연한 분기(divergence)라는 것이다."(325쪽) 『*x*의 존재론』. 고양, 경기: 사월의책, 2017.

을 것이다.

생명의 종들과 개체들이 출현해서 통과해 가는 운명의 단막극들 또한 각각의 단절마다 (태초의 순서에서처럼) 격파로 시작해서 (일생의 순서에서처럼) 격파로 마무리된다. 이렇게 단막단절들로 엮여서 진행하는 운명 또는 역사의 시간 축은 생태계의 어떤 긴밀한 관계망도 무너뜨리며 다가오는 격파의 사건들로 이어진다. 그리고 이는 저자 에두아르도 콘이 구축하는 관계망인 하나의 더 큰 '우리' 가운데로 포섭할 수 있는 종류의 사건들이 아니다.

생명의 단위로서 개체 존재들이 각각의 다른 운명에 따라 통과하는 일생의 시간 축은 언제나 그들 자신이 관리 통제할 수 없는 단막단절들로 엮여가고 있다. 그렇게 생명의 역사를 이어 가는 단막단절로서 각각의 일생은 태초의 순서 '$X(\ ) \Rightarrow x \Rightarrow \neg x$'와 일생의 순서 '$x \Rightarrow \neg x \Rightarrow X(\ )$'라는 영원의 시간 축을 따라 통과해 가는 것이다.[15] (180605)

5.

따라서 저자 에두아르도 콘이 인간적인 것 너머에서 만나 소통할 수 있다고 믿는 '비인간적인 것'을 하나의 더 큰 '우리' 또는 하나의 긴밀한 관계망 안에 담을 수 있는 것인지 그것을 보장할 수 없는 것이다. 비인간적인 그것은 인간적인 것에 대해 반드시 '우리'라는 관계로 함께 할

15) "개체 생명 x에 대한 미시분석과 거시분석 연습," 『x의 존재론』. 고양, 경기: 사월의 책, 2017.

만큼 언제나 우호적인 것도 아니다. 더구나 그것은 '우리'라는 관계로 만나기에는 전적으로 불가능한 그래서 오직 그것에 격파당하며 순응할 수밖에 없는 '절대 초월하는' 사건사변으로 닥쳐오는 것이다. 하나의 더 큰 '우리'라는 하나의 긴밀한 관계망은 그 규모가 크든 작든 비인간적인 격파 곧 빅뱅으로 시작해서 다시 비인간적인 격파 곧 빅 크런치로 함몰하는 영원의 시간 축으로 함몰해 들어가고 있다. 언제나 '임시로' 배당된 시공간 안에서 이루어지는 생태계의 관계망은 결국에 영원의 흐름에 소속하는 시간의 축을 벗어날 수 없는 종속 변수일 뿐이다.

이 세상을 살아가는 생명의 종들과 개체들 사이에서 이루어지는 어떤 긴밀한 관계 질서에 대해서도 예고 없이 간섭해서 단절의 토막극들로 엮어 가는 절대 초월하는 자의 시간 축을 대변하는 운명관이 거대한 외세의 침입으로 혼란에 빠져 있던 BCE 2, 3세기 이스라엘의 한 설교자에게서 나왔다.

> "그러나 하느님께서 사람에게 역사[또는 영원/어둠 속에 가려져 있는 시간]의 수수께끼를 풀고 싶은 마음을 주셨지만, 하느님께서 어떻게 일을 시작하여 어떻게 일을 끝내실지 아는 사람은 하나도 없다는 것을 나는 알았다."(「전도서」 3:11)

그러므로 하나의 더 큰 '우리'라는 생명의 관계망을 구축하는 논리적 작업에서 관념적으로는 성공한다 하더라도 현실적으로는 항상 그 임시의 관계망을 향해 밖으로부터 다가오는 격파의 충격을 예고 없이 맞이할 수 있다. 인간적인 것 바깥에 무한하게 펼쳐져 있는 비인간적 잉여지대를 완전히 수렴 포용할 수 있는 어떤 존재론적 틀도 신학적 틀도 있을 수 없다는 것은 문명 이후 오늘에 이르기까지 그것을 '도'(道)와 '로고스'(λόγος)라는 보편의 개념 틀에 의해 모색했던 전통의 철학자들이 반면교사로서 증언해 주고 있다.[16] (180606)

6.

그러나 『숲은 생각한다』의 저자 에두아르도 콘은 인류학자로서 보기 드문 통찰력과 반성의 깊이를 가지고 존재론적 관점의 전환에 해당하는 일을 이루었다고 평가할 수 있다. 말하자면 일상에서 만나는 자연과 생명의 존재들은 모두 각각의 '자아'를 가진 '주체'이므로 그들을 한낱 '대상' 또는 '타자'로 바라보는 인간의 시선을 수정해야 하는 분명한 이유를 제시했다. 이는 총을 겨누면서도 그 겨눔을 당하는 한 마리의 사슴에게, 또는 도끼로 내려치면서도 도끼에 꺾여 넘어지는 한 그루의 나무에 그 자신의 자아와 영혼이 있음을 망각하지 말아야 하는 존재론적 도덕적 근거로서 충분한 것이다. 이는 또한 현대 문명에서 아득하게 먼 야생의 지대에서 동거동락하는 체험을 통과한 인류학자에게 떠오른 한 깊은 자아비판의 표현으로 보인다.

그리고 바로 이 점에 이르러서 저자 에두아르도 콘이 이루어낸 존재론적 전회는 x의 존재론에서도 자체의 논리적 전개의 한 단락으로 이해 수용할 만한 것이다.[17] (180616)

---

16) 풀이말 12)과 13) 보기.

17) 에두아르도 콘은 자연을 구성하는 생명의 존재들을 모두 각각의 '자아'를 가진 '주체'로 이해했다. 그는 이렇게 그들을 한낱 '대상' 또는 '타자'로 바라보는 인간의 시선

7.

에두아르도 콘은 예일대학의 한 세미나에서 미리 발표한 다섯째 장의 원고 "Form's effortless efficacy"(형식의 노고 없는 효력)에 덧붙인 임시해설에서 자신의 문제접근이 '실재론자'(realist) '연속론자'(continuist) '발현주의자'(emergentist)의 관점으로 이루어지고 있다고 말한다. 특히 연속론자의 관점에 따르면 마음은 물질로부터 단절되어 있지 않고, 인간적인 것은 비인간적인 것으로부터 단절되어 있지 않고, 신호(signs)는 그것이 대표하는 세계로부터 단절되어 있지 않다고 한다.[18] 그런데 이

을 수정해야 할 만한 충분한 이유를 제시한다.

그렇다면 그 자아들 또는 주체들은 에두아르도 콘이 제시하는 하나의 더 큰 '우리'라는 생명의 관계망 안에서 안주하며 적응하는 존재의 순탄한 일생들을 계속할 수 있을까?

에두아르도 콘은 하나의 더 큰 '우리'라는 큰 관계망 안에 포섭되어 있다고 이해하는 이른바 '비인간적인 것들'이 실은 그 생명의 큰 관계망을 뚫고 침투해서 거기에 소속하는 자아 존재들 각각의 생존 자체를 위협하며 예측도 통제도 불가능한 초월의 역량으로 다가온다는 사실을 간과하고 있다. 그리고 그렇게 안전하다고 생각하는 '우리'의 관계망을 격파하며 다가오는 '비인간적인' 것들의 위협과 위기에 항상 노출되어 있는 각자의 생존 상황에 대해서는 어떤 철학자도 경고하지 않았다.(1)

(1) "고르기아스와 칸트는 인간 이해력 너머의 대상에 대하여 판단중지를 함으로써 적어도 소극적인 미니멀리스트가 되었다. …… 그러나 … [인간] 이해력 너머 또는 현실 세계 너머 영원의 '그것'이 끊임없이 반복되는 '현재'에 어떤 모양으로 [침입해서] 재현하는지[에 대한 어떤 문제의식도 남겨 주지 않았다]."(205쪽) 『x의 존재론』. 고양, 경기: 사월의책, 2017.

18) "나의 접근법은 실재론자, 연속론자, 발현론자의 것이다. 이로써 연속성을 가로막는 종류의 기이한 '실재'를 보다 근본적인 과정들에 의해 이해할 수 있게 하는 이론적 틀을 구축하려는 것이다. 마음은 물질로부터 단절되어 있지 않고, 인간적인 것들은 비인간적인 것들로부터 단절되어 있지 않고, 기호들은 그것들이 표상하는 세계로부터 단절되어 있지 않다." Eduardo Kohn, 'Framing,' "Form's effortless

러한 연속론자의 관점과 접근 방법은 17세기 서구에서 이루어진 자연의 통일성을 향한 근대과학의 야심찬 프로그램의 일부라고 이해할 수 있다.

과연 마음(mind)은 물질(matter)로부터 단절되어 있지 않은가? 이 질문에 대한 답변의 긴 역사에 결정적으로 기여한 두 철학자인 아리스토텔레스와 칸트는 마음의 개념적 사유 형식 가운데로 수렴 환원할 수 없는 실재로서 'matter'를 '질료' 또는 '물자체'로서 인정한 바 있다. 따라서 'mind'와 'matter'를 하나의 연속선 위에 놓기에는 여전히 다툼의 여지가 크다. 신호 또는 기호가 그것이 대표하는 세계로부터 단절되어 있지 않다는 주장 또한 같은 인식론적 반성에 따라 타당성을 잃은 지 오래되었다.(풀이말 12) 보기)

나아가 인간적인 것으로부터 단절되어 있지 않다고 가리켜 말하는 '비인간적인 것'의 실상이 무엇인가를 따져 보면 그것은 결코 인간적인 것과 '동거하는' 하나의 더 큰 '우리'라는 관계망[19] 안으로 수렴 환원할 수

---

efficacy: a multispecies Amazonian account," ***Agrarian Studies Colloquium Series***, Yale University, January 23, 2009.

19) 비인간적인 것과 인간적인 것이 함께 동거하는 하나의 더 큰 '우리'라는 차원의 관계망 또는 그 형식에 대한 저자 에두아르도 콘의 설명은 저서의 5장 "형식의 노고 없는 효력"에 집중되어 있다. 거기서 그는 하나의 더 큰 '우리'라는 관계망 안에다가 그런 관계망을 형성하기까지의 사건사례들을 포함하는 역사와 그 특징적인 효과들을 축약해서 형식화하고 있다. 말하자면 역사와 그것이 통과하며 만들어 내는 시간의 흔적들이 하나의 관계망이라는 무시간적(timeless) 형식 안에 집약되어 있다고 말하는 것이다.(1)

그리고 그 무시간적 형식을, 그는 한 특정 언어체계 또는 문장 형식 안에서 그 성분

없는 초월의 경계에 소속하는 실재임을 확인할 수 있다. 여전히 그리고 언제나 비인간적인 차원에서 움직이는 절대 초월하는 존재의 메시지가 무엇인지를 탐구하는 과학자들과 신학자들이 있음을 기억할 필요가 있다. (180618)

8.

생명의 종들과 개체들이 미지의 변수 *X* 앞에서 격파당해 화석화되어 남겨진 과거 수십억 년 동안의 기록이 바로 현존하는 생명의 종들과 개체들의 토양인 지층을 이루고 있다. 이처럼 생명 자체가 그 태초의 순

낱말들이 변화를 겪으며 통과해 온 과거 역사가 압축 흡수되는 원리에 비유해 설명하고 있다.(2) 생명의 관계망을 이루는 무시간적 패턴 또는 형식은 그의 설명에 따르면, 한 문장의 논리체계가 그 성분 낱말들이 거쳐 온 역사를 압축 흡수해서 이루는 무시간적 패턴 또는 형식과 같은 것이다.

(1) "한 언어의 단어들이, 그 기원들이 지닌 개별 역사들로부터 크게 이탈하는 방식으로 [하나의 문법체계 안에서] 서로 관계할 수 있는 것처럼, 주재자들의 영역에서는 역사의 선형성이 형식에 의해 교란된다. 스페인 점령기 이전의 추장제의 위계들, … 번화한 시장이 있는 읍면들, 그리고 20세기 초반의 대농장들은 당연하게도 각각의 고유한 시간적 맥락을 가진다. 그러나 그것들은 이제 모두 동일한 형식에 사로잡혀 있고 그렇게 해서 어떻게 언제 그것들이 생겨났는지에 관한 특정한 역사들은 어떤 의미에서 무관해진다. 따라서 형식은 잠시 그리고 어떤 의미에서 시간을 '동결한다'[freezes]."(308쪽) 에두아르도 콘, 『숲은 생각한다』, 차은정 옮김. 고양, 경기: 사월의책, 2018.

(2) "영어를 예로 들어보자. 우리는 어떤 주어진 문장이 이를테면 그리스어, 라틴어, 프랑스어, 독일어에서 연원하는 단어들을 포함할 수 있음을 알고 있다. 하지만 이러한 역사들은 언어적 체계의 순환적 폐쇄성에 힘입어 그 단어들 각각이 서로에게 의미를 부여하는 '무시간적인' 방식에는 아무런 영향을 미치지 않는다."(310쪽) 에두아르도 콘, 『숲은 생각한다』, 차은정 옮김. 고양, 경기: 사월의책, 2018.

서와 일생의 순서에서처럼 격파로 시작해서 격파로 마무리할 수밖에 없는 운명의 불연속적 시간 축에 의한 깊은 각인을 피할 수 없다.

생명의 종들과 개체들이 하나의 연장선을 따라 점진적으로 진화해 왔다고 사람들이 믿은 시대가 있었다. 그러나 지질학적 발굴에서 드러나고 있는 수십억 년의 증거들은 그 믿음을 무색하게 만들고 있다. 점진적으로 진화해 왔다고 보기에는 그 형태와 생태 상의 변화에 어떤 연속성도 없이 새로운 형태와 생태의 종들과 개체들이 출현했다가 소멸해 가곤 했던 것이다. 역사의 시간 축은 자연이 행사하는 불연속적 단락단절 또는 자기 분열 행위들로 엮여가고 있다.[20] (180619)

---

20) 에두아르도 콘의 '무시간적' 형식과 '현재에 재-현전하는 미래'(1)와 같은 시간관을 가지고, 고생물역사(paleo-history)가 보여주듯이, 생명의 종들과 개체들이 출현과 소멸을 거듭하는 우여곡절의 유동성을 감당하며 그런 과정에 적응할 수 있겠는가 하는 문제가 있다. 과연 모든 살아있는 것들은 그들 자신이 '현재에 미래를 재-현전함으로써' 미래를 맞이하는 것일까? 미래라는 시간은 그렇게 자신에게 익숙하고 친근한 얼굴로 다가오는 것일까?

콘이 가리키는 '비인간적인 것들'은 그가 구상하는 '하나의 더 큰 우리'라는 생명의 관계망에 과연 그렇게 익숙하고 친근한 얼굴로 들어와 안주하는 것일까? 바로 이 같은 질문들이, 지난 수십억 년 동안 아무도 예측할 수도 통제할 수 없는 불연속적 모양으로 화석화되어 지하에 묻혀있는 고생물역사를 돌이켜 볼 때, 간과할 수 없는 과제로 남게 되는 것이다.

(1) "현재에 미래를 재-현전함으로써 미래를 위해 일하는 존재(ones who do things for the sake of a future by re-presenting it in the present)는 우리 인간만이 아니다. 모든 살아있는 자[아]들은 어떤 식으로든 이를 수행한다. 표상, 목적, 미래는 우리가 정신적 영역이라고 여기는 세계의 특정 부분에만 있는 것이 아니라—세계 속에 있다. 이것이 인간적인 것 너머로 확장되는 살아있는 세계 속에 행위 주체성이 있다는 주장이 타당한 이유이다."(80쪽) 에두아르도 콘, 『숲은 생각한다』, 차은정 옮김. 고양, 경기: 사월의책, 2018.

9.

오랫동안 역사가들 가운데에는 미시사(micro-history) 또는 '아래로부터의 역사'(history from below)[21]의 중요성을 주장하며 관련 영역들을 개척해온 이들이 있다. 때로는 거시사(macro-history) 아래층에 묻혀서 겉으로 드러나지 않고 은밀하게 태동하는 자기 분열의 추세나 혁명의 동력이 분출하는 가능성을 간과할 수 있기 때문이다. 모든 생명의 존재에게 각기의 '자아'라는 것이 있고 그것은 그것이 소속하는 '우리'라는 집체(集體)의 패턴 가운데서는 드러날 수 없는 아래층에서 개별적 상상과 자기 분열을 유희하고 있다. 그들은 각각의 내면에 숨겨진 개별적 상상을 유희하며 그들이 소속하는 관계망을 끊고 탈출해서 자기 변신과 분열을 시도할 수도 있다.[22] 개체들의 깊은 아래층에 숨겨진 상상의 반전

---

21) "아날학파와 문화인류학의 영향 아래에서, 그러나 사회구조와 일련의 추세들을 중시하는 전통적 사회사에 대한 반기를 들면서, [미시사가들은] 개인 행위자의 중요성을 강조한다. 그렇게 그들은 삶의 경험이 지니는 복잡성, 정체성의 유동적 성격, 의미의 주관적 성격을 증명하기 위한 시도를 한다. …… [미시사는 억압받고 배제되고 빈곤 상태로 내몰려서 주변으로 쫓겨난] 보통 사람들의 삶과 투쟁에 주의를 기울인다. 이러한 추세가 1960년대에 '아래로부터의 역사'(history from below)로 알려지게 되었다."(p. 108) Andrew Port, "History from below, the history of everyday life, and microhistory," ***International Encyclopedia of the Social & Behavioral Sciences***, 2nd ed., vol. 11. Elsevier Ltd., 2015.

22) 전통적인 공동체에서도 그럴 수 있지만, 특히 현대의 사회 체제에서는 개인의 사사로운 내면 의식이나 깊은 속의 상상을 밖으로 표출하는 것이 허용되지 않는다. 그래서 한 사회 또는 시대를 장악하고 있는 주류는 '하나의 큰 우리'라는 관계체계를 만들어서 그 밖의 주변으로 밀려난 분자들로 하여금 자신만의 의식세계와 상상에 갇혀 살도록 압박하는 경향이 있다.(1) 그러나 한 시대와 사회가 언제나 '하나의 큰 우리'라는 관계체계로 통합되어 있는 것은 아니다. 항상 있을 수 있는 주변 지대로 밀려나 있는 존재는 그의 몸이 소속해 있는 사회 또는 시대의 주류를 돌연히 흔들어 변

은 인류에게만 주어진 특유의 능력이 아니다. 소속하는 집체 보편의 패턴 아래층에서 모든 생명의 종들과 개체들이 각각의 추구하는 바를 발현시키기 위하여 때로는 자기 분열적으로 때로는 돌연변이에 의해 은밀하게 움직일 가능성을 배제할 수 없다.

화를 촉발할 수 있는 성분 곧 분열주의자 또는 아나키스트(iv. "『세포의 반란』: 사회학의 문제" 줄기글 5.와 풀이말 8) 보기)로 움직일 수 있다.

특히 근대 과학사와 예술사 때로는 정치사에서 어떤 분자들은 그렇게 오랫동안 주변 존재로서 비현실적 상상이나 미친 듯한 몽상을 혼자만의 세계 안에서(2) 연마하다가 때로는 한 시대의 주류 또는 대세를 바꾸어 놓는 일을 하기도 한다. 나아가 '인간적인 것' 밖에서 움직이는 분자들 가운데에는—그것들이 무엇이든 간에—인간이 접근할 수 없는 '비인간적인' 아니면 '초월적인' 경계에 머물다가 일상의 '더 큰 우리'의 관계망을 격파하며 예상하지 못한 변화와 충격을 일으키는 역사의 동력으로 등장할 수 있다.

(1) "현대사회에서 개인은, 사적인 생활 영역과 그가 다양한 역할을 가지고 참여하는 공적인 체제 또는 제도 사이에서 첨예한 대립을 의식한다."(p. 63) "개인과 사회, 주관적 정체성과 역할을 통해서 주어지는 객관적 정체성 사이의 관계는 일종의 투쟁으로 경험하기에 이르렀다. 제도라는 것은 이제는 자아의 '의지할 곳'(home)이 아니다. 반대로 자아를 뒤틀고 소외시키는 억압적인 실재가 되었다."(p. 86) Peter Berger, B. Berger, H. Kellner, ***The homeless mind***. New York: Penguin Books, 1977.

(2) "자아는 그래서 몸을 탈출하고 세계를 초월하려고 한다. 그렇게 안전하기를 꾀한다. 그러나 [그렇게 함으로써] 자아는 그의 모든 경험과 활동 밖으로 외출해 있다는 느낌을 얻게 된다."(p. 80) "… 이렇게 몸을 이탈하고 초월해서 그 자신의 정체성과 자유를 지키는 데만 전념하는 '내면의'(inner) 자아는 결코 [누구에 의해서도] 파악되거나 지적받거나 감금되거나 소유 당하는 일이 없게 된다. 그의 목적은 어떤 객관적 존재[성]도 없는 한 순수주체(a pure subject)가 되는 것이다. …… [그러나 이 같은 내면의 순수주체가 보여주는] '한 가면이 없는 인간'은 정말로 아주 드물다. 가면이 없는 그러한 인간이 가능한지조차 의문이다."(pp. 94-95) R. D. Laing, ***The divided self***. London: Penguin Books, 1959, 1990.

인류의 역사에서든 일반 생태계에서든 주변부 아래에 놓인 존재의 깊은 속에서 움직이는 숨겨진 자기 분열의 세력과 혁명의 동력에 따라 일어나는 통제 불가능한 역사의 사변 아니면 답습 불가능한 생태계의 출현을 맞이해야 할 때가 있다. (180620)

10.

생명의 종으로서 때로는 한 개체로서 각각의 '생애' 또는 '일생'에 결코 예측할 수 없게 변이 분열하는 운명의 다양한 표현양식들이 '인류학적 존재론'의 과제가 될 수 있다. 그에 더하여 '인간적인 것'에 관한 연구에서 '아래로부터의' 자기 분열 때로는 '초월하는 것으로부터의' 격파 또는 피동적 자기 초월에 따라 전개되는 '비인간적인' 시간의 축을 고려할 수 있는 대안의 패러다임이 요구되고 있다. (180625)

생명의 종들과 개체들은 온갖 행태와 형식, 사례와 습관을 현상계에서 유희하며 각자의 잠시를 즐긴다. "현상계의 모든 '형태 발생' 과정 일체를 취소해 버리는 '형태 붕괴'의 힘으로서 *X*가 행사하는 최후의 결정권, 그 진리의 패권은 [참으로 비인간적인 것이어서] 인간이 추적해 따라가서 잡을 수 있는 것이 아니다. 현상계에 몸을 드러낸 한 개체 존재 *x*는 그 뿌리를 추적해 가면 형태 붕괴한, 따라서 '형태 부재한' 미지의 경계 *X*로 빠져들어 간다. 그리고 이는 미래에 일어날 일이 아니고 현재에 일어나고 있는 일이다."[23] (181228)

---

23) Σ3. "오직 철학자들에게 있을 만한 의문들"의 줄기글 4.에서.

ii

『숙주 인간』: 존재론의 문제

1.

기생생물들(parasites)이 그들의 숙주에 침입해서 일으키는 현상들에는 발진, 궤양, 통증 같은 효과 밖에도 숙주 자체의 행태를 정상에서 완전히 벗어나도록 유도하는 것이 있다고, 캐슬린 매콜리프가 『숙주 인간』에서 최근의 한 연구 사례를 들어 다음과 같이 보고하고 있다.

> "침입자[기생생물]는 쥐[숙주]의 신경회로를 만지작거려서 선천적으로는 고양이를 무서워해야 할 쥐가 고양이에게 매력을 느끼도록 바꿔 놓는다. 그러면 이 쥐는 자신의 가장 큰 천적인 고양이의 아가리로 곧장 돌진하게 된다."(7쪽)[1]

풀이말

1) 캐슬린 매콜리프, 『숙주 인간』, 김성훈 옮김. 고양, 경기: 이와우, 2017. Kathleen McAuliffe, ***This is your brain on parasites: how tiny creatures manipulate our behavior and shape society***. New York: Mariner Books, 2016, 2017.

캐슬린 매콜리프는 한 월간지에 기고한 글("How your cat is making you crazy," ***The***

그리고 이 기생생물은 고양이 뱃속으로 들어가야만 다음 단계의 생식 주기를 마무리할 수 있다고 한다. 그렇다면 이 기생생물은 어떻게 자기의 숙주인 쥐로 하여금 그의 천적인 고양이 입속으로 뛰어 들어가도록 만드는가? 쥐의 신경세포 가운데서 공포 회로(fear circuit)를 차단함으로써 그렇게 한다고 기생생물학자 로버트 사폴스키는 설명한다. 그렇게 해서 고양이 냄새에 대한 쥐의 거부감이 사라지게 한다는 것이다.[2)]

기생생물과 숙주의 일반적 관계는 수십억 년을 거쳐 그 복잡성을 더해 가며 모든 생명체 안에서 형성되어 왔다고 다음과 같이 캐슬린 매콜리프는 정리하고 있다.

> "기생생물과 숙주는 수십억 년 간 서로 경쟁해 왔다. 최초의 세균에는 최초의 바이러스가 들어가 기생했다. 그보다 큰 다세포 생명체가 등장하자 이번엔 최초의 세균이 그[다세포 생명체] 안에서 기생하기 시작했다. …… 생명체의 크기와 복잡성이 점점 증가하자 자연선택은 숙주의 방어기제를 가장 잘 피하는 기생생물과 이 침입자들[의 해독]을 물리치는 재주가 가장 뛰어난 숙주들에게 유리하게 작용하기 시작했

Atlantic Monthly, vol. 309, no. 2 (March 2012))에서 또 하나의 기생생물인 감기 바이러스가 인체에 침입해서 그 감염된 사람들을 어떻게 조종하는지 조사한 내용을 소개하고 있다.

평소에 사람 접촉을 별로 하지 않던 몇 사람은 독감 백신을 맞은 다음에 파티에 적극적으로 참여하려고 했고 사람들을 집으로 초대하더라는 것이다. 이는 아마도 그들의 몸으로 들어간 독감 바이러스가 다른 사람들을 접촉하게 해서, 자신 곧 독감 바이러스를 널리 전파하며 복제 증식하려는 동기에 의해 조종된 감염자들에게 행태 변화를 일으킨 것이라고 해석하고 있다.

2) 캐슬린 매콜리프, 『숙주 인간』, 김성훈 옮김. 고양, 경기: 이와우, 2017. 113쪽.

다."(13쪽)[3]

수십억 년을 거치며 숙주의 방어기제를 잘 피할 수 있는 침입자 기생생물과 이 침입자 기생생물의 부담을 견뎌낼 수 있는 숙주 사이의 '적대적 공존 관계'로써 모든 다세포 생명체가 살아남았으며, 그렇게 자기 생명의 지속 가능성을 높여 왔다. (180710)

2.

기생생물들이 그들의 숙주 안에서 행사하는 영향력의 정도를 뛰어넘는 가장 지배적인 기생자는 모든 생명체 안에서 움직이는 유전분자 DNA라고 캐슬린 매콜리프는 결론 부분에서 확인하고 있다.

> "모든 조종자의 어머니, 모든 보스의 보스는 바로 DNA다. DNA야말로 자손을 가장 많이 퍼뜨리는 복제자다. 이것은 지구상의 모든 생명체를 감염시켜 무수히 많은 숙주[생명체]로 하여금 자신의 삶 전체를 DNA 전파에 헌신하게 만든다."(331쪽)[4]

숙주 안에 머무르며 보스의 보스 노릇을 하는 기생자는 유전분자 DNA라고 설파해서 세계적인 명성을 얻은 생물학자는 리처드 도킨스다. 그는 개체 생명은 대단히 불안정한 잠정 존재이며 그에게 기생하는 DNA야말로 개체 생명들의 짧은 생존시간을 초월해서 영원히 사는 것이라

---

3) 캐슬린 매콜리프, 『숙주 인간』, 김성훈 옮김. 고양, 경기: 이와우, 2017.
4) 캐슬린 매콜리프, 『숙주 인간』, 김성훈 옮김. 고양, 경기: 이와우, 2017.

고 주장한다. 그러니까 개체 생명의 몸은 거의 영원히 사는 DNA가 일시적으로 거쳐 가는 임시 숙소에 지나지 않는다는 것이다.

> "개체의 몸은 그것이 움직이고 있는 한은 충분히 독립해 있는 것처럼 보인다. 그러나 그것이 도대체 얼마나 계속될 것인가? …… 개체는 안정적인 것이 아니다. [개체]는 [유전자의] 목적으로 쓰인 다음 버려진다. 그러나 유전자는 지질학적 시간을 사는 거주자다. 유전자는 영원하다."(65-66쪽)[5)]

DNA는 개체 생명을 임시 거처로 사용한 다음에는 그것을 폐기할 뿐만 아니라 임시 거처로 사용하는 동안에는 그 생명체를 자기 목적에 따라 조종하는 운전자가 된다. 그러니까 한 생명체는 그의 의도와는 상관없는 DNA의 목적에 따라 조종당하는, 그래서 운전자 DNA의 취향에 봉사하는 피동의 운반자가 된다. 그렇게 DNA는 그에게 봉사하는 운반자인 한 생명체로 하여금 포식자가 되거나 약삭빠른 자가 되도록 하며, 아니면 힘들게 노동하는 자가 되도록 조종한다. DNA는 오직 그 자신의 영원한 지속을 위하여 자기 복제, 자기 증식에 전념한다.

> "몸(body)은 자기 복제자(replicator)가 아니다. 그것은 운반자(vehicle)이다. …… 자기 복제자(replicator; 유전자)는 행동하지 않는다. 세계를 인지하지도 못하며 먹이를 잡거나 포식자로부터 도망치지도 않는다. 자기 복제자는 그의 운반자로 하여금 그와 같은 모든 일을 하도록 조종한

---

5) 리처드 도킨스, 『이기적 유전자』, 홍영남 옮김. 서울: 을유문화사, 1993, 2000. Richard Dawkins, ***The selfish gene.*** Oxford: Oxford University Press, 1976, 1989.

다."(375쪽)[6]

리처드 도킨스가 여기서 설명하는 자기 복제자 DNA의 지배적 행태는 그러니까 캐슬린 매콜리프가 보고하는 또 다른 조종자 기생생물이 숙주에게 행사하는 지배적 행태와 다를 바가 없다. 말하자면 한 개체 생명은 자기 안에 기숙하고 있는 유전분자 DNA 또는 바이러스나 그 밖의 기생생물들에 의해 조종 지배당하고 있는 한낱 허수아비라고 부르는 껍질 같은 존재, 말하자면 아바타에 지나지 않는 것이다. (180804)

3.

리처드 도킨스와 캐슬린 매콜리프의 이러한 설명을 받아들이고 보면, 한 인간 개체는 그의 안에서 움직이고 있는 유전자들 또는 기생생물들에 의해 조종당하며 사는 아바타 같은 존재이다. 그렇게 리처드 도킨스는 이른바 유전자 중심의 자아 개념을 인간에게 요구하고 있는 것이다. 이 같은 유전자 중심의 자아 개념에 대하여 숱한 반론과 토론들이 전개되고 있다.

반론 가운데 한 가지는 한 생명체가 표현 또는 실행하고 있는 모든 행동 패턴과 존재 양식이 오직 유전자들에 의해서만 결정되는 게 아니라는 것이다. 한 생명체는 그가 놓이는 환경으로부터 닥쳐오는 다급한 도전적 상황에 반응하는 데서 그 자체의 유전 체계 안에서 '잠자고 있던'

6) 리처드 도킨스, 『이기적 유전자』, 홍영남 옮김. 서울: 을유문화사, 1993, 2000.

부분의 유전자를 동원함으로써 그에 따르는 새로운 행위 패턴과 존재 양식을 지닌 새로운 종의 한 생명체로 변신할 수 있다는 것이다.[7] 생명에 잠재해 있는 이 같은 새로운 진로의 발현 가능성은, 획득형질이 다음 세대로 유전된다는 18, 9세기 프랑스의 생물학자 장-바티스트 라마르크의 주장과 유사한, 그러나 확연히 다른 '후성(後成)유전학' 곧 'epigenetics'라는 한 분야를 개척하도록 움직이고 있다.

그렇게 다급하게 변화하는 새로운 환경으로부터 닥쳐오는 도전적 사태에 반응하는 과정에서 새로운 행위 패턴 또는 존재 양식을 갖는 한 새로운 종이라고 할 만한 생명체가 출현한 것으로 보이는 사례가 고생물학적 발굴에서 확인되기도 한다. 그런 사례를 고려하면, 반드시 유전자가 한 생명체의 진로를 독점적으로 선도하고 있다고 말할 수 없게 되는 것이다. 이렇게 해서 유전과 환경적응 또는 학습이 함께 한 생명체의 진로를 개척하며 결정하고 있다는 대안의 설명이 등장하게 된다. (180806)

---

7) "숲이 산불로 모두 타버렸거나 일상의 먹이가 기근으로 해서 사라졌거나 그런 큰[위급한] 상황이 벌어진다면 그곳의 생물은 새로운 환경에서 살아남아야 한다. 그 새로운 환경에서는 무엇이든 해야 한다. 따라잡을 수 있는 작은 돼지들이라도 있으면 그것들을 잡기 위해 죽을 힘을 다해 달릴 것이다. ... 그렇게 하는 동안에 유전자들 가운데 해당하는 어떤 것들이 근육을 키우며 가능한 쾌속을 발휘하도록 박차를 가할 것이다. 그렇게 함으로써 빨리 달리는 다른 동물이 될 것이다." "[이런 상황은] '유전형'(genotype)이 '표현형'(phenotype)을 지배하는 유전자-중심의 세계가 아니다. 여기서는 한 표현형이 새로운 한 유전형을 긴요하게 쓰이도록 동원하는 것이다." David Dobbs, "Die, selfish gene, die," ***Aeon***, 03 Dec., 2013.

4.

그런데 유전자 중심의 생명관을 주장하고 있다고 널리 알려진 리처드 도킨스 자신은 이런 설명에 단서를 붙이고 있다. 현대인에 이르기까지의 진화 과정을 유전자들만이 지배해 왔다는 관념은 버려야 한다는 것이다. 그 자신의 이 놀라운 수정안에 따르면 유전자 'gene'이 아닌 밈 'meme'이라고 그가 이름 붙인 그것이 인간의 독특한 진화 과정에 상당한 기여를 하고 있다는 것이다.

이를테면 '죽음 이후의 생명에 관한 믿음' 또는 '신에 관한 관념' 같은 밈 'meme'은 유전자 'gene'에 못지않은 전파력 또는 자기 복제 능력을 발휘한다. 인간의 문화 영역 가운데서 놀라운 자기 복제능력을 가진 저 밈들은 유전자들과 마찬가지로 인간을 운반체(vehicle)로 이용해서 그들의 무한한 전파력을 세상을 향해 발휘한다. 그래서 도킨스는 "신에 관한 관념의 어떤 부분이 문화적 환경에서 그것의 지속성과 침투력을 발휘하도록 만드는가?"라는 자신의 질문에 대해 다음과 같은 답변을 제시한다.

> "밈들의 모임 가운데서 신이라는 밈의 생존 값은 그것이 갖는 커다란 심리적 호소력에서 오는 것이다. 그것은 실존에 관한 깊고도 어려운 질문들에 하나의 피상적으로 그럴듯한 해답을 제공한다. 이 세상의 정의롭지 않은 것들이 다음 세상에서 고쳐질 수 있다는 기대를 준다."(289쪽)[8]

---

8) 리처드 도킨스, 『이기적 유전자』, 홍영남 옮김. 서울: 을유문화사, 1993, 2000.

그러나 이렇게 한때 막대한 생존 값 또는 전파력을 행사하던 하나의 밈은 그의 생존 값을 다시 평가받는 상황에 부딪히기도 한다. 그래서 어떤 하나의 밈도 도킨스 자신이 말하는 유전자처럼 영원에 가까운 지속적 생존 값을 갖는 것이 아니다. 하나의 밈은 유전자와는 달리 역사의 흐름 가운데서 때때로 혹독한 시험 또는 재평가를 통과해야 한다. 어떤 밈은 역사의 시험대 위에서 영원히 사라져 버릴 수도 있다. 그러니까 하나의 밈은 모든 다른 밈들과 함께 역사 또는 시대의 흐름 가운데서 쉼 없이 재평가를 거쳐 가는 한낱 종속 변수일 수밖에 없다.

이렇게, 밈이 행사하는 막대한 전파력 또는 침투력에도 불구하고 때로는 그 생존 값이 시대의 흐름 가운데서 혹독한 시험과 재평가를 거친다는 점에서 유전자와는 다르게 한계 지어진 변수로서 유한성을 가진다는 특이점을 도킨스는 간과하고 있다. (180807)

5.

생물학자로서 리처드 도킨스는 비물질적 성분으로서 밈(meme)이 갖는 특성을, 물질적 성분으로 이루어진 유전자(gene)와 과도하게 동일시하는 데서 끌어내고 있다. 그러나 밈은 유전자와는 달리 언제나 역사 가운데서 그리고 시대 정신에 따라 그 생존 가능성의 값이 오르기도 하고 내려가기도 하면서 출현했다가 소멸하는 운명을 통과해 간다.

밈의 특성을 유전자에 비유하며 끌어내는 데서 생기는 또 하나의 문제점은, 밈도 유전자처럼 오직 자신의 영원한 생존을 위하여 일하는 이기적 존재라는 도킨스의 주장이다. 더 나아가 그는 이기적 유전자와 이기적 밈을 그렇게 같은 범주 안으로 몰아넣고 그들의 이기적인 자기 복제 성향에 대항해서, 편파적이 아닌 순수하고 공정한 이타주의를 개척하며 함양할 수 있다고 주장한다. 이러한 이타주의의 동기는 '자연'(도킨스 자신이 말하는 유전자와 밈)에는 있을 수 없는 일이며 세계사 전체에서도 존재한 적이 없었다고 다음과 같이 설명하고 있다.

> "우리는 우리를 낳은 이기적 유전자에 반항하고, 필요하다면, 우리를 교화시킨 이기적 밈에게도 반항할 힘이 있다. 우리는 심지어 순수하고 공정한(disinterested) 이타주의를 진지하게 개척하며 함양하는 방법들을 논의할 수 있는데 이는 자연 가운데서는 일어날 수 없는 것, 세계사 전체에서 이전에는 존재하지 않았던 일이다. …… 지구 위에서 오직 우리만이 이기적 자기 복제자들[이기적 유전자들과 이기적 밈들]의 전제(tyranny)에 대항해서 반란을 일으킬 수 있다."(300-301쪽)

그러나 우리는 다음과 같은 의문을 품지 않을 수 없다. 왜 그는 그 자신이 그렇게 집중적으로 비판했던 기독교가 그 교리의 핵심으로 전파하는 '밈' 곧 '원수에 보복하지 말고 원수를 사랑하라.'라고 제시한 예수의 설교를 외면하고 있는가? 예수의 설교 가운데에는 노상에서 강도에게 빼앗기고 맞아서 죽을 지경에 이른 한 사람을, 지나가던 동족인 제사장과 다음에 지나던 또 하나의 동족 레위인이 모른 척 피해 가버렸지만, 그를 모른 척하지 않고 구해 주는 한 이방인에 다름 아닌 사마리아 사람이 등장한다. 그 사마리아 사람의 예[9]를 들어, 도움을 주어야 하는

9) 「마태」 5: 38-48. 『공동번역 성서』. 서울: 대한성서공회, 1977.

이웃의 개념을 확장한 예수의 설교야말로 도킨스가 말하는 '순수하고 공정한 이타주의'의 원형이 아닌가. 그렇게 예수는 '눈에는 눈, 이에는 이'라는 전통의 율법을 고쳐 '원수에 보복하지 말고 원수를 사랑하라.'[10] 라는 가르침으로 순수하고 공정한 이타주의의 밈을 완성하고 있다.

그뿐 아니라 그보다 훨씬 이전 고대 그리스의 철학자 플라톤은 그의 국가론에서 통치자 계급에 속할 사람들에게는 개인 소속의 가족[11]과 사유재산[12]을 허용하지 않아야 한다고 설파함으로써 심어 놓은 순수하고 공정한 공동체의 이상 곧 또 다른 시대의 맥락에서 이루어진 똑같은 밈을 도킨스는 어째서 참고하지 않았는가?

왜 그는 '순수하고 공정한 이타주의'를 또 하나의 밈으로 간주하기를 거부하는가? 그는 밈이라는 그것이 자연의 산물로서 주어진 유전자처럼 자기 수정과 반성이 없는, 그래서 변함없이 자기 복제만을 고집하는 이기적 존재라고 간주하기 때문일 것이다. (180808)

6.

리처드 도킨스는 자신이 제안하는 바와 같은 모든 이기적 자기 복제자들 곧 이기적 유전자와 이기적 밈의 전제(tyranny)에 대항하는 순수하고

---

10) 「루가」 10:25-37. 『공동번역 성서』. 서울: 대한성서공회, 1977.

11) ***Republic*** Book V. 457d. ***The collected dialogues of Plato***, eds E. Hamilton & H. Cairns. New York: Pantheon Books, 1966.

12) ***Republic*** Book III. 416d. ***The collected dialogues of Plato***, eds E. Hamilton & H. Cairns. New York: Pantheon Books, 1966.

공정한 이타주의라는 원칙 자체가 그가 놓여있는 한 시대의 요청을 배경으로 하여 그의 내면의식 가운데서 떠오르는 또 하나의 밈이라는 사실을 간과하고 있다. 밈은 언제나 그가 소속하는 시대의 흐름을 배경으로 한 인간의 깊은 내면의식 가운데서[13] 싹트고 그의 전파력 또는 침투력의 시험을 거쳐 가는 불확실한 운명을 겪는다. 따라서 대체로 유전자는 자연의 산물이며 밈은 역사의 산물이다. 유전자는 수십억 년 아니면 수백만 년 전 출현한 이후 겪으며 쌓인 기억을 저장하고 있는데, 밈은 인류의 역사 이후에 끊임없이 출현하는 다른 밈들과의 경합을 벌이며 끝없이 고쳐지며 변신을 거듭하는 것이다.

밈들도 유전자들처럼 이기적이며 자기 복제와 전파에 대한 무한한 욕망을 갖는가? 적어도 어떤 밈들은 그렇지 않다. 어떤 밈은 대화하고 경합하는 흐름 가운데서 보다 나은 밈에게 자신을 기꺼이 조준하거나 양도하거나 합류할 수 있기 때문이다. 그러니까 밈은 언제나 이기적인 자기 복제자이기를 고집하는 것은 아니다.

이를테면 데카르트가 발상한 저 유명한 밈 "[나는] 생각한다. 고로 나는 있다."에서 탄생한 '나'는 칸트와 헤겔과 후설과 사르트르와 그 밖의 무수한 철학자들의 사색을 거치는 과정에서 비판 수정되거나 조정 통합되어 전혀 원형을 알아보기 어려운 다른 모양으로, 그리고 다른 체계의 부분으로 재현하고 있다. 그렇다면 데카르트가 제안했던 밈으로서의 '나'는 언제까지나 자기 복제를 고집하는 불변의 이기적 존재인가?

---

13) iv. "『세포의 반란』: 사회학의 문제"의 줄기글 4.와 그의 풀이말 6)과 7) 보기.

사람에 따라서는 그의 안에 지닌 유전자의 명령보다는 그가 선택하는 밈의 명령에 따르기를 희망하며 추구할 수 있다. 그리고 그 밈은 자기 복제와 자기 전파만을 언제나 고집하는 편협한 이기주의자도 아니다. 그러나 바로 이 점에서 리처드 도킨스는 아주 특별한 가능성을 인류에게 암시해주었다. 그는 이렇게 말하였다.

> "지구 위에서 오직 우리만이 이기적 자기 복제자들[이기적 유전자들과 이기적 밈들]의 전제(tyranny)에 대항해서 반란을 일으킬 수 있다." (301쪽)[14]

이기적으로 집요한 자기 복제자들을 향하여 그것이 유전자이든 밈이든 아니면 어떤 기생생물이든 그들의 전제에 인류는 반기를 들 수 있다는 것이다. 물론 도킨스는 밈 자체가 이기적 자기 복제자로서의 자신에 반기를 들 수 있다는 데에 동의하지 않을지도 모른다. 그럼에도 역사의 흐름 가운데서 확인할 수 있는 사실은 모든 밈이 언제나 자기 복제, 자기 전파만을 고집하는 편협한 이기주의자는 아니라는 것이다. 그렇게 인류는 그의 깊은 내면의식 가운데서 사색을 거듭하며 만들어내는 새로운 밈들을 떠올리며 쉼 없는 자기비판과 자기교정을 모색하고 새로운 역사의 가능성을 열어간다. (180809)

---

14) 리처드 도킨스, 『이기적 유전자』, 홍영남 옮김. 서울: 을유문화사, 1993, 2000.

7.

그러니까 리처드 도킨스는 '이기적 자기 복제자들'의 모임에서 밈들을 해방시켜 주었어야 했다. 밈들은 언제나 고집스러운 자기 복제자가 아닐 뿐만 아니라 반드시 이기적이지도 않기 때문이다. 밈들은 그들이 소속하는 인간의 기억과 상상 가운데서 쉼 없는 자기검토와 자기교정을 거쳐 간다. 밈들은 자유로운 인간의 영혼이 분출해내는 상상 또는 내면의식의 분신으로서 끊임없이 새로운 모양으로 태어나고 있다. (180815)

iii

『쾌락원칙을 넘어서』: 신학의 문제

1.

프로이드는 노년기에 들어서는 한 전환점에서 지은 책 『쾌락원칙을 넘어서』에 죽은 다음에는 생명을 지탱하기 위한 노력에 따르는 온갖 긴장과 고통에서 해방될 것이라고 하는 몇 가지 추론과 상상을 남겼다. 그 추론의 근거는, 죽으면 생명에 수반하는 긴장과 고통의 의식이 없는 무기물질의 상태로 들어가기 때문이라는 것이다. 그는 다음과 같이 말한다.

> "삶의 특성들이 그 성격을 잘 알 수 없는 어떤 힘의 작용에 의해서 과거 어느 땐가 무생물 속에 나타나게 되었다. 그것은 아마도 형태상 생물의 특수층에서 의식의 발달을 유도했던 것과 비슷한 과정이었을지도 모른다. 그때까지 무생물체였던 것 속에 생겨난 긴장은 긴장 그 자체를 없애 버리려고 노력했[을 것이]다. 이런 식으로 첫 번째 본능 곧 무생물 상태로 돌아가려고 하는 [죽음의] 본능이 생기게 된 것이다. 그때 생물체가 죽는다는 것은 쉬운 일이었다."(53-54쪽)[1]

그리고 그는 생명체가 일생을 시작하기 전에 긴장과 고통의 의식이 없는 무생명 무기물질의 상태 곧 '니르바나'와 같은 상태에 있었을 것이라고 추정한다. 따라서 각자의 깊은 속에 다시 그 니르바나의 상태로 되돌아가려는 죽음의 동기 또는 본능을 가지고 있다는 것이다. (18 0717)

2.

프로이드가 이해하는 것처럼 자기의 현생 이전으로 되돌아가고자 하는, 아니면 죽음을 향한 동기 또는 본능은 과연 현생 이전의 과거가 무생명의 평화와 낙원 같은 상태이었기 때문일까? 지나온 삶의 궤적이 아무리 고생스러웠더라도 그곳은 누구에게나 다시 돌아가 보고 싶은 고향일 수 있다. 지나온 과거는 기억 가운데서 반복해서 정리되고 희석되어 아득한 자신의 소중한 부분으로 동화되어 있기 때문이다.

그러나 현생으로 태어나기 이전에 한 개체 생명은 어떤 특정의 기억도 없는 단순한 무기물질, 무생명의 상태에서 다만 잠자고 있었던 것이라고 보기 어렵게 만드는 두 가지 방면의 특별한 사례들이 있다.

이를테면 사람들 가운데 어떤 이는 현생으로 태어나기 이전의 전생을 생생하게 기억하며 그때 살았던 고장을 찾아가서 예전 동네의 모습과

풀이말

1) 지그문트 프로이트, 『쾌락원칙을 넘어서』, 박찬부 옮김. 서울: 열린책들, 1997.

그곳의 사람들을 사실(史實)대로 상기할 뿐만 아니라 현재에는 이미 사용하지 않는 당시의 언어 곧 고어(古語)를 유창하게 말하기도 하는데 이런 사례들에 대한 연구자의 수많은 보고들이 있다.[2)]

---

2) 이언 스티븐슨은 한 의과대학의 정신의학과 교수로서 당대 심리학의 주류를 이루었던 행동주의 심리학과 프로이드 정신분석의 편협한 인간관을 거부하며 인간에 대한 역사적 또는 통시적 접근방법을 실천한 우상 파괴적 연구자이다. 그는 수천에 달하는 전생 경험자들의 사례를 탐색 수집하면서 특히 어린아이들이 들려주는 전생 이야기에 대해 특별한 관심을 기울였다. 어린아이들은 대중매체나 책 같은 자료를 통해 그들이 말하는 전생의 경험을 받쳐줄 근거를 얻거나 보완하는 일을 하기 어렵기 때문이다. 그리고 어린이들의 경우에는 대개 특별한 최면과정을 거치지 않고서도 스스로 전생 경험을 발설하므로 그것이 지니는 자료로서의 강점이 있다는 것이다. 이러한 강점에 대한 이언 스티븐슨의 견해를, 어린아이들이 전생의 기억으로 말미암아 겪는 문제를 상담하고 치료하는 전문가 캐럴 보먼은 긍정적으로 평가하며 소개하고 있다.(1)

그런데 버지니아 대학교 의과대학 교수로서 이언 스티븐슨(1918-2007)의 독특한 기여는 'xenoglossy'라는 분야에서 이루어졌다. 'xenoglossy'는 학습한 적이 없는 언어 때로는 그런 외국어를 말하는 능력을 갑자기 발휘하는 현상을 가리킨다. 스티븐슨 교수가 보고하는 다양한 사례들 가운데 하나로, 인도의 마라티라는 지역의 태생인 한 여인 우타라는 갑자기 자칭 샤라다라는 이름의 여인으로 발언한다. 그녀는 벵골 지역의 말 그것도 지금은 쓰이지 않는 산스크리트어가 많이 섞인 18, 19세기 벵골 말을 유창하게 하기 시작한다. 그뿐 아니라 그녀는 이제 자신이 사는 지역 마라티의 말은 하나도 모른다. 이는 150년 전에 죽은 벵골 지역의 샤라다라는 한 여인이 150년이 지난 시점에 마라티 지역에 살고 있는 우타라라는 여인의 몸에 들어와 150년 전의 벵골 말을 하는 것이다. 한 사람의 몸과 분리된 한 영혼은 다른 한 사람의 몸 안으로 들어가 이렇게 다른 기억을 심어 놓을 수 있는가?(2)

'한 사람이 죽은 다음에 그의 영혼은 다시 다른 몸 안에서 환생할 수 있는가?' 하는 물음이 여기서 떠오른다.

(1) "스티븐슨 교수는 [정신] 치유의 문제를 … 인류가 항상 궁금하게 생각해온 보다 폭넓은 문제의 부분으로 이해한다. 곧 **몸이 죽은 다음에 무엇이 남는가?** …… 그의 가

전생의 기억이 아동들에게서 일으키는 문제의 사례들을 상담하며 치료하는 캐럴 보먼은 그의 저서 『어린이들의 과거 생애』 첫 마디를 자신의 다섯 살 난 아들이 들려주는 전생의 이야기에서 시작하고 있다.[3] 모두 휴가를 즐기며 폭죽을 터뜨리는 행사장에서 들려오는 폭발음에 놀란 아들아이는 그칠 줄 모르고 운다. 몇 차례 그런 일이 있은 다음 어느 한가한 날 그 아이를 엄마의 무릎 위에 앉히고, 큰 소리를 들을 때 무엇이 보이느냐고 최면술사가 묻는다. 그 아이는 자기가 총을 들고 있는 군인이라고 말한다. 그는 더럽고 찢어진 옷을 입고 바위 뒤에 숨어

장 빛나는 독창성은 환생의 증거를 찾기 위해 어린아이들에 주목한 점에 있다. 만약 성인들이 전생의 기억들을 가졌다고 말할 때 그것은 책이나 TV나 떠도는 소문들에서 얻은 정보가 아니라는 것을 증명하기가 불가능하기 때문이다. 어린아이들의 기억은 비교적 순수하고 세상의 경험으로부터 덜 오염되었을 것이다. …… 스티븐슨 교수는 그의 사례들을 한 아이가 자기 스스로 전생의 자기 정체를 오직 **자발적인** 기억에 따라 말하는 경우에 국한하고 있다. 이렇게 함으로써 조사자가 아이에게 어떻게든 영향을 주거나 조종하는 어떤 기술이나 최면을 쓸 가능성을 배제한다." (pp. 110-112) Carol Bowman, ***Children's past lives: how past life memories affect your child***, New York: Bantam Books, 1998.

(2) "학습한 적이 없는 외국어를 말하는 그들은 그 외국어로 건넨 질문과 진술들에 반응하며 답변할 수 있다. …… 여기 우타라라는 이름을 가진 32세의 한 여인은 갑자기 샤라다라는 한 새로운 인격으로 등장한다. 샤라다는 지금 그녀가 살고 있는 고장 마라타의 말을 할 수 없고 [배운 적이 없는] 벵골 말을 유창하게 구사한다. [그런데] 그녀의 벵골 말은 18세기에서 19세기 초에 사용했던 산스크리트어가 많이 섞인 벵골 말이다. …… 그러니까 샤라다는 19세기 초 벵골에 살다가 죽은 지 거의 150년이 지난 후, 마라타 지방의 우타라라는 여인의 몸에 들어와 그녀를 지배하며 조종하고 있는 것이다." Ian Stevenson & S. Pasricha, "A preliminary report on an unusual case of the reincarnation type with xenoglossy," ***The Journal of the American Society for Psychical Research***, Vol. 74 (July 1980).

3) Carol Bowman, ***Children's past lives: how past life memories affect your child***, New York: Bantam Books, 1998. pp. 3-26.

서 적을 향해 총을 겨누고 있단다. 거기서 그는 손목에 총상을 입고 피를 흘리고 있다. 야전 의무대 같은 데서 피가 멈추도록 붕대를 감자마자 다시 전쟁터로 명령을 받았는데 그는 그곳에 다시 가기를 원치 않는다. 가족을 보고 싶기 때문이라고 한다. 이 장면에서 일단 아이의 전생 회고는 끝난다.

그리고 몇 달이 지난 어느 날 아침 식탁 앞에서 아이는 "엄마, 내가 군인으로 있을 때 말했던 거 기억나?"라고 이야기를 꺼냈다. 기억난다고 했더니 그때 자기들끼리 말을 우습게 하더란다. 그러면서 엄마는 흑인들이 영어를 어떻게 말하는지 아느냐고 물었고, 거기서 자기는 흑인 병사였다고 말한다. 얼굴에 주근깨가 선명하고 빨간 머리를 가진 앳된 백인 아이의 엄마는 놀란 마음을 가라앉히며 묻는다. "네가 다른 흑인 군인들과 같이 있었다고?" "응. 백인 군인들도 거기 있었어." 엄마는 혼자 역사에 관한 짧은 지식을 동원해서 도대체 얘가 기억에서 떠올리는 전쟁장면은 어느 때의 것일까를 추적해 본다. 분명, 이야기의 맥락으로 보아 미국 군대에 있었을 텐데 남북전쟁에 참여했던 흑인 병사였을까? 아니면 스페인과의 전쟁? 아니면 제1차 세계대전?

최면술사의 힘을 빌려 듣던 아들아이의 전생 이야기를 자신의 질문으로 더 자세히 들으려고 3년이 지난 어느 날 엄마는 조심스럽게 접근한다. 침대에 조용히 누운 그에게 그때의 전쟁장면을 다시 떠올려 보라고 부탁한다. 팔목에 총상을 입고 붕대를 감았을 때 왜 다시 전쟁터에 가고 싶지 않았는지 묻는다. 그는 아내와 두 아이가 있었고 흑인도 한 독립적 가장일 수 있는 곳에 살았다고 한다. 그는 행복한 목수였고 화가였다. 그렇게 지내던 그때 전쟁이 일어났고 자원병 모집에 응할 수밖에 없었다는 것이다. 자기도 가족도 모두 슬프게 헤어졌고 전쟁터에서는 오른쪽 손목에 총상을 입고, 야전 텐트 안에 마련된 침대 위에서 치료받고 다시 총을 들고 나가 대포 뒤에 있다가 총탄을 맞았다. 여기서 그는 이야기를 멈췄다가 다시 계속하는데 전혀 다른 분위기를 전하고 있다.

"나는 지금 전쟁터 위에 떠 있어요. 나는 임무를 다했고 기분이 홀가분해요. 연기로 가득한 전쟁터를 아래로 내려다보고 있어요. …… 집과 아내와 아이들이 아래로 내려다보여요. 나는 가족들에게 작별 인사를 합니다. 그들은 나를 볼 수 없어요. 나는 이제 영혼이니까요. 내가 죽은 걸 그들은 알고 있어요." 그는 몇 마디 감상을 성숙한 어조로 마무리하더니 눈을 떴다. 그의 전생을 다시 말할 때 여덟 살이 된 아이는 그 나이를 훨씬 넘을 만큼 지혜롭게 들렸고 그의 낱말과 어조는 오래된 한 영혼으로부터 전해오는 것 같았다.

엄마는 꼭 한 마디를 더 묻고 싶었다. '다시 세상으로 돌아오기까지 어디에 머물고 있었느냐고.' 그러나 아이는 이미 눈을 떴고 전생의 미스터리로 열려있는 창문은 갑자기 닫혔다. 엄마는 더 추궁할 수 없었다. (180819)

3.

그리고 현재의 한 개체 생명이 프로이드가 가정하듯이 단순한 무기물질의 상태에서 발현되어 출생한 것으로 보기 어려운 또 하나의 강력한 증거가 생명 이론가들이 말하는 사례에서 제시되고 있다.

오늘의 생명 이론가들은 수십억 년에서 수백만 년을 거치며 이루어지는 계통발생의 과정을 통과해서 현재의 한 개체 생명이 재현하는 것으로 분석하고 있다. 그 가장 가까운 사례로서 다음과 같은 뇌신경과학자의 보고가 있다. 실험실에서 출생해서 자란 한 마리의 쥐는 그의 평생에 고양이라는 존재를 본 적이 없다. 그럼에도 그는 일생에 처음으로 맞닥뜨린 고양이 앞에서 놀라며 죽은 듯이 꼼짝 않고 있다는 것이다. 고양이가 그를 잡아먹는 천적이라는 사실을 어떻게 알았을까? 그의 계통발생의 흐름을 따라 내려오는 까마득히 오래전 조상들의 유전적 기억에 말미암은 것이라고 설명하고 있다.[4)]

위에서 말하는 전생의 기억 현상과 계통발생에 대한 실험적 증거에 따라 다음과 같이 추론하는 것은 자연스러워 보인다. 한 개체 생명은 영원의 시간을 타고 흘러가다가 어느 한 시점에서 '현재'로서 재현하는 영원의 '한 조각 기억체계' x이다. (180719)

4.

그러므로 프로이드의 현재 본위의 생명관이 지닌 한계점은 한 개인의

---

4) "실험실 쥐들은 여러 세대에 걸쳐 번식하는 동안 고양이와 단절되어 살았기 때문에 고양이를 한 번도 본 적이 없는 데도 고양이와 처음으로 맞닥뜨리는 순간 죽은 듯이 얼어붙는다. 이것은 타고난 본성이 작용한 것이다. …… 이와 같은 정보처리 과정이 뇌에 설계되는 데는 두 가지 기본방식이 있을 수 있다. … 한 개의 시스템은 동물의 한 종에 고유한 [이른바 종 발생계통의] 특징적 위험들에 대한 반응을 맡고, 다른 한 개의 시스템은 각 개체가 살아가는 동안 경험하는 새로운 사실들의 학습을 [개체발생 과정에 따라] 수행하는 것이다."(23-24쪽) 조지프 르두, 『시냅스와 자아』, 강봉균 옮김. 파주, 경기: 소소, 2002.

육체적 정신적 문제의 진단과 해답을 오직 그 개인에게서 찾으려고 한다는 데 있다. 한 개인이 영원의 한 시점에서 '현재'로 재현했을 때 이미 그는 그 유래를 완전하게 추적할 수 없을 만큼 오래된 과거의 기억을 그의 깊은 내면에 간직하고 있다는 확인된 사실을 프로이드는 간과하고 있다. (180810)

5.

과연 현재의 한 개체 생명이 죽으면, 프로이드가 예상하는 것처럼 단순한 무기물질로 돌아가 평온한 상태에서 안락함을 누리게 될까? 그것은 그의 말대로 인간이라는 한 개체 생명이 궁극적으로 다만 무기물질들의 임시 집합체일 때에만 가능한 일이다.

그러나 죽으면 무기물질의 상태로 돌아간다는 프로이드의 예상은 한 가지 재검토의 여지를 남기고 있다. 유기체로서의 한 일생의 시작도 무기물질에서 하였고 그 일생의 종착점도 무기물질에 있다는 명제에서 프로이드가 뜻한 바는 적어도 한 일생의 출현 이전과 소멸 이후의 상태에 대하여 유기체로서 갖추고 있는 '현생의 상태'로써 유추하기를 거부한 데에 있다고 볼 수 있다.

그렇게 현생의 상태로서 그의 과거와 미래에 대해 유추하기를 거부할 만한 이유는 어디에 있는가? 일상의 종교적 성향의 사람들은 제각각으로 들은 이론과 상식에 따라 현생과 유사한 지옥과 천국의 모양을 상상하며 추리한다. (180720)

6.

현생으로서 하나의 일생을 시작한 이후 죽음에 이르기까지 자신이 원하든 원하지 않든 그의 몸에 주어진 유전체계 또는 면역체계는 포기하기를 거부하는 자기 개체성의 방어와 그 연장전에 매달린다. 그러나 동시에 자기의 의지와 상관없이 수행되는 자기방어와 그 연장전이 가져다주는 긴장과 고통에서 해방되기를 희망한다. 그렇게 하나의 일생은 모두에게 회피하고 싶은 시험이며 동시에 포기하기 어려운 기회이기도 하다.

그가 탈출해 온 그곳을 돌아다보아도, 그가 향해 가는 그곳을 내다보아도, 그곳은 현생의 모양으로 유추해서 확인할 수 없는 미지의 경계 *X*에 소속한다. 그곳의 정황은 검증 가능한 지식의 대상이 아니며 오직 까마득한 영원의 기억을 회고하며 지향하는 믿음의 영역이다.

이는 생명이 없는 데로부터 시작해서 생명이 없는 데로 돌아간다는 프로이드의 죽음 회귀론도 아니며 지금의 현실과 조금도 다름없을 미래를 다시 살게 된다는 니체의 영원회귀론도 아니다. 이들의 원조 격인 헤라클레이토스처럼 "저들의 삶을 죽고 저들의 죽음을 산다."라거나 아니면 장자의 "죽음과 삶, 있음과 사라짐이 한 몸이라."(死生存亡之一體)와 같은 생사 일체관을 되풀이하는 것도 아니다. 이들은 모든 것을 관통한 듯이 장담하는데 이는 출구가 없이 닫혀있는 '하나의' 경계 안에 갇혀 있음이다.

그래서 영원의 시간을 향해 열려있는 한 대안의 우주관을 이렇게 말하게 되는 것이다. 한 개체 생명은 영원에 소속하는 한 조각 기억체계 x로서 한 일생을 시작해서 그 일생을 초월하는 경계 너머 X로 향해 나아간다. 그리고 한 일생이 시작하기 전의 과거를 되돌아보아도 역시 자신의 지식과 의도를 초월하는 태초의 경계 X에 소속하는 상상의 영역일 뿐이다. 그렇게 각자는 현생으로 태어날 때 경계를 넘는 하나의 놀라움이 있었고, 다시 현생을 떠날 때도 경계를 넘는 하나의 놀라움이 있을 것이다. 각자는 그의 지식이 아니라 믿음을 가지고 그 경계를 넘을 것이다. (180811)

7.

현생의 경계를 초월하는 영역에 관한 담론은 우리들의 끊임없는 반성과 자기 양도를 요구한다. 피고인을 고발하는 원고의 주장에 대해 엄정한 심사와 검토를 한 끝에 재판관은 이렇게 판결할 수 있다. 피고인의 정죄를 촉구하는 원고 측의 주장에는 '아직 다툼의 여지가 있다.' 마찬가지로 인간의 경계를 초월하는 신앙의 영역에서 일어나 다가올 사변 사태에 대하여 말할 때 합당한 심사와 검토의 태도가 요구된다. 경계 너머로 들어갈 때 겪을 사변 사태, 나아가 그 사변 사태를 좌우하는 절대의 결정권자에 대한 인간의 판단과 주장에는 언제나 '아직 다툼의 여지가 있다.'

그러니까 신앙의 과도한 자기주장은 오히려 신앙에 대한 모순 행위로 변질할 수 있다. 신앙의 행위 자체가 신앙이 지향하는 바를 향해 자기 양도와 자기 부정을 하는 태도이기 때문이다.(제Ⅲ장 "경계 너머를 향하여"의 풀이말 † 보기) 『바가바드기타』는 다음과 같이 전하고 있다. "신과 합일한 자는 보고 듣고 걷고 숨쉬고 … 말하고 눈을 뜨고 감을 때 자기는 아무 일도 하지 않는다는 것을 안다. 단지 감각기관들이 감각의 대상들에 잡혀 있을 뿐이다."(V. 8-9)[5] 예수는 그의 마지막 시간이 임박한 고난 가운데서 이렇게 기도한다. "그러나 저의 뜻대로 마시고 아버지의 뜻대로 하소서."(「마태」 26:39)[6]

이는 경계 너머에서 진리의 패권을 행사하는 마지막 결정권자를 향해 완전한 자기 포기, 자기 양도를 하는 것이다. 진리의 패권은 자기에게 있는 것이 아니니까.[7] (180816)

---

5) ***The Bhagavadgita***, trans. & ed., S. Radhakrishnan. London: George Allen & Unwin, 1948, 1976.

『바가바드기타』에서 "보고 듣고 걷고 숨쉬고 … 말하고 눈을 뜨고 감을 때 자기는 아무 일도 하지 않는다는 것을 안다."라고 말할 때, 이는 노자가 『도덕경』에서 말하는 "하지 않음으로써 하지 않음이 없다."(無爲而無不爲, 제48장)와 다를 바가 없다. 그러나 『바가바드기타』에서 '자기가 아무 일도 하지 않을 때 모든 일을 하는 자'는 초월의 경계에서 움직이는 신이고, 『도덕경』에서 '내가 아무것도 하지 않을 때 이루어지지 않음이 없게 하는 자'는 내재성으로서의 자연이다.

6) 『공동번역 성서』. 서울: 대한성서공회, 1977.

7) "그래서 한 개체 존재 x는 현재의 경계 너머에서 움직이는 X에 제각각 제한된 모양으로 귀속함으로써 유한의 존재 근거와 고유한 특이성을 지니게 된다. …… [그렇게] 자신의 뿌리를 영원의 기억에 의지해 회고하며 경계 너머로 진리의 패권을 넘김으로써 그는 그가 현상계에서 집착하는 주관의 편향성과 허구의 보편성으로부터 자유롭기를 시도할 수 있다."(Σ4. "왜 진리의 패권을 넘기려는가?"의 줄기글 5. 보기)

iv

『세포의 반란』: 사회학의 문제

1.

세포 내부에서 프로테아제라는 효소(protease enzymes)는 세포분열 또는 증식에 상응하는 세포 자살을 유도하는 일을 한다는 사실이 1990년대의 생물학자들에게 알려지기 시작했다. 그런데 세포의 증식과 자살이 동반하여 이뤄내는 균형이 깨어질 때 두 가지 상반된 타입의 질병이 발생한다고 보고되고 있다.[1)]

그 하나는 세포 자살이 과도하게 일어나게 해서 뇌세포가 손상 소멸되

풀이말

1) "세포 자살이 정상 규제를 벗어남으로 말미암아 일어나는 두 가지 타입의 질병이 있다. 하나는 과도한 세포 자살이 일어나서 정상의 조직에 손상을 가져오는 것이고, 다른 하나는 세포 자살을 방지함으로써 병든 조직이 증가하게 하는 것이다. 따라서 치료의 방법으로서 할 수 있는 조치는 카스파제(caspase) [효소]의 작용에 의해 세포 자살을 억제하거나 유도하는 것이다." Nancy Thornberry & Yuri Lazebnik, "Caspases: enemies within," ***Science***, New Series, vol. 281, no. 5381 (Aug. 28, 1998), pp. 1312-1316.

는 치매나 파킨슨병을 초래하는 경우이고, 다른 하나는 앞의 경우와는 반대로 오히려 세포 자살을 억제함으로써 암을 비롯한 종양 세포들을 키우게 된다는 것이다.

그리하여 이러한 질병 현상을 일으키는 세포의 과도한 증식 또는 세포의 과도한 자살을 초래하는 작용 인자들을 앞의 연구 보고자들은 "내부의 적들"(enemies within)이라는 표현으로 요약하고 있다. (180724)

2.

한 정상 세포 안에서 어떻게 암이 태동하며 본격화되는가 하는 상세한 과정을 분석하고 있는 로버트 와인버그도 그의 저서 ***One renegade cell: how cancer begins***의 첫째 장을 "내부의 적"(enemy within)[2]이라는 제목으로 시작하고 있다. 세포의 분열 또는 증식도, 그에 수반하는 세포의 자살 또는 소멸도, 함께 생명을 지속시키는 필수 과정인 동시에 서로 생명의 지속을 불가능하게 하는 적대적 요인으로 작용하기도 한다는 것이다.

한 생명체 안에서 항상 진행되고 있는 세포의 증식과 세포의 자살이라는 동반 현상은 생명 지속에 필수적으로 기여하는 일치의 관계를 이루면서도, 그 동반 또는 협력 관계에 어긋남이 있을 때 어느 한쪽이 생명 지속에 적대적으로 작용하는 불일치의 관계를 연출할 수도 있다. (180725)

---

2) Chapter 1. "The enemy within: genes, cells, and the nature of cancer," Robert A. Weinberg, ***One renegade cell: how cancer begins***. New York: Basic Books, 1998.

세포의 증식과 세포의 자살이라는 동반 현상이 하나의 세포 안에서 엮어가는 불일치와 일치의 관계에 따라 암이라는 질병이 출현하는 기제에 대하여 로버트 와인버그는 다음과 같은 단계적 설명을 하고 있다.[3)]

> "그렇게 많은 세포들이 조화롭게 행동하면서 고도의 기능을 갖춘 하나의 협동체 곧 인체를 창조해낸다는 사실은 아름다움과 놀라움 그 자체이다. 하지만 총감독관이 없기 때문에 이런 대기업은 큰 위험에 빠질 수 있다. 수조 개의 일꾼 세포들에게 자율성을 보장한다는 것이 엄청난 혼돈을 불러올지도 모를 일이다. …… 때로는 [하나의] 세포가 자신만의 조직이나 장기를 만들 때가 있는데 이때 우리는 그렇게 두려워하는 혼돈—우리가 암이라고 부르는 것—을 목격하게 된다."(13쪽)

> "사실 종양이 만들어지는 과정은 대단히 느리게 진행되어 수십 년 이상이 걸리기도 한다. 종양을 형성하는 세포들은 모두 한 [선구] 세포(progenitor cell)의 직계후손들이며 이 [선구] 세포는 종양 덩어리가 확연해지기 훨씬 전에 살았던 조상 세포이다. [이 조상] 세포, [이 반란의] 세포는 자신의 길을 걷기로 작정하고 그 자신의 성장 프로그램을 신체 내부 조직의 하나[한 세포]에서 진행한다."(14쪽)

---

3) 로버트 와인버그, 『세포의 반란』, 조혜성, 안성민 옮김. 서울: 사이언스북스, 2005. Robert A. Weinberg, ***One renegade cell: how cancer begins***. New York: Basic Books, 1998.

"이들이 초래하는 혼돈은 인체의 개별 세포에게 고유의 독립성을 부여하는 것이 얼마나 위험한 것인지를 잘 보여 준다. 그러나 우리의 몸은 [그렇게 조합되었으며, 그리고 그 밖에] 많은 세포들로 이루어진 [다른] 복잡한 생명체들도 지난 60억 년 동안 이러한 방식으로 만들어져 왔다."(15쪽)

암이라는 종양 세포들을 만들기로 작정한 최초의 '선구' 세포(progenitor cell)를 때로는 '아나키스트' 세포라고 부르기도 한다. 대부분의 주변 세포들과 협동해서 조화로운 한 생명체를 창출하는 대열에서 이탈하는 분열주의자이기 때문이다. 아나키스트 또는 분열주의자가 세포들의 집체(集體) 사회에 발을 들여놓지 못하게 하려면 어떻게 해야 할까? 세포 증식과 이에 동반해야 하는 세포 자살이 서로 협력하는 이른바—고대 중국 철학에서 말하는—'상반상성'(相反相成)이라는 관계체계 자체를 취소해 버리면 된다. 그러나 이는 또한 생명 자체의 실현 가능성을 가로막는 조치가 된다.

따라서 아나키스트 또는 분열주의자라는 존재의 출현은 생명이라는 한 집체 사회의 질서가 불가피하게 맞닥뜨리며 다스릴 수밖에 없는 한 필수적 불일치의 국면으로 이해하게 되는 것이다. (180726)

3.

하나의 개체 생명을 이루고 있는 수조 개의 세포들 가운데 하나가 아나키스트 또는 분열주의자로 이탈해서 무제한 자기증식을 감행할 때 그들이 소속한 집체인 그 개체 생명은 죽음을 맞이할 수 있다. 그렇다면 한 사회 또는 국가를 이루고 있는 구성원 개개인들이 아나키스트 또는 분열주의자가 되어서 그들이 소속한 사회 또는 국가가 붕괴할 가능성은 없는가?

『우리들은 함께 살 수 있는가?』라는 저서에서 프랑스의 사회이론가 알랭 투렌은 그렇게 붕괴 해체될 가능성이 항상 존재하는 것처럼 시사하고 있다. 그는 말하기를, 개방사회에 사는 사람들은 마치 정글 속에서 사는 것처럼 느끼고, 폐쇄사회에 사는 사람들은 감옥에서 사는 것처럼 느낀다고 하였다.[4] 그래서 그는 '주체'로서의 한 개인은 항상 다음과 같은 성향을 가지고 있다고 말한다.

> "주체라는 것은 시장의 법칙과 공동체의 규칙에 대항해서 자신의 개체성을 주장하며 옹호하는 한 개인의 행복과 의지와 저항[을 추구하는 자]에 다름이 없다."(p. 77)

그럼에도 불구하고 대부분의 사람들은 그가 소속한 사회와 국가에서 그의 개체성의 실현을 위하여 아나키스트나 분열주의자로서 행동하지는 않는다. 어째서 그런가?

---

4) "우리는 이런 사실을 잘 알고 있다. 말하자면 우리는 거대한 도시에 산다는 생각에 이끌리기도 하고 놀라며 회피하려 하기도 한다. 그리고 민주적인 절차보다는 일치 위주(conformism)에 기반을 둔 작은 마을에 대한 향수도 거의 느끼지 않는다. 개방사회에 사는 것은 정글에 사는 것과 같은 기분이 들게 하고, 폐쇄사회에 사는 것은 감옥에 사는 것 같은 느낌을 준다."(p. 26) Alain Touraine, ***Can we live together?*** trans. D. Macey. Stanford: Stanford University Press, 2000.

4.

20세기의 과학철학자 칼 포퍼에 따르면, 아메바와 아인슈타인은 똑같이 시행착오로써 학습하는데 그들 사이의 주요한 차이점은 아인슈타인이 의식적으로 자신이 일으킨 실수에서 다음의 시행전략 또는 대안을 찾는 궁리를 하는 데 있다고 한다. 말하자면 아인슈타인은 다음 차례의 시행전략 또는 대안을 찾기 위해 미리 가상의 실험을 자신의 상상 가운데서 쉼 없이 되풀이할 수 있다.[5] 마찬가지로 대부분의 사람들은 만약 그가 소속한 사회와 국가에서 자신의 독자적인 증식을 극대화하기 위하여 아나키스트나 분열주의자로서 행동할 경우 어떤 결과에 이르게 될지에 대해 상상 가운데서 가상의 실험을 한다.

문명 이후 쉼 없이 의식의 깊이를 천착해온 끝에 오늘에 이른 현대인은 모두 세상의 현실로부터 이탈 분열한 그만의 내부 공간[6] 안에서 가상

---

5) 아메바도 아인슈타인도 시행착오 가운데서 유용한 정보를 얻고 학습을 하지만, 아인슈타인과 그 밖의 연구자들은 무수한 가설들을 착상하고 검토하며 그 가운데 가장 실행할만한 것들을 행동에 옮긴다.(1) 그렇게 착상 가능한 무한 수의 가설들이 아인슈타인과 다른 연구자들에 의해서 실행 이전에 가상의 실험이라는 검토 과정에서 폐기된다. 일상의 사람들도 그들의 상상 가운데서 항상 무한정의 가설들을 점검하며 가상의 실험들을 반복하는 가운데 그들의 일생을 엮어간다.

(1) "[모두 시행착오를 통해 학습하면서도] 이렇게 자기 자신의 생각에 대해 의식적으로 비판적인 태도를 취하는 것은 아인슈타인의 방법이 아메바의 방법에 대해 가지는 정말로 중요한 차이점이다. 그러한 방법은 아인슈타인으로 하여금 수백의 가설들을 부적합한 것으로 폐기하고, 보다 철저한 비판에 견딜만할 것 같은 하나의 또는 다른 하나의 가설을 주의 깊게 검토하게 하는 것이다."(p. 247) Karl Popper, ***Objective Knowledge***. Oxford: The Clarendon Press, 1972, 1975.

의 실험을 쉼 없이 한다. 정도의 차이는 있겠지만 문명 이후의 사람들은 각각 그의 깊은 내부 공간에 세상 현실로부터 분열해 숨어든 의식의 거처를, 아니면 세상 현실로부터 이탈하여 고독한 영혼의 거처를 마련하고 있다.[7] 그래서 오늘날 돌연히 한 사람의 주검에 맞닥뜨릴 때 거기

---

6) 고대 문명이 출현하기에 앞서 인류에게서 처음으로 내면의식이 싹트는 과정을 추적하는 심리학적 역사가 줄리언 제인스는 이스라엘 민족의 역사 기록에 해당하는 『구약성서』 가운데서 의식이라는 내부 공간이 인간에게 있지 않았던 시대의 증거를 찾고 있다.(아래의 풀이말 7) 보기)

그 시대의 그들에게는 내면의 의식이 없었기 때문에 사사로이 간직할 만한 어떤 야심도, 어떤 원한도, 어떤 좌절감도 있을 수 없었다는 것이다. 따라서 "즉각 행동하라. 그러면 신을 기쁘게 할 것이다."라는 고대 수메르 사람들의 격언이 전해 내려온다고 말한다. 할까 말까 우물쭈물 고민하는 내면의식을 담을 만한 충분한 내부 공간이 아직 마련되어 있지 않았으니까.(1)

(1) "수메르의 오래된 격언 가운데 다음과 같은 것이 있다. "즉각 행동하라. [그렇게] 너의 신을 기쁘게 하라." …… 그 시대에는 어떤 사적인 야심도, 어떤 사적인 불평도, 어떤 사적인 실패도, 어떤 사적인 무엇도 없었다. 신의 소리를 직접 듣는 그때의 사람들[줄리언 제인스가 말하는 'bicameral mind'의 소유자들]은 사적인 것을 담을 내적 '공간'[의식과 같은 것]을 갖지 않았고 사적인 것에 관여하는 어떤 '나'라고 할 만한 것도 갖고 있지 않았다."(pp. 204-205) Julian Jaynes, ***The origin of consciousness in the breakdown of the bicameral mind***. Boston: Houghton Mifflin Co., 1976.

7) 고대 인류 가운데서 내면의식이 출현하는 과정을 당대의 문헌들에 의해 추적해온 줄리언 제인스는 『구약성서』에 실린 「아모스」와 「전도서」를 비교함으로써 서로 다른 시대에 등장하는 두 인물의 판이한 발언 또는 표현양식을 소개한다.(1)

BCE 8세기에 등장하는 예언자 또는 대언자(代言者)인 아모스는 그 자신의 마음 가운데서 일어나는 생각을 말하는 것이 아니다. 그는 자기의 내면에서 우러나는 무엇을 생각하거나 느끼거나 이해하는 것을 말하는 것이 아니다. 그가 그런 능력이나 경향을 갖추고 있다는 어떤 증표도 보이지 않는다는 것이다. 그가 말할 때는 그가 말하는 것이 아니고 그의 입을 빌려 신이 직접 말하며 질책하거나 명령한다.

그러나 BCE 2, 3세기의 기록으로 추정되는 「전도서」에 등장하는 설교자는 그 자신

서 이미 떠나버린 그의 영혼의 부재를, 그의 깊숙한 내부 공간 안에 거주하던 영혼의 이별을, 살아남은 자들의 마음 가운데서 확인하게 된다고 말하기도 한다.(제Ⅱ장 "불멸의 존재 x에 대하여"의 풀이말 18)의 따온글 보기)

5.

『우리들은 함께 살 수 있는가?』의 저자 투렌이 말하는 정글이나 감옥 같은 현실 사회에서 각자는 자신의 내부 공간에 그만이 단독으로 연기 가능한 온갖 탈주와 분열의 프로젝트를 실험하고 있음에도 누구도 나서서 자신을 아나키스트나 분열주의자라고 선언할 이유가 없다. 실로

의 깊은 내면의식에 간직하고 있는 염려와 망설임, 의심과 질문을 여과 없이 토로한다. 말하자면 「전도서」의 설교자는 이미 자기 안의 깊은 속에서 온갖 가설들을 연습하며 가상의 실험을 반복하는 현대인의 모습을 보여 주고 있다. 그리고 다시 2, 3세기 후에 등장하는 예수는 자신들의 깊은 내면의식 가운데서 온갖 의심과 염려를 품고 있는 당대의 추종자들을 질문과 응답, 비유와 설득의 형식으로 가르치며 이끌어 가고 있다.

(1) "「아모스」에는 마음, 생각하다, 느끼다, 이해하다, 또는 그 밖의 어떤 비슷한 것에 해당하는 낱말이 없다. 아모스는 그의 마음 가운데서 결코 어떤 것도 숙고하지 않는다. 그렇게 할 줄을 모른다. …… 그는 그를 통해 말하는 신이 금방 말을 시작하려고 할 때 주변에 있는 사람들에게 "쉿," 하면서 "주께서 이렇게 말 하신다!" 하고는 아마도 그 자신도 무슨 뜻인지 알 수 없을 힘찬 분노의 언사를 쏟아낸다. …… 이런 모든 점들에서 「전도서」는 정반대이다. …… 깊은 주관적인 내면의 공간을 가진 [「전도서」의] 사람만이 이렇게 말할 수 있다. "헛되고 헛되다, 모든 것이 헛되다."라고. 전도자는 생각하고 고려하고 끊임없이 이것과 저것을 비교하고 기발한 비유를 만들어낸다. …… 전도자는 화로 옆에서 같이할 만한 훌륭한 친구이며, 편안하고 친절하며 배려하고 망설이는 [태도의 소유자다]."(p. 296) Julian Jaynes, ***The origin of consciousness in the breakdown of the bicameral mind***. Boston: Houghton Mifflin Co., 1976.

25세기에 걸친 문명의 발달 끝에 오늘에 이른 현대인들은 모두 그의 깊은 내부 공간인 상상의 영토 가운데서 이미 아나키스트 아니면 분열주의자이기 때문이다.[8] 그런 아나키스트와 분열주의자들로 들끓는 현대

---

8) 분열증 환자(schizoid)에 대한 전문 이론가 로널드 랭의 분석은 이른바 정상인들의 환경적응양식에 그대로 해당할 만큼 보편적 인간성에 관한 설명을 포함하고 있다. 그의 설명에 따르면, 분열증의 사람들이 보이는 반응은 자신의 정체성 또는 자유를 지키기 위하여 현실 상황으로부터 이탈 초월하는 데서 나타나는 증상이다. 그 증상은 주변의 사람들에 의해 관찰대상으로 취급되어 감시당하거나 포획되기를 거부하는 태도의 결과물이다. 그가 보이는 분열증상으로서의 가면(mask; false-self)은, 타자들의 감시대상이기를 거부하는 그의 깊은 내면의식의 반대급부에 해당한다고 랭은 분석하고 있다.(1)

그런데 분석 이론가 랭의 설명 체계는 그 자신이 밝히고 있는 것처럼 프랑스의 철학자 사르트르의 실존주의 자아관을 바탕에 두고 있다. 사르트르에게 자아라는 것은, 타인이 뭐라고 언급할 수 있는 대상이 아닌, 심지어 자기 자신조차도 무엇이라고 잡을 수 없는 그런 존재, 아니 그런 초월하는 의식이다. 그의 깊은 의식 가운데에 자아라는 것은 존재하지 않는 것이다. '나'의 자아에 대하여 내가 언급할 때 그 자아는 이미 '나'가 아니라 저 바깥의 세상 가운데에 놓여 있는 하나의 어떤 대상일 뿐이다. 그것은 '나'일 수가 없다. '나'는 세상으로부터 이탈해서 초월하여 버린 것이다. '나'는 세상에 존재하지 않는다.(2)

이렇게 주장하는 사르트르는 과연 현실 세계에 거주하는 한 존재로서 인식될 수 있는가? 현실 세계에 몸을 드러냄으로써 감시당하는 관찰대상이기를 거부하는 사르트르는 실로 랭의 분열증 환자에 해당한다고 말할 수 있다. 그럼에도 그는 사회참여 운동가로서 일생을 살았다. 그리고 오늘의 세상 사람들도 모두 그의 정도와 양식을 달리할 뿐 각각의 깊은 내면의식에서 분열증상을 살고 있는 분열주의자이며 그런 뜻에서 아나키스트이다.

(1) "[분열증의 한 존재 양식으로서] 가짜-자아(false-self) 체계는 자신의 정체성과 자유를 지키는 데 골몰하는 '내면의' 자아에 대한 보완 측면으로서 존재한다. 내면의 자아와 그의 자유는 몸을 탈출하고 초탈함으로써 결코 [타인에 의해] 파악되지 않고 지적받지 않고 감금당하지 않고 소유될 수 없는 상태로서 유지된다. 그 내면 자아의

사회와 현대국가는 그 안에 온갖 모순 대립의 국면과 성분들을 품고 있으면서도 그 체제와 질서를 그런대로 유지해 가고 있다.

그렇게 현대사회와 현대국가의 체제가 그 안에 그러한 일상의 아나키스트들과 분열주의자들을 품고 함께 살 수 있게 하는 원리는, 세포 증식과 세포 자살이라는 생명 지속에 일치하는 정상적 관계를 유지하기 위하여 암 아니면 치매나 파킨슨병처럼 생명 유지에 불일치하는 부산물도 감수해야 하는 원리와 같은, '불일치와 일치의 동거 관계'이다. (18 0727)

목적은 어떤 객관적 존재성도 없는 하나의 순수 주관(a pure subject)이 되는 것이다. …… [그러한 분열적인 방법이 가능하기 때문에] '가면이 없는 인간'은 참으로 드물다. 그러한 [가면이 없는] 인간이 존재할 수 있는지조차 의심스럽다."(pp. 94-95) R. D. Laing, ***The divided self.*** Penguin Books, 1960, 1990.

(2) "내가 전차를 잡아타려고 달려갈 때, 내가 시계를 볼 때, 내가 사진을 보며 생각에 잠길 때 **나**는 존재하지 않는다. …… 실로 나는 그때 [**나** 아닌] 대상 세계에 빠져 있다. … [그렇게] 나는 사라진 것이다. 나는 자신을 소거한 것이다."(pp. 48-49) "[이렇게 '나']가 소거됐을 때 이[쪽의] 절대의 의식에는 더 이상 **주체**라고 할 만한 어떤 것도 없다."(p. 106) Jean-Paul Sartre, ***The transcendence of the ego***, trans. F. Williams & R. Kirkpatrick. New York: Farrar, Straus & Giroux, 1957.

찾아보기 (구성주제)

---

1) xenoglossy = 배운 적이 없는 외국어 능력

참고자료

『공동번역 성서』 서울: 대한성서공회, 1977.
『200주년 신약성서 주해』 왜관: 분도출판사, 2001.

김동규, 김응빈, 『미생물이 플라톤을 만났을 때』 파주, 경기: 문학동네, 2019.
김상환, 『근대적 세계관의 형성: 데카르트와 헤겔』 서울: 에피파니, 2018.
김진섭, 『생활인의 철학』 서울: 글로벌콘텐츠, 1948, 2015.
김훈, 『현의 노래』 서울: 문학동네, 2012.
박동환, 『서양의 논리, 동양의 마음』 제2판, 고양, 경기: 사월의책, 2017.
박동환, 『안티호모에렉투스』 제2판. 고양, 경기: 사월의책, 2017.
박동환, 『x의 존재론』 고양, 경기: 사월의책, 2017.
박상륭, 『죽음의 한 연구』 상(上). 서울: 문학과지성사, 1986, 1999.
박상휘, 『선비, 사무라이를 관찰하다』 파주, 경기: 창비, 2018.
양수진, 『이 별에서의 이별: 장례지도사가 본 삶의 마지막 순간들』 파주, 경기: 문학동네, 2018.

———

김상봉, "비(非)주체성의 역설," **교수신문**, 제213호 (2001년 11월 14일)
김서현, "생활 속의 법률지식(48) 죽음을 입증하라," **연세동문회보**, 제507호 (2017년 4월 1일)
장이권, "세월호 선원들은 흡혈박쥐만도 못하다니…," **한겨레** 2014년 5월 2일.
최세만, 박동환, "한계 보유적 해탈론," **현상과 인식**, vol. 2, no. 1, 1978.

———

기시모토 미오, 미야지마 히로시, 『조선과 중국: 근세 오백 년을 가다』 김현영, 문순실 옮김. 서울: 역사비평사, 2003.
도킨스, 리처드, 『이기적 유전자』 홍영남 옮김. 서울: 을유문화사, 1993, 2000.
르두, 조지프, 『시냅스와 자아』 강봉균 옮김. 파주, 경기: 소소, 2005.
매콜리프, 캐슬린, 『숙주 인간』 김성훈 옮김. 고양, 경기: 이와우, 2017.
맥키벤, 빌, 『자연의 종말』 진우기 옮김. 서울: 양문, 2005.
와인버그, 로버트, 『세포의 반란』 조혜성, 안성민 옮김. 서울: 사이언스북스,

콘, 에두아르도, 『숲은 생각한다』 차은정 옮김. 고양, 경기: 사월의책, 2018.
클로소프스키, 피에르, 『니체와 악순환: 영원회귀의 체험에 대하여』 조성천 옮김, 서울: 그린비, 2009.
탈레스 외, 『소크라테스이전 철학자들의 단편 선집』 김인곤 외 옮김. 서울: 아카넷, 2005.
프로이트, 지그문트, 『쾌락원칙을 넘어서』, 박찬부 옮김. 서울: 열린책들, 1997.
해스컬, 데이비드, 『나무의 노래』 노승영 옮김. 서울: 에이도스, 2018.
羅貫中, 『三國演義』

———

The Bhagavadgita, 2nd ed. trans. S. Radhakrishnan. London: George Allen & Unwin, 1948, 1979.
Aristotle, ***Metaphysics***, translated by Hugh Tredennick. Cambridge, MA, Harvard University Press, 1933, 1989.
Aristotle, ***Politics***, trans. by H. Rackham. Cambridge, MA: Harvard University Press, 1944.
Aslan, Reza, ***Zealot: the life and times of Jesus of Nazareth***. New York: Random House, 2013.
Barth, Karl, ***The doctrine of the word of God (Prolegomena to Church Dogmatics, being Vol. I, Part I)***, trans. G. T. Thomson. New York: Charles Scribner's Sons, 1936.
Barth, Karl, ***The humanity of God***. Atlanta: John Knox Press, 1960.
Berger, Peter, et al., ***The homeless mind***. Penguin Books, 1974.
Boman, Thorlief, ***Hebrew thought compared with Greek***, trans. J. L. Moreau. New York: W. W. Norton & Co., 1960.
Bowman, Carol, ***Children's past lives: how past life memories affect your child***. New York: Bantam Books, 1998.
Bremmer, Jan, ***The early Greek concept of the soul***. Princeton, NJ: Princeton University Press, 1983.
Chamovitz, Daniel, ***What a plant knows***. New York: Scientific American, 2012.
Dalton, Thomas, ***Keynes and Hayek: The meaning of knowing - the roots of the debate***, 2nd ed. (Kindle edition) 2013, 2017.
Dawkins, Richard, ***River out of Eden***. New York: Basic Books, 1995.
Dawkins, Richard, ***The selfish gene***. Oxford: Oxford University Press, 1976, 1989.
Derrida, Jacques, ***Of grammatology***, trans. G. C. Spivak. Baltimore. Maryland: Johns Hopkins University Press, 1974.
Derrida, Jacques, ***Speech and phenomena and other essays on Husserl's theory of signs***, trans. D. B. Allison. Evanston: Northwestern University Press, 1973.
Deutzscher, Isaac, ***The non-Jewish Jew and other essays***. Oxford: Oxford University Press,

1968; London: Verso, 2017.
Ende, Michael, ***Momo***, trans. J. Maxwell Brownjohn. n.p., 1973, 2011.
Feyerabend, Paul, ***Against method***, 3rd ed. London: Verso, 1993.
Frenkel, Edward, ***Love & Math: the heart of hidden reality***. New York: Basic Books, 2013.
Harari, Yuval Noah, ***Homo Deus: a brief history of tomorrow***. Penguin Random House, 2016, 2017.
Haskell, David, ***The songs of trees***. Penguin Books, 2018.
Hobbes, Thomas, ***Leviathan***. Global Grey eBooks, 2015.
Hossenfelder, Sabine, ***Lost in Math: how beauty leads physics astray***. Kindle edition. New York: Basic Books, 2018.
Jaynes, Julian, ***The origin of consciousness in the breakdown of the bicameral mind***. Boston: Houghton Mifflin Co., 1976.
Kafka, Franz, ***Diaries 1910-1923***, ed. Max Brod. New York: Schocken Books, 1975.
Kaufman, Gordon D., ***An essay on theological method***. Montana: Scholars Press, 1975.
Kaufman, Gordon D., ***God the problem***. Cambridge, MA: Harvard University Press, 1972.
Kaufman, Gordon D., ***The theological imagination: constructing the concept of God***. Philadelphia: The Westminster Press, 1981.
Kohn, Eduardo, ***How forests think: toward an anthropology beyond the human***. Berkeley: University of California Press, 2013.
Kolbert, Elizabeth, ***The sixth extinction: an unnatural history.*** New York: Henry Holt & Co., 2014.
Laing, R. D., ***The divided self***. London: Penguin Books, 1959, 1990.
Lane, Nick, ***Power, sex, suicide: Mitochondria and the meaning of life***. Oxford: Oxford University Press, 2005.
Latour, Bruno, ***An inquiry into modes of existence: an anthropology of the moderns***, trans. Catherine Porter. Cambridge, MA: Harvard University Press, 2013.
Llinas, Rodolfo R., ***i of the vortex: from neurons to self***. Cambridge, MA: The MIT Press, 2002.
Marx, Karl, ***Karl Marx: Selected writings***, ed. David McLellan. Oxford: Oxford University Press, 1977.
McAuliffe, Kathleen, ***This is your brain on parasites: how tiny creatures manipulate our behavior and shape society***. New York: Mariner Books, 2016, 2017.
Meier, John P., ***A marginal Jew: rethinking the historical Jesus***, Vol. I. New York: Doubleday, 1991.
Morris, Errol, ***The Ashtray (Or the man who denied reality)***. Chicago: The University of Chicago Press, 2018.
Nussbaum, Martha, ***Aristotle's De Motu Animalium***. Princeton: Princeton University Press, 1978.

Plato, ***The collected dialogues of Plato***, ed. E. Hamilton & H. Cairns. New York: Pantheon Books, 1961.

Popper, Karl, ***The logic of scientific discovery***, rev. ed. New York: Harper & Row, 1965.

Popper, Karl, ***Objective Knowledge***. Oxford: The Clarendon Press, 1972, 1975.

Quammen, David, ***The tangled tree: a radical new history of life***. New York: Simon & Schuster, 2018.

Randall Jr., John Herman, ***Hellenistic ways of deliverance and the making of the Christian synthesis***. New York: Columbia University Press, 1970.

Rumsfeld, Donald, ***Known and Unknown: A Memoir***. New York: Sentinel, 2011.

Sartre, Jean-Paul, ***The transcendence of the ego***, trans. F. Williams & R. Kirkpatrick. New York: Farrar, Straus & Giroux, 1957.

Schmidt, Cary, ***Done: what most religions don't tell you about the Bible***. Lancaster, CA: Striving Together Publications, 2005.

Sennett, Richard, ***The fall of public man***. Cambridge: Cambridge University Press, 1976.

Sokel, Walter H. ***The myth of power and the self: essays on Franz Kafka***. Detroit: Wayne State University Press, 2002.

Spinoza, Benedict de, ***A Theologico-Political Treatise in The chief works of Benedict de Spinoza***, Vol. I., trans. R. H. M. Elwes, Vol. I. London: George Bell & Sons, 1887.

Touraine, Alain, ***Can we live together? equality and difference***, trans. David Macey. Stanford, CA: Stanford University Press, 2000.

Weinberg, Robert A., ***One renegade cell: how cancer begins***. New York: Basic Books, 1998.

Weiss, Brian, ***Many lives, many masters***. NY: Simon & Schuster, 1988, 2012.

Williams, Robert R., ***Tragedy, recognition, and the death of God: studies in Hegel and Nietzsche***. Oxford: Oxford University Press, 2012.

Busby, Mattha, "Canada introduces gender-neutral 'X' option on passports," ***The Guardian***, 31 August 2017.

Cleary, John J., "Emending Aristotle's division of theoretical sciences," ***The Review of Metaphysics***, vol. 48, no. 1(1994), 33-70.

Dahrendorf, Ralf, "In praise of Thrasymachus," ***Essays in the theory of society***, Stanford, CA: Stanford University Press, 1968.

Danner, Mark, "Donald Rumsfeld Revealed," ***The New York Review of Books***, Jan. 9, 2014.

Deutscher, Isaac, "The wandering Jews as thinker and revolutionary," ***Universities and Left Review***, 4th issue(summer), 1958.

Dijk, Jacobus Van, "Retainer Sacrifice in Egypt and in Nubia," ***The strange world of human sacrifice: Studies in the history and anthropology of religion***, Vol.1, ed. Jan N. Bremmer.

Leuven: Peeters, 2007.
Dobbs, David, "Die, selfish gene, die," ***Aeon***, 03 Dec., 2013.
Einstein, Abert, "Physics and reality,"(1936) ***Essays in physics***. New York: Philosophical Library, 1950.
Evan, Gerard, "Cancer: a matter of life and cell death," ***International Journal of Cancer***, 71, 709 – 711 (1997).
Feather, Robert, "Were John the Baptist or Jesus Essenes?" ***Rosicrucian Digest***, Vol. 85, no. 2(2007), pp. 37-48.
Heidegger, Martin, ***What is metaphysics?*** (The basic text of Heidegger's inaugural lecture at the University of Freiburg in 1929), trans. Stephen Hicks.
Jolles, Jolle W., et al., "Consistent Individual Differences Drive Collective Behavior and Group Functioning of Schooling Fish," ***Current Biology*** 27, 1 – 7, September 25, 2017.
Kohn, Eduardo, 'Framing,' "Form's effortless efficacy: a multispecies Amazonian account," ***Agrarian Studies Colloquium Series***, Yale University, January 23, 2009.
Latour, Bruno, "On selves, forms, and forces," Commentary on E. Kohn, ***How forests think: toward an anthropology beyond the human***. in ***HAU: Journal of Ethnographic Theory***, November 2014, Vol. 4(2), pp. 261-266.
Manderson, Andrew, "A systems based framework to examine the multi-contextural application of the sustainability concept," ***Environment, Development and Sustainability***, Vol. 8, no. 1 (2006), 85-97.
McAuliffe, Kathleen, "How your cat is making you crazy," ***The Atlantic Monthly***, vol. 309, no. 2 (March 2012).
McEvoy, Joanne, et al., "Know thy enemy: behavioural response of native mammal(Rattus lutreolus velutinus) to predators of different coexistence histories," ***Austral Ecology: A Journal of ecology in the Southern Hemisphere***, 33 (1008), 922-931.
Morris, Errol, "The certainty of Donald Rumsfeld (Part 2: The known and the unknown)," ***The New York Times*** (The Opinion Pages), March 26, 2014.
Pääbo, Svante, "The human genome and our view of ourselves," ***Science***, New Series, vol. 291, no. 5507, Feb. 16, 2001.
Park, Sang Chul, "Survive or thrive: tradeoff strategy for cellular senescence," ***Experimental & Molecular Medicine***, 49, e342 (2017)
Parsons, Talcott, "Polarization and the problem of international order," ***Berkeley Journal of Sociology***, vol. 6, no. 1 (Spring 1961).
Pawson, Ray, Geoff Wong, Lesley Owen, "Known Knowns, Known Unknowns, Unknown Unknowns: The Predicament of Evidence-Based Policy," ***American Journal of Evaluation***, 32(4) 518-546, April 6, 2011.
Poole, Steven, "The Ashtray by Errol Morris review—revenge against Thomas Kuhn," (Philosophy Books) ***The Guardian; International edition***, 31 May 2018.

Port, Andrew, "History from below, the history of everyday life, and microhistory," ***International Encyclopedia of the Social & Behavioral Sciences***, 2nd ed., vol. 11. Elsevier Ltd., 2015.

Revel, Jean-Francois, "Without Marx or Jesus," ***The Saturday Review***, July 24, 1971, pp. 14-31.

Stevenson, Ian, & S. Pasricha, "A preliminary report on an unusual case of the reincarnation type with xenoglossy," ***The Journal of the American Society for Psychical Research***, Vol. 74(July 1980).

Thompson, J. P., T. J. Coats, M. R. Sims, "Known knowns, known unknowns, and unknown unknowns: can systems medicine provide a new approach to sepsis?" ***British Journal of Anaesthesia***, vol. 114, no. 6, 1 June 2015, Pages 874-877.

Thornberry, Nancy A. & Yuri Lazebnik, "Caspases: Enemies Within," ***Science***, New Series, Vol. 281, No. 5381(Aug. 28, 1998), 1312-1316.